1. Auflage

Ungekürzte Fassung

Umschlag, Design & Layout: Aki Shiroiyama
Korrektur: languagetool.org
Buchversion 1.1

ISBN: 979-8-343-16674-3

DREIUNDDREISSIG DREI

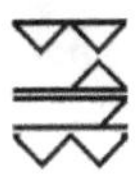

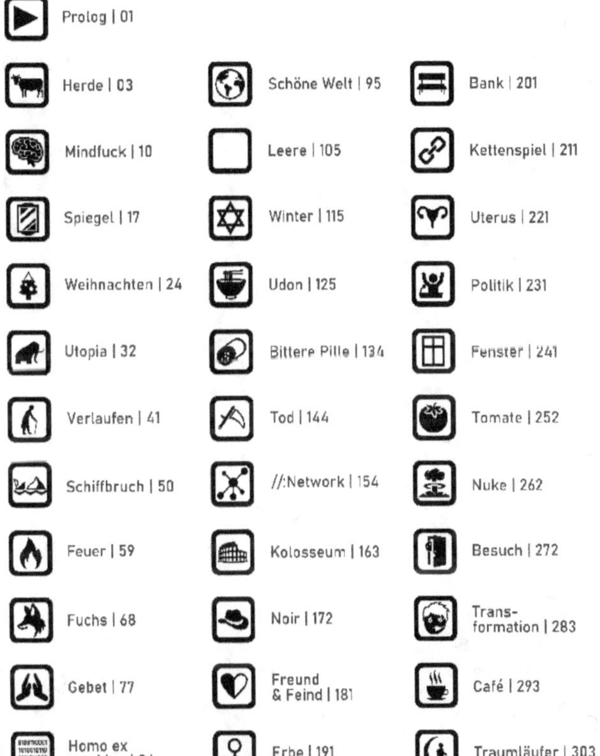

Für Thi Thuy Nguyen

 Prolog

Gleichmäßig flimmern die betagten Röhrenbild-schirme an der Wand und erzählen stumm von den Ereignis-sen verirrter Seelen. Ein stiller Beobachter sitzt in seinem al-ten Sessel und lässt die visuellen Eindrücke auf sich wirken, ohne auch nur ein Geräusch zu erzeugen aus Ehrfurcht den Geschichten der Leidenden gegenüber, welchen er seit Äonen zusieht, ohne helfend in ihr Leben eingreifen zu können. Dies ist das Resultat seines Verbrechens, welches er vor Jahrtau-senden an Mutter Erde beging: seine ganz persönliche Hölle. Geständig und reuevoll nahm er diese Strafe für sich an und ergab sich der Erkenntnis, dass diese betrachtete Welt eine Kollision von Kontrolle und Machtlosigkeit visualisierte. Nie-mand war in der Lage, diesem Fakt zu entfliehen.

Damals war er noch jung, doch obgleich die Zeit in jenem stillen Raum ohne Bedeutung ist, hinterließen die Qua-len der betrachteten Individuen Spuren und nagten unermüd-lich an seiner Vitalität, bis lediglich die Hülle eines alten und gebrochenen Mannes übriggeblieben war. Dieser Körper ist müde und er ahnt, dass schon bald seine Zeit gekommen ist, seine Aufgabe, seinen Fluch auf jemand anderen zu übertra-gen, einem jüngeren Menschen, welcher die Kraft in sich trägt, all diese Seelen in Zukunft begleiten zu können.

„Mein treuer Freund, ich habe eine Aufgabe für Dich.", brechen schwache Worte die bedrückende Stille dieses Refu-gium, darauf hoffend, eine altbekannte Gestalt aus dem Leben der Menschen zu reißen, sodass sie sich wie gewohnt neben ihn materialisieren kann. Jahre sind vergangen, seit sie das letzte Mal neben ihm saß, sich die schwarzen Pfoten leckend, währenddessen die intensiven blauen Augen jede menschli-che Barriere überwinden und tief in das chaotische Seelenle-ben blicken. Ihr ist gegönnt, was ihm vergönnt ist, eine Reise zwischen den Welten und eine latente Einflussnahme auf den-noch unvermeidlich eintretende Ereignisse.

Ein schwarzer Dunst entfaltet sich aus dem Nichts und greift in die räumlichen Dimensionen, windet sich um sich selbst, bis eine abstrakte und konturlose Form einer Felis catus neben dem alten Mann auf dem kühlen Boden sitzt und ihre Anwesenheit durch ein einziges Mauzen anzeigt, neugierig in die glanzlosen und halbblinden Augen des Gepeinigten blickend.

„Ich bin hier, mein Herr.", spricht die Felidae demütig, mitleidig den zunehmenden Verfall des Beobachters erkennend. Eine Ahnung erklimmt ihr Bewusstsein, welche zunächst unscheinbar und fragil, zügig zu einer unausweichlichen Erkenntnis heranwächst.

„Es ist so weit.", äußert der schwarze Gefährte jene Wahrheit, noch bevor sie bestätigt werden kann. Und der alte Mann nickt.

„Ich werde Ihnen einen würdigen Nachfolger finden.", flüstert es getragen in das warme Rauschen der flimmernden Bildschirme, bevor sich jener Schatten desintegriert und lediglich eine Ahnung des Gefährten übrig lässt

– diese und die erneut einkehrende bedrückende Stille.

 Herde

Kompression

Unermüdlich summt der Starter der unregelmäßig flackernden Leuchtstoffröhre, welche ihre besten Tage bereits hinter sich gelassen hat und sich nun allmählich auf den wohlverdienten Ruhestand vorbereitet, während ihr letztes abgegebenes Licht die vergilbten und mit Graffiti verschmierten Wände dieser engen Bahnunterführung in ein künstliches Gelb taucht, um der Herde mittels künstlicher Helligkeit ein diffuses Gefühl von Sicherheit zu vermitteln. Unermüdlich schiebt sie sich durch diese beengte Konstruktion, ängstlich und nervös flüchtet sie vor ihrem existentiellsten Feind

– der Zeit.

Und im Bemühen, dem strafenden Ticken zu entkommen, galoppiert sie von einem Ort zum anderen, durch Wege, welche meterweit unter der Erde liegen und den Blick zum sternenreichen Himmel verdecken, um im künstlich ausgesendeten Licht eine neue, eine urbane Orientierung zu bieten.

Über drei Millionen dieser Tiere sind in dieser Stadt konzentriert und durch die begrenzten räumlichen Möglichkeiten brachial verdichtet. Zweitausend Quadratmeter benötigt ein Individuum, um entsprechend seiner Bedürfnisse ein selbstbestimmtes und zufriedenstellendes Leben zu führen, doch hier begnügt es sich mit fünfunddreißig Quadratmetern, wenn denn ein Zweiquadratmeterbalkon die Illusion von grenzenloser Freiheit vorgaukelt. Hier, inmitten des engen und unterirdischen Tunnels brachialer Kompression begibt sich ein jedes Tier freiwillig auf die „Grüne Meile", keuchend, aufgeschreckt, nervös und ängstlich, denn entgegen dem Distanzzonenmodell nach Edward Hall, welches die angenehme Entfernung zwischen zwei sich unbekannten Individuen auf drei Meter sechzig postuliert, durchstößt jede urbane Interaktion jene Komfortzone und überspringt die soziale und persönliche Zone, um direkt einen körperlich intimen Kontakt herzustellen

– widerwillig.

Dieser reißende, fleischliche Fluss bahnt sich unermüdlich seinen Pfad entlang massiver Betonwände, welche artifiziell die Richtung vorgeben und jeden Freiheitsimpuls verhindern, begleitet von flackernden Lampen, welche den Fokus auf die auffällig emotionale Reklame an den gekachelten Mauern legen. Aspirin gegen Kopfschmerzen in Folge chronischer Verspannung im Zuge unausweichlicher Stresszustände; Monster Energy® gegen die permanente Müdigkeit aufgrund anhaltender kognitiver Hyperalertness als Resultat immerwährender Reizaufnahme sowie -verarbeitung; der örtliche Krisendienst, welcher als Teil des dysfunktionalen Systems versucht, das zerbrochene Individuum therapeutisch aufzufangen, versucht, die kognitive Dissonanz mittels Perspektivverschiebung so weit zu minimieren, dass die Arbeitsfähigkeit erhalten bleibt, denn die unkritische und andauernde Verrichtung einer stupiden Arbeit soll die individuelle Freiheit gewährleisten

– so munkelt man. Die Herde unterwirft sich der Illusion, für die Auswahl ihrer Nahrung, ihrer Behausung und ihrer sozialen Interaktion zu bezahlen, und somit ist sie die einzige Spezies, welche alleine mittels einer künstlich regulierenden Währung ihre Existenz absichert und legitimiert.

Inmitten dieser kalten Szene steht ein in schwarz gekleidetes Schaf und blickt apathisch zum flackernden Licht, das urbane Rauschen mittels beruhigender Klänge eines Patrick Doyle kompensierend, gedanklich den immerwährenden Fluss reflektierend, um zur Erkenntnis zu gelangen, dass dieser Ort und seine damit einhergehende soziale Interaktion und Dynamik entgegen aller menschlichen Grundstrebungen agiert und diese Unterführung stellvertretend für das gesamte dysfunktionale Gesellschaftssystem steht. Doch nur kurzzeitig ist jene Reflexion möglich, denn ein zunächst kaum wahrnehmbares, vielleicht jedoch erahnbares Geräusch am Ende dieser Unterführung lässt die Herde aufhorchen – temporär gelöst von ihrer allgegenwärtigen Informationssuchtbefriedigung, richtet sie sich aufmerksam zum deutlicher werdenden Boten eines tosenden Metallgiganten und bricht erschrocken in einen alles mitzerrenden Sturm aus, welcher auch vor dem schwarzen Schaf keinen Halt macht, es mittels brachialer körperlicher Gewalt aufnimmt und fortträgt.

Deportation

„Gleis 1, S41 Richtung Ring über Landsberger Allee, Frankfurter Allee, Ostkreuz.", ertönt eine digitale Stimme, begleitet von einem unangenehmen Quietschen sich entschleunigender Stahlräder auf stark oxidierten Schienen und lässt die Masse sich die Treppenstufen willenlos hinabstürzen

– gleich einem unaufhörlichen Wasserfall, nur, dass keine Kleinstwasserpartikel das Licht harmonisch in sein Spektrum brechen, sondern lediglich sporadisch die grellen Bildschirme digitaler Manipulationsgeräte aufblitzen, ehe sie im Grau der sich schleppenden Masse versinken.

„Gleis 2, S42 Richtung Ring über Wedding, Westhafen und Jungfernheide – zurückbleiben bitte.", informiert an der gegenüberliegenden Seite des Bahnsteigs die monotone Stimme über die Abfahrt einer überfüllten S-Bahn.

„Liebe Fahrgäste, wir wollen pünktlich abfahren. Bitte helfen Sie uns dabei, indem Sie den gelben Türbereich freihalten. Vielen Dank.", fügt die anonyme Stimme hinzu, in ein penetrantes Piepen übergehend, welches mit dem epilepsieauslösenden Blinken roter Lichtleisten an den Türen der Waggons die Einstiegsphase beendet, die jedoch willentlich von einigen der aufgeschreckten Tiere kategorisch ignoriert wird. Hie und da fixiert ein halbstarker Passant die sich schließende Tür, die im Zuge des Widerstands lautstark ächzt, bis sie sich kraftlos wieder öffnet und weiteren heranhastenden Tieren die Möglichkeit gibt, die Masse im Waggon weiter zu verdichten, auch wenn bereits fünf Minuten später ein weiterer Zug auf die Passanten wartet. Das Hier und Jetzt, die absolut effiziente Nutzung jeder einzelnen Sekunde, um anschließend gelangweilt auf das Smartphone zu starren, welches mit emotional überladenen Nachrichten die Hyperalertness des Individuums füttert.

Muttertiere rennen mit ihren kleinen Kälbern über den verdreckten Beton des Bahnsteigs, beinahe die filigranen

Ärmchen aus dem Kugelgelenk der Schulter reißend. Eine Taube schwebt gurrend über diesem chaotischen Treiben und hinterlässt ihre Notdurft auf einem der wahnsinnigen Teilnehmer dieses Spektakels.

„Liebe Fahrgäste, der Zug S8, 9:45 Uhr, wird heute leider entfallen. Wir bitten um Entschuldigung."

„Fuck, scheiße!", flucht ein Jüngling, verzweifelt zur flackernden Anzeigetafel blickend, um wenige Sekunden später seinen Frust in einem der endlosen digitalen sozialen Netzwerke zu entladen.

Still und unscheinbar wandelt dieses eine schwarze Schaf zwischen den umher rennenden, stolpernden, sich gegenseitig schiebenden Tieren und blickt in die temporal stagnierende Szene, um die groteske Mimik eines jeden Gestressten zu erfassen. Tiefe Schützengräben haben sich durch den urbanen Stress in die Haut gezogen. Dunkle Schatten liegen wie ein geschlossener Vorhang unter den Augen, Schweißperlen funkeln unter dem künstlichen Licht summender Beleuchtung auf und fallen auf den staubigen und verdreckten Boden. In diesem Stillstand reflektieren sich verzerrt die Umgebung und die Gesichter der Verzweifelten in jenen langgezogenen Tropfen, in ihrer Haltung verharrend, als wäre jeder von ihnen ein Ausstellungsstück bei Madame Tussauds und somit echter, als es ein jeder der Originale jemals wäre. Die einstige Hoffnung, welche als Glanz in den Augen eines jeden lag, ist mit der Zeit und der Animalisation einem matten Grau gewichen, einer globalen Willenlosigkeit, welche tagein, tagaus die Herde dazu antreibt, erschöpft und müde das Land der Grenzenlosigkeit und Freiheit zu verlassen, sich freiwillig im Kontext des einen großen Traumes, in die Hände des Schlächters zu begeben, sich auf engen Wegen zu sammeln, gemeinsam als Schlachtvieh die unermüdliche Reise zu beschreiten, als Opfer eines dysfunktionalen Systems auf der Strecke zu bleiben, währenddessen die Hirten lächelnd Lügen in den Verstand der Geblendeten flüstern.

„Bitte zurückbleiben.", bricht die digitale Stimme dieses eingefrorene Schauspiel und entsendet die Masse in ihre Deportationszüge zu den Arbeitsstellen. Nur dieses eine schwarze Schaf entbehrt sich dieser internalisierten Anforderung und verbleibt auf dem grauen Beton dieses Bahnhofs, dieser nach Alkohol, Pisse und Kot riechenden Stadt einer scheinbar zivilisierten Welt.

Arbeit macht frei

Für 190 Sitzplätze und 438 Stehplätze informiert ein unscheinbares Schild im Inneren des Waggons der 484. Reihe, welche beschleunigend den nun beinahe leeren Bahnhof verlässt, überfüllt, verschlossene Türen; die Träume der Insassen gleiten durch die verdreckten Fenster in die Illusion eines sinnvollen und erfüllten Lebens, finanziert durch die unermüdliche Opferbereitschaft eines jeden Herdentieres, doch die Wahrheit ist, die Einzigen, welche sich den großen Traum grenzenloser Selbstentfaltung erfüllen können, sind jene, welche die Herde tagtäglich ausbeuten und somit Verrat an ihrer eigenen Spezies begehen.

Schnee fällt gemächlich vom wolkenverhangenen Himmel, um ein wenig Natürlichkeit auf das ewig graue Stadtbild zu legen, und findet seinen taumelnden Tod im Sog des sich beschleunigenden Zuges, der alleine schon aufgrund seiner Farbe und seines Inhalts an den Holocaust erinnert, mit ähnlicher Aufgabe, nur, dass diesmal die Insassen freiwillig diese Tortur über sich ergehen lassen.

„Sie alle werden in ihren eigens geschaffenen Ketten sterben.", flüstert das schwarze Schaf, dem überladenen Zug hinterherblickend. Schluchzend, bilden sich Tränen in den glasigen Augen dieses einen Individuums, welches erkennend im kalten Wind steht und weiß, dass jede Hoffnung in der dysfunktionalen Kaskade ersoffen ist, am Leben gehalten durch eben jene Menschen, welche täglich an deren Auswirkungen leiden, ihre Freiheit aufgeben, um die Träume einiger Weniger zu erfüllen, doch in ihrer sozialisierten Unselbstwirksamkeit keine Möglichkeit sehen, jenes System zu verändern.

„Ich bin dieses Lebens müde.", flüstert ein Mann am kühlen Morgen affektarm und modulationslos in sein Smartphone, sich aufgrund der erwidernden Stimme die Frau am anderen Ende des Telefonats vorstellend – eine junge, noch naive Person, welche die Hoffnung in sich trägt, durch ihr Tun den Gebrochenen zu helfen, doch insgeheim und unwissentlich dazu beiträgt, dass der Wahnsinn ungebrochen durch die Gesellschaft wütet.

„Haben Sie einen Anker in Ihrem Leben?", fragt die warme Stimme interessiert, sich glücklich schätzend, heute dem fünfzehnten Anrufer geholfen zu haben, eine nie endende Aufgabe, daraus resultierend, an sich selbst gescheitert zu sein.

„Einen Anker…", flüstert das weinende Individuum auf dem Bahnsteig und blickt zu den hiesigen Reklamen, welche versprechen, dass die Befriedigung materieller Bedürfnisse ein glückliches Leben erzeugen, die allumfassende innere Leere füllen kann

– Heilung durch Konsum. Eine daneben eingeblendete Headline einer städtischen Tageszeitung informiert die Wissensdurstigen über die neuesten politischen Anstrengungen:

„CDU will Bürgergeld wieder abschaffen." Erneut eine symptomatische Intervention, welche versucht ein Problem zu beheben, welches selbst erzeugt wurde, doch ersichtlich ist: Wenn Sozialleistungen für Arbeitsunfähige oder Arbeitsunwillige fallen, so wird de facto ein neues Sklaventum errichtet und die Herde, welche geblendet diesem Vorschlag applaudierend entgegenkommt, simultan jedoch an den unmöglichen Arbeitsbedingungen erkrankt, bringt sich mit jedem weiteren Schritt näher einer kapitalistischen Diktatur.

„Neid auf die, die nichts haben…", zischt das schwarze Schaf, sich müde und erschöpft Richtung Bahnsteinkante schleppend, „Dabei sind es solche Politiker, die den Menschen das Geld in Form von Steuern entreißen."

Der kalte Wind pfeift scharf um die Konturen dieses Individuums und initiiert Schmerzsignale, welche durch erkaltete Nervenbahnen zum Gehirn weitergeleitet werden. Die Mimik ist eingefroren, lediglich eine Träne bildet sich kristallisierend auf der Haut und verharrt in ihrer Position.

„Gleis 1, S41 Richtung Ring über Landsberger Allee, Frankfurter Allee, Ostkreuz.", unterbricht die anonyme Stimme die Gedanken des Gebrochenen, welcher erwartungsvoll zum näherkommenden Zug blickt, die Augen ein letztes Mal schließend.

„Arbeit macht frei.", verlassen diese provozierenden Worte die beinahe geschlossenen Lippen dieses zum Menschen gewordenen Herdentieres.

Ein abruptes Quietschen blockierter Räder, sensationslüsterne Smartphones im Livestream, und eine Leuchtstoffröhre, welche nun erloschen, ihr wohlverdientes Ende gefunden hat.

 Mindfuck

Korridor

Kontrastreich dringen bläulich-weiße Lichtstrahlen durch die mit Gittern geschützten Fenster ein und werfen einen konturreichen Schatten auf den verlassenen Korridor in dieser Vollmondnacht, welche mit einer unheimlichen Stille aufwartet, darauf wartend, dass irgendwo hinter den verschlossenen Türen ein leises Winseln ein wenig Lebendigkeit in diese Szene trägt.

„Sei leise, John.", ruft ein adipöser und betagter Wärter durch das teils oxidierte Metall, ehe er seinen Rundgang fortsetzt und die eintretenden blauen Lichtstrahlen mit den goldenen Photonen seiner Taschenlampe mischt. Unkonzentriert wandert der Lichtkegel über das seegrüne Linoleum des teils zerschlissenen Bodens, entlang betagter Wände, die, teils oberflächlichen Putz verloren, noch immer die Statik dieses Gebäudes sicherstellen, bis zu den eingedellten und kalten Türen, die durch ihren abgeplatzten Lack durchaus interessante Geschichten zu erzählen haben, sofern man ihnen zuhört.

Das leise Klappern der Schlüssel, angebracht an einem abgewetzten Ledergürtel, verrät den eingesperrten Insassen die Position des Wärters auf seiner abendlichen Route durch diese Anstalt inmitten des Nirgendwo, vergessen, nein, entfernt aus der Mitte der Gesellschaft, die keine Anomalien der Wahrnehmung und des Verhaltens akzeptieren kann, denn sie versteht jene nicht, kann sie nicht einordnen und definiert aus der Unfähigkeit des Begreifens heraus, jede Anomalie als Gefahr. Und so vegetieren die Störer des gesellschaftlichen Friedens in ihren ausgepolsterten Zellen, gebunden, gefesselt in ihren eigenen Gedanken und Welten, sodass letztendlich keine physischen Ketten mehr notwendig wären, jene traurigen Gestalten auf ewig einzusperren. In eben diesen kognitiven Wirrungen befreit sich ein Ruf durch die unheimliche Stille und schallt durch den langen, dunklen Korridor:

„Sie kommen!"

„John, ich sagte doch, Du sollst leise sein!", schnauft der dicke Wärter genervt, seinen routinierten Gang unterbrechend, um den Urheber dieser Störung an das nächtliche Ruhegebot zu erinnern, denn die Erfahrungen haben gezeigt, dass eine kleine Störung zu einem verbalen Flächenbrand heranwachsen kann, unkontrollierbar und unlöschbar, einem Chor menschlicher Qualen, die niemand hören möchte. Als der sichtlich mitgenommene Schlüssel in den Profilzylinder gleitet und ihn im Uhrzeigersinn dreht, sich die schwere Tür quietschend öffnet, sitzt ein sichtlich nervöser Mann in abgetragener Kleidung auf dem Boden und wippt seinen Oberkörper nach vorne und nach hinten, kryptische Worte in die Leere des gepolsterten Raumes flüsternd, währenddessen sich sein Blick affektstarr in der Leere verliert, als wäre in der Leere zwischen den Sauerstoff- und Stickstoffatomen ein Gebilde, welches nach absoluter Aufmerksamkeit verlangt.

Nun ist es so, dass Menschen mit Anomalien aus dem Kreis einer psychotischen Spektrumstörung ihren Halluzinationen zuweilen mehr Glauben schenken als der Realität selbst, und jeder Versuch, jene Einbildungen und möglichen Wahninhalten zu widersprechen, in einer Bestätigung jener imaginären Konstrukte mündet, sozusagen eine Verstärkung durch den Versuch, es zu minimieren. Ein jeder Psychiater und Psychologe weiß um diesen Mechanismus, jedoch kein Wärter, welcher seinen Dienst im Kontext gesetzlichen Mindestlohns in seiner Qualität ebenso minimal ausführt wie das Gehalt es ermöglicht und seine internale Unzufriedenheit damit kompensiert, eben jene auf das unmittelbar dysfunktionale soziale Umfeld in Form psychisch kranker Menschen zu projizieren, die gebrochen in ihren Zellen hocken und jedes Gefühl von Raum und Zeit verloren haben. Verloren in einer Welt, in welche andere ihnen nicht folgen können, nicht weil sie es nicht wollten, sondern weil ihnen der Schlüssel, der Zugang, fehlt.

„Freiheit.", wiederholt John apathisch in seiner Jaktation, dem Eintretenden keine Beachtung schenkend, seine zitternde Hand zu einer imaginären Person führend.

„Nimm meine Hand.", flüstert sie leise.

Reise

Grelles Licht geht aus dem Nichts auf den kachektischen Körper des Verrückten über, welcher in seiner Absorption beginnt, selbst zu leuchten und den Gesetzen der Physik zu trotzen. Beinahe massefrei erhebt er sich aus seiner kauernden Haltung und begibt sich in die Luft, jegliche Schwere abstreifend, um durch ausreichend Rumpfstabilität mit seinen nackten Füßen zurück zum kalten Grund zu finden – ausgewechselt, als wäre jeder Wahnsinn, jede physische Schwäche dem nun innewohnenden Licht gewichen.

„John?", fragt der Wärter irritiert, angesichts des gerade eben Beobachteten, selbst an seiner mentalen Fassung zweifelnd, „Was geht hier vor?".

Doch noch ehe eine verbale Reaktion auf seine Frage erfolgt, steht der Verrückte unmittelbar vor dem korpulenten Mann, tief in die müden Iriden des Eingetretenen blickend, um die einzelnen Fragmente jener Regenbogenhaut anhand ihrer individuellen Musterung hinauszuziehen, und so einen Tunnel aus unterschiedlichen Fäden in die Luft zu projizieren. Um sich selbst herum rotierend, sind die einzelnen Ebenen in ständiger, teils konträrer Bewegung, tauschen Bestandteile untereinander aus, drehen sich erneut und initiieren einen zunehmenden Ganzkörpertremor des in seiner Position verharrten dicken Mannes, bis sich das Bewusstsein des Einen löst und durch den glühenden Tunnel zu John gleitet, um in dessen Körper ein neues Zuhause zu finden.

Wenige Augenblicke später, kauert der Dicke jaktierend auf dem Boden, apathisch das Herausgehen des Kachektischen hinnehmend, bis eine tiefe eintretende Müdigkeit das schaukelnde Individuum in einen befreienden Schlaf zwingt.

Im Zuge beschleunigter Zeit, sich stetig abwechselnder Tag- und Nachtphasen, bis hin zu gänzlichen Gezeitenveränderungen, wippen teils marode Äste im säuselnden Wind eines eintretenden Herbstes, geschützt durch die liebevolle Umarmung einer hauchdünnen Moosschicht, welche die morgendliche Feuchtigkeit, gehalten in filigranen Nebelfäden, absorbiert, um seiner einzigen Bestimmung nachzugehen:

Überleben, um fortzuleben, so wie es dieses primitive Gewächs seit über 450 Millionen Jahren bereits tut.

Allmählich sammelt sich die Feuchtigkeit zu einem Tropfen, welcher langsam, jedoch beständig im Zuge der Gravitation seitlich dem wippenden Ast hinuntergleitet und sich an der Unterseite darauf vorbereitet, hinunterzufallen, doch ein flüchtiger Blick auf die konvex verzerrte Reflexion der Umgebung deutet auf zwei Individuen, welche sich auf transparenten Stühlen gegenübersitzen, einander ruhig atmend, anstarrend.

„John.", spricht die in Weiß gekleidete Frau, ohne ein Wort zu sagen, vollkommen verloren im Blick des Gegenübers.

„Jona.", antwortet der, in schwarz gekleidete, Mann im Zuge des herunterfallenden Tropfens, dessen Aufprall die unberührte Naturszene zurück zur Zelle einer Anstalt schleift, als hätte sie nie existiert.

„Wie fühlst Du Dich heute?", bricht sie das demonstrative Schweigen ihres ruhig atmenden Patienten, welcher bemüht ist, kognitiv in sie hinüberzugleiten.

„Sehr gut, danke, Jona.", blockt er ihre tiefergreifende Frage ab, ihre individuelle Iridenmaserung inspizierend.

„Grün, wie das Moos.", flüstern seine trockenen Lippen in diese spärlich beleuchtete Zelle, jedoch ausreichend genug, um die feinen Unterschiede der Farbgebung in ihren Augen zu erkennen.

„Weshalb fühlst Du Dich heute gut?", hakt die junge Ärztin energisch nach, sich im Zuge des kontinuierlichen Starrens des Mannes unwohl fühlend.

„Du warst hier, bei mir.", beginnt er lächelnd seine verwirrten Gedanken ausbreitend, „Zusammen unter dem alten Baum, dort, wo das Moos den dichten Nebel bricht."

Sie löst ihren gefangenen Blick und spricht zu einem der anwesenden Pfleger:

„Hat er regelmäßig seine Medikamente genommen?"

Noch ehe eine fachliche Einschätzung des Personals über den Umgang dieses Patienten mit den verordneten Medikamenten erfolgen kann, führt John seine raue und kalte Hand seitlich zum Gesicht Jonas, ihre Aufmerksamkeit zurück zu ihm lenkend:

„Du musst jetzt wirklich mit mir kommen. Begleite mich auf meiner Reise."

Zelle

Acht unterschiedliche Tiere sitzen in einem Kreis unter einer friedlich summenden Rasteranbauleuchte.

„Kommen wir zu Frau B. aus Zimmer C33.", schlägt der Löwe majestätisch vor, die Akte jener Frau aus dem neben ihm stehenden Wagen ziehend.

„Frau B. ist eine 27-jährige Frau, welche gestern Abend mittels Rettungsdienst nach erfolglosem Suizidversuch aufgenommen wurde.", antwortet das Schaf unterwürfig, verängstigt den Blick der anderen Anwesenden suchend, um durch Mikromimik eine unterschwellige Bestätigung zu erhalten.

„Ihre Vitalwerte waren, bis auf ihr Körpergewicht, die Blutzuckerwerte und den metabolischen Werten, der Norm entsprechend.", fügt die Gazelle hinzu, in ihren Aufzeichnungen nach weiteren Informationen suchend.

„Wie sollte der Suizid realisiert werden?", fragt der König der Tiere nach, wobei der subtile Unterton mehr einer Aufforderung nachkommt.

„Wo sind wir?", fragt Jona irritiert John, die körperliche Verbindung erschrocken lösend.

„In Freiheit.", lächelt ihr der Mann befreit zu, gestisch auf die, seiner Meinung nach, wunderschöne Umgebung deutend,

„Erkennst Du das nicht?" Hilflos sieht sie sich um, kein Interesse an diesem Ort in sich findend, denn eine wichtigere Frage liegt ihr auf der Zunge:

„Wie sind wir...?"

Räuspernd lehnt sich ein Panda etwas nach vorne:

„Ich konnte mit Frau B. bisher nur ein kurzes Aufnahmegespräch durchführen." Erwartungsvoll blicken die Übrigen zum Vortragenden, eine Lösung für das Rätsel in seiner rhetorischen Stille suchend.

„Sie selbst verneint einen Suizidversuch, es sei vielmehr ein Unfall gewesen." Ungläubig blicken die Tiere einander an, unterbrochen vom verbalen Auswurf des Zebras:

„Die Menge an Clozapin in ihrem Blut widerspricht ihrer Aussage."

„Kannst Du es jetzt verstehen?", fragt John die Besucherin dieses magischen Ortes, hoffnungsvoll in ihr ausgelaugtes Gesicht sehend. Düster und einsam spielen Violinen und ein Klavier inmitten eines nebligen Parks an einem kühlen Herbsttag. Jenseits dieses Pfads steht als Teil eines Gatters, eine wackelnde, marode und hölzerne Absperrung, die teilweise mit Moos versetzt, einer Reise in die Vergangenheit gleichkommt. Naiv und unschuldig stehen Kühe im Nebel und fressen das feuchte Gras, währenddessen sich zwei Löwen aus dem unkenntlichen Hintergrund abheben, ungeduldig auf die Herde zugehend:

„Wie viele sind es heute?"

„Und was wäre Ihre Therapieempfehlung?", fragt der Löwe, obgleich er in diesem Augenblick bereits im Kontext der psychiatrischen Leitfäden die Antwort kennt und seine Frage vielmehr als Prüfung der Anwesenden versteht, ob sie mittlerweile ihr Handwerk verstehen. Ein anmutig wirkender

Tiger leckt genüsslich seine Pfote, Appetit auf das Bevorstehende:

„Eine Transformation in ein Schaf wäre hier meiner Meinung nach angebracht."

Sein Speichel, die vollkommen nass geleckte Pfote benetzend, fällt zähflüssig auf den blutgetränkten Teppich, darin spiegelnd, Jona und John.

„Dies ist das Ergebnis Deiner mühevollen Arbeit.", zeigt John auf die in Stücke zerrissenen Tiere, deren Blut die saftige Weide in ein alarmierendes Rot transformiert.

„Jona, ich sagte doch, Du sollst leise sein!", schnauft der dicke Wärter genervt, seinen routinierten Gang unterbrechend, um die Urheberin dieser Störung an das nächtliche Ruhegebot zu erinnern, denn die Erfahrungen haben gezeigt, dass eine kleine Störung zu einem verbalen Flächenbrand heranwachsen kann, unkontrollierbar und unlöschbar, einem Chor menschlicher Qualen, die niemand hören möchte. Als der sichtlich mitgenommene Schlüssel in den Profilzylinder gleitet und ihn im Uhrzeigersinn dreht, sich die schwere Tür quietschend öffnet, sitzt eine sichtlich nervöse Frau in abgetragener Kleidung auf dem Boden und wippt ihren Oberkörper nach vorne und nach hinten, kryptische Worte in die Leere des gepolsterten Raumes flüsternd, währenddessen sich ihr Blick affektstarr in der Leere verliert, als wäre in der Leere zwischen den Sauerstoff- und Stickstoffatomen ein Gebilde, welches nach absoluter Aufmerksamkeit verlangt.

 Spiegel

Selbst

Aus dem undurchdringbaren Dunst existenzieller Fusion zwischen der Göttlichkeit der Eltern und der unabänderlichen Dependenz des hilflosen Kindes, greifen Nebelschwaden organisch aus der komprimierten Mitte in den lichten dreidimensionalen Raum, nehmen sich den Platz sich, aus einer winzigen Singularität heraus, materiell zu manifestieren, um mit dem Fortschreiten der Zeit als vierte Dimension, den Übergang zwischen dem Nichts und dem Sein zu initiieren. Bisher war diese leblose Materie das Ergebnis der unmittelbaren Reaktionen seiner Eltern, all die Erfahrungen, all die afferenten Reize bildeten ein diffuses Konstrukt von Wirklichkeit, fremdbestimmt, alleine abhängig vom Verhalten anderer, doch das seit Geburt bestehende innere Vakuum greift nach der materiellen und kognitiven Umwelt, um sie sich im Kontext von Entwicklung, zu füllen, begreifbar zu werden und lediglich eine Abspaltung von dieser einstigen Fusion oder Einheit, ermöglicht es, sich als Individuum selbst zu definieren, mit eigenen Wünschen, eigenen Interessen, einem eigenen Selbst, alleine mit dem Ziel, die fundamentalste aller Fragen zu beantworten:

Wer bin ich?

Fluide fließt Wasser um diesen Nebel, sich kontinuierlich in Richtung und Stärke verändernd, als vermischten sich unterschiedliche Farben im Zuge chemischer Diffusion zu einem homogenen Gebilde und wie jedes Teilchen, welches der Gravitation und Thermodynamik unterliegt, muss das Kind in die Umgebung eingreifen, um jenes Gleichgewicht zu erreichen. Nebel und Wasser, Wasser und Nebel. Doch sofern Beide, in jenen Aggregatszuständen ähnlich, sich durch lockere Verbindungen definieren, fehlt es am notwendigen Widerstand und anstatt eine Ahnung von sich selbst als eigenständiges Phänomen zu erhalten, brächte sich eine neue Fusion, ein neues kognitives Gemisch hervor.

Widerstand als Quelle von Entwicklung, Grenzen als notwendige Orientierung, da lediglich das Feste, das Begreifbare die notwendige Reaktion auf eine Aktion bieten kann. Und so werde aus einer unwirklichen und fluiden Umgebung ein starres, ein kräftiges Gebilde.

Kälte zieht in diese stumme Konversation, es ist die Temperatur der Vernunft und des Verstandes. Aus dem Element der Erkenntnis heraus, formt sich im Zusammenspiel mit sich entschleunigenden Protonen und Elektronen eine neue Materie, kristallisierend, fest und stark, so dass die Nebelschwaden nicht länger in das Nichts hineingreifen, sondern erstmalig eine haltgebende Begrenzung finden, in Form von reflektierendem Eis, welches aufgrund seiner glatten Oberfläche in der Lage ist, einfallendes Licht ungestreut und gradlinig zum Ursprung zurück zu werfen. Und diese unbeeinflusste Reflexion des Nebels selbst ermöglicht es, sich selbst zu beobachten, nicht aus einer naiven und eingeschränkten Ich-Perspektive heraus, sondern einem brachialen Du – eine gänzlich neue Form von Realität, losgelöst vom Ich.

Neugierig konzentriert sich der Dunst in seiner Mitte und formt mit Hilfe geistiger Willenskraft einen Körper, zwei Hände, zwei Füße, Brust und Bauch, Hals und Kopf. Eigenständig steht dieses manifestierte Symbol des Ichs neben seinen Eltern, zunächst ungläubig und überrascht zur reflektierenden Fläche des Eises blickend, um allmählich, aus dem Impuls eines winzigen Funkens heraus, zu erkennen, dass das Ich und das Du nicht miteinander verschmolzen, simultan nebeneinander existieren, sich deutlich von einander abgrenzen, autonome Personen sind, so wie es bereits Jaques Lacan postulierte.

Der Spiegel und die Betrachtung dessen Reflexion als Grundlage für die Entwicklung des Ichs, als Vorbote einer unaufhaltsamen Entwicklung von Identität in einer Welt, die kontinuierlich in ihren Grenzen verschwimmt, das notwendig orientierende verrückt, soweit, dass die eigentlich glatte und feste Fläche zu einem alles streuenden Monstrum mutiert, welches die Reflexion und somit auch die Konstruktion einer stabilen Ich-Identität verhindert, so dass der Nebel zurück zu

seinem Ursprung, eine formbare und manipulierbare Materie
einnimmt:

auf ewig aufgelöst.

Ideal-Selbst

Zurückgekehrt zur ursprünglichen Form trachtet das
neblige Geflecht nach einer inneren Gestalt, denn wenn die
externe Umwelt nur unzureichend Orientierung und Halt bietet, oder aber mit einem Übermaß an Manipulation aufwartet,
so liegt es am Individuum selbst, in Raum und Zeit seinen
Platz zu finden und so, auch im Kontext des Lernens am Modell in Verbindung mit dem Aufbau von notwendigen Sche-
mata aus Assimilation und Akkomodation, erhebt sich, Partikel um Partikel, ein Gebilde aus dem Boden, unentwegt wach-
send, dem Himmel entgegen. Und die Nahrung dieses internalen Tempels sei die Vorstellung darüber, welche Identität
zum Ziel erreicht werden soll. So wie der Betrachter in einem
Museum das geheimnisvolle Gemälde erblickt und dessen af-
fektive Auswirkungen auf das Gemüt internalisiert, kreiert
das Individuum ein eigenes Abbild, sei es in Adaption einer
sozialen Ikone, oder in Kombination verschiedenster Tugen-
den von anderen aus dem gesellschaftlichen Umfeld.

Aus dem Nebel ward die Saat und aus der Saat ward
die Pflanze. Die Affinität sich über Andere zu erheben, kognitiv, charakterlich, moralisch oder materiell über dem sozialen
Umfeld zu stehen, ist ein tief verankertes Grundbedürfnis,
welchem sich ein jedes Individuum ergeben muss, geboren
aus dem existenziellen Egoismus, welcher das Leben erst ermöglicht. Und doch bildet dieses intrinsisch generierte Ideal
nicht nur Orientierung, sondern Abgrenzung zugleich

– ein Nebel, welcher innehält und die Entscheidung
trifft, seine Extremitäten nicht mit denen anderer zu verbinden, sondern eine innere Stabilität, eine Unformbarkeit aus
dem Stein zu meißeln, sich der Illusion hingebend, losgelöst
der Dynamiken sozialer Interaktionen eine unerschütterliche
Selbsttreue zu glorifizieren und zu halten, als wäre jene ein
Bollwerk gegen zersetzende Kräfte, mit dem Ziel, sich letztendlich nicht selbst zu verlieren.

Jenes geschaffene Selbstbildnis idealisierter Fähig- und Fertigkeiten, Meinungen, Interessen, Wünschen und Persönlichkeitsfaktoren wird, kaum geschaffen, über das eigene Selbst gestülpt, als wäre es ein Pullover an einem kalten Wintertag

– notwendig, jedoch nicht alternativlos.

Ein Nebel im Nebel, eine imaginierte Gestalt, welche es nun gilt, selbst anzunehmen und so transformiert sich das Kondensat im Kontext eigener Vorstellung zu einem gewaltigen, pechschwarzen und undurchdringbaren Cumulonimbus, welcher schwerfällig, den aufgescheuchten Grund bedeckt, um jedes Fünkchen Lichtphotonen zu schlucken und kontrastreiche Schatten auf das darunterliegende Land zu werfen, als zweidimensionaler Abdruck eigentlicher Gestalt, erahnbar, interpretierbar, jedoch in seiner Gänze, nicht einmal ansatzweise begreifbar. Und fehlte hier das notwendige Ziel, so bliebe es bei einer diffusen Projektion der Wirklichkeit, ohne materielle Raumfülle. Darüber hinaus besteht natürlich die Gefahr eines unerreichbaren Ziels, einem beschwerlichen Pfad dorthin, welcher von alleine nicht zu bewältigen ist und/oder vielleicht durch unzählige Abzweigungen einem irritierenden Labyrinth gleicht, sich stetig wandelnd, um eine notwendige und endgültige Fixierung zu verhindern, so dass das internalisierte Bildnis mehr einem nass-in-nass Aquarell entspricht, als einer gebrannten Büste.

Und hier stellt sich die Frage, welche Ereignisse ausreichend Energie erzeugen, um das starre Ideal soweit zu erschüttern, dass die einstigen Konturen beginnen dynamisch ihre Gestalt zu verändern? Ein dunkelschwarzer Wolkenturm, welcher dem Sturme trotzt, seine Position im Raume hält, ohne jedoch die notwendige Möglichkeit einer Reflexion internalisierten Ideals, denn jene Welt unter den Cumulonimben ist nicht in der Lage, ein ausreichend starkes Feedback zu entsenden, welches dem Blitzerzeuger, jene orientierenden Informationen zukommen lässt.

Kein Abgleich bedeutet, keine Entwicklung, keine Adaption an sich verändernde Faktoren sodass sich mit fortschreitender Zeit ein wahres Ungetüm manifestieren kann, ein Sturm, nein weit darüber hinaus, ein Tornado

– eine alles verschlingende Erscheinung als sich selbst erhaltender destruktiver Effekt. Gnade den Wesen, welche im Auge des Sturms nach Erkenntnis trachten, getäuscht durch die friedliche Stille im Kern dieses Chaos. So stehe nicht zwischen dem Ideal und seinem Urheber, versuche nicht zu lenken, der gewaltigen Naturgewalt, denn das ist dem Menschen nicht gegeben.

Real-Selbst

Und doch, entgegen der Erkenntnis machtlos zu sein, ausgesetzt dem Brachialen eines Sturmes, dünkt es dem Individuum, die fragil aufgebaute Illusion eines internalisierten Ideals einzureißen, als sei es ein unliebsames Gebäude inmitten einer Metropole, welche aufgrund explodierendes Bevölkerungswachstums nur noch eine Richtung kennt:

hoch hinauf.

Denn scheitert der Mensch an seinem eigenen Ideal, sei es aufgrund fehlender Selbstwirksamkeit und/oder unüberwindbarer Barrieren zwischen einem suboptimalen Ist-Zustand und einem optimalen Soll-Zustand, entsteht eine eindringliche innere Affinität, die aufgebauten Luftschlösser anderer einzureißen, nur um zu beweisen, dass kein anderer von seinen Fähig- und Fertigkeiten über einem selbst steht. Dem Sturme entgegen, mit all seiner Energie, die vermutlich an anderer Stelle besser eingesetzt wäre, wird jenes aufgebaute Ideal sozial gespiegelt

– Du Sturm bist nicht mehr als ein schändlicher Nebel, ein simples Kondensat einer einfachen, gasförmigen Wasserverbindung. Und nun trete ein, was unausweichlich ist.

Je nach Distanz zwischen Ideal- und Realselbst bzw. der Ausprägung einer Unterschiedlichkeit zwischen beiden Polen ist die ernüchternde Erkenntnis aus sozialer Spiegelung heraus zuweilen ein vernichtendes Urteil, welches den Inhaber des Ideals dermaßen affektiv konfrontieren kann, dass jene Destruktion des Ideals simultan eine Schädigung des Selbst initiiert, einhergehend mit einem hiesigen Selbstzweifel, einem Auflösen eigener Identität, die unwiderruflich wieder zur existentiellsten Frage aller Fragen führt:

Wer bin ich?

Und was geschieht mit einem Individuum, wenn jenes nun über eine bestimmte Zeitspanne ein Selbstbildnis erbaute, welches sich im Nachhinein als kolossalen Trugschluss entpuppt? Welche Auswirkungen hat jene tiefe Erschütterung der Wahrnehmung auf den naiven Realismus selbst, sprich die Überzeugung, dass alle aufgenommenen und neuronal verarbeiteten Reize die Wirklichkeit abbilden? Ein Nebel, welcher nicht nur daran zweifelt, ein flüchtiges Kondensat zu sein, sondern die Wirklichkeit selbst infrage stellt

– eine Unsicherheit bzw. ein degenerierendes Urvertrauen und damit ein Wegfall aller Halt gebenden Orientierungspunkte.

Es hat sich ausgeregnet und ausgedonnert. Der Anblick des gesellschaftlichen Spiegelbilds nach dem tosenden Wutanfall ebnet den Pfad für eine unaufhaltsame Selbstauflösung, welche das Individuum dazu zwingt, zukünftig in starker sozialer Dependenz zu stehen, nur um sich kontinuierlich an deren Reflexion zu orientieren, unfähig, auch nur den kleinsten intrinsisch hervorgebrachten Wunsch zu spüren und zu erfüllen, verdammt dazu, eine zunehmende interne Leere zu nähren:

den Wunsch nach Anerkennung, nach Liebe, nach Akzeptanz und Wertschätzung, denn all das ist abhandengekommen.

Der tosende Sturm verkümmert zu Wolken und die Wolken werden zu einem dünnen Nebel, welcher dazu verdammt ist, nun im Lichte der Erkenntnis zu schwinden, bis jede Erinnerung an das einstige Naturspektakel in der Vergessenheit urbaner Schnelllebigkeit verschwunden ist. Ein freier und grenzenlos blauer Himmel im Zuge der Affinität des

Menschen, jedes Hindernis zu überwinden, hoffnungsvoll in das nächtliche Schwarz zu blicken und sich in die unendlich weit entfernten Sternengebilde zu verlieren, den Egoismus, das eigene Existenzrecht so weit aufzublähen, dass es schon bald das, durch die kontinuierliche Expansion von Raum entstehende, Universum einnimmt, ohne Platz für jedwede andere Existenz.

So stirbt der Eine für den Anderen, der Nebel für die Freiheit, das depressive und/oder dependente Individuum für das Existenzrecht des Stärkeren in einem dysfunktional sozialen System, welches jeden Sinn, den Humanismus im wirtschaftlichen Wandel, hin zu Kapitalismus, verloren hat. Und eventuell mag der Himmel ohne Nebel, ohne Wolken und ohne tosenden Sturm als ästhetischer und angenehmer gelten, doch die Wahrheit darf nicht verdrängt werden, dass es der Sturm, der Regen ist, welcher sein lebensspendendes Wasser in jede Ecke des Planeten trägt, mit dem einen Ziel:

Jede Form von Leben zu gewährleisten.

Ein wolkenloser Himmel vermag nur eines:

Die Welt auszudorren.

 Weihnachten

Dinner for One

Ein Räuspern bricht das vorsichtige Schmatzen der Beteiligten, welche den etwas zu trocken geratenen Vogel versuchen, mit Unterstützung eines fruchtigen Château Laroque herunterzuwürgen. Es ist erzwungen still. Nicht einmal die warm hineingetragenen Worte eines Frank Senatra vermögen es, die atmosphärische Kälte zu wärmen, selbst nicht zu dieser Stunde, an diesem besonderen Tag.

Entgegen der tief verankerten menschlichen Affinität der Exploration, des sich Ausbreitens, um physikalisch Raum einzunehmen, liegen die Arme eng an, die Köpfe beinahe gleich einer Schildkröte eingezogen. Jeder bewusste visuelle Kontakt wird prophylaktisch unterbunden. Und beinahe genauso dick wie die Orangenhonigsoße ist auch die Luft. Auf dem ersten Blick nicht sofort ins Auge springend und dennoch unmöglich, zu ignorieren. Vielleicht mag es gar nicht am Geflügel liegen, dass die Bissen kaum zum Magen finden, sondern daran, den Hals voll zu haben. Dabei sind Emotionen und Gedanken eine physisch unmöglich fassbare Materie, sondern lediglich das Konstrukt neuronaler Verschaltung, sprich wären sie so nicht fähig, den Oesophagus tatsächlich zu blockieren, und dennoch bleibt das psychosomatisch initiierte Gefühl und erzeugt den Wunsch, dieses Ritual zeitnah hinter sich zu bringen.

Willkommen im Ergebnis einer falschen Entscheidung. Jeder der Anwesenden kämpft mit dem aufkommenden Gefühl brachialer Reue und des Selbsthasses, denn bereits vorher war ersichtlich, dass dieser Abend exakt so laufen würde, wie er es augenblicklich tut, und trotz besseren Wissens, sitzen sie nun hier und lassen sich emotional geißeln, als wären sie noch immer die Kinder, die sie vor Jahrzehnten waren, schutzlos den Eltern ausgeliefert, denn die damalige Dependenz war buchstäblich existenziell.

Es sind die Eltern, welche die Defizitbedürfnisse wie Nahrung, Sicherheit und Liebe befriedigen, und je nachdem in welchem Erziehungsstil jene mit Bedingungen verknüpft werden, konditionieren sich zuweilen dysfunktionale Mechanismen an, welche den gesamten späteren Lebensverlauf prägen werden, nämlich dann, wenn das betroffene Kind das überwältigende und Ohnmacht auslösende Gefühl aufkommen lässt, keine Existenzlegitimation zu haben, sofern die eigenen Wünsche befriedigt werden und jene konträr der Vorstellungen Anderer liegen, umso schlimmer, wenn diese dann auch verbal gegeißelt werden.

Es ist die tief verankerte Bringschuld, die falsche Illusion davor, den Eltern etwas schuldig und verantwortlich für deren Wohlbefinden zu sein, auch wenn jene nach objektiven Maßstäben eher Bestien gleichen als liebevollen Menschen. Und so wird entgegen jener inneren Warnung dieser Heilige Abend zusammen mit dem undankbaren Vater und der Mutter verbracht, damit nicht ein winziger Anflug von Traurigkeit aufkommen kann, zu Lasten der eigenen psychischen Gesundheit. Jedes Jahr aufs Gleiche

– stumme Menschen an diesem Tisch mit warmem Essen, welches sich so bitterlich kalt anfühlt.

Und jene sozial inkompetenten Elternteile beobachten akribisch das Verhalten ihrer undankbaren Kinder, die nicht mit Freude und Glück das eigene Herz erfreuen, sondern mental jenseits dieser Situation ein friedliches Weihnachten herbeisehnen und so einen dichten Schleier der Traurigkeit über diese Szene legen. Und Gott bewahre, die Schuld für diese miese Stimmung kann nicht beim Vater und der Mutter liegen

– sie sind unfehlbar.

Ein vorsichtiges Räuspern löst sich in die winterliche Stille: „Könnte, könnte ich bitte ein wenig mehr Soße bekommen?" Als wäre ein Blitz durch das Dach in den Tisch eingeschlagen und hätte alle Anwesenden getroffen, zucken sie reflexionsartig zusammen, denn die daraus folgende Reaktion kann nur eine sein.

„Willst Du damit sagen, dass die Ente zu trocken ist?", wirft die Mutter aufbrausend dem fragenden Kind entgegen, die atmosphärische Störung anhand dieses winzigen Indikators ex-plodieren lassend.

„Es ist immer das Gleiche..."

Dinner for Two

Traurig, beinahe verzweifelt, blickt eine junge Frau zum authentisch lächelnden Mann, ihr gegenübersitzend. Es ist der subtile Duft der Nordmanntannenzweige, die durch Desorption ätherischer Öle in den gemütlichen Raum geben, um einen Funken Weihnachtlichkeit zu erzeugen. Doch genau diese entstehende Assoziation erzeugt eine überwältigende Ohnmacht in Folge sich herauskristallisierender kognitiver Dissonanz, nämlich dem Wunsch, eine besinnliche Weihnachtszeit zu erleben und der auferlegten Aufgabe, diese Zeit mit ihren Eltern zu verbringen.

„Worüber möchten Sie heute mit mir sprechen?", fragt der leicht betagte Mann, erkennbar am graumelierten Haar und vielleicht aus diesem Grund der perfekte Ansprechpartner für die seelisch geschundene Frau auf dem bordeauxroten Ledersessel, denn er ist in diesem Augenblick all das, was ihr Vater nie war, ist und sein wird:

ein Mensch, welcher bedingungslos die Wichtigkeit ihrer Existenz anerkennt und mit ihr gemeinsam daran arbeitet, dass sie im Laufe der Therapiesitzungen selbst erkennt, dass sie liebenswert ist und ohne schlechtes Gewissen ihre eigenen Wünsche erfüllen darf und muss.

„Es ist wieder diese Zeit.", seufzt sie latent traurig in die verständnisvolle Atmosphäre, kognitiv fliehend aus dem Fenster blickend. Gleichmäßig tanzen sich reinweiße Schneeflocken zum Boden dieser Stadt und brechen durch ihr filigranes und funkelndes Antlitz die monotone und schwere Wolkendecke dieses Dezembermorgens. Im Wind gleitender Schnee als projektive Assoziation grenzenloser Freiheit, die sie sich so sehr wünscht, jedoch unfähig, jene sich selbst zuzugestehen, denn die schwere Last der Verantwortung liegt auf dem weiblichen Brustkorb und erschwert das lebensnotwendige freie Atmen.

„Ich kann mich nicht wirklich auf Weihnachten freuen.", fügt sie müde hinzu, die einschießenden Erinnerungen vergangener Feste erduldend. Es sind Zeugnisse einer tief dysfunktionalen Beziehung zwischen Kind und Eltern, geprägt durch Autorität und negative Bestrafung, dem Gefühl, den schier endlosen Ansprüchen jener Erziehenden nicht gerecht zu werden.

Narrativ verbalisiert die junge Frau die an ihrem geistigen Auge ablaufenden Geschehnisse ihrer Kindheit und das Verhältnis zu jenen Bestrafenden seit ihren vergeblichen Versuchen, autonom, jenseits des Tadels und der Kritik ein eigenständiges Leben aufzubauen, welches nicht auf einer tiefsitzenden Angst fußt, sondern auf Akzeptanz, Verständnis und Wertschätzung. Und dennoch kann sie sich den Schuldgefühlen nicht erwehren, welche mit einer einkehrenden Fröhlichkeit einhergehen, denn eine unüberhörbare Stimme flüstert ihr in diesen glücklichen Momenten zu, dass es ihr grundsätzlich nicht zusteht, auch nur einen Funken Glück zu empfinden.

„Menschen wie Du sind eine Belastung für andere.", war die niederschmetternde Botschaft ihrer eigenen Mutter, welche ihr unglückliches Leben mit der Geburt ihrer Tochter verband.

„Seit vielen Jahren verbringen Sie nun Weihnachten mit Ihrer Familie und bemühen sich, die an Sie gestellten Anforderungen zu erfüllen und dadurch andere zu erfreuen.", beginnt der reflektierende Mann diesen fortwährenden Kreislauf zu durchbrechen, „Wie oft ist es Ihnen gelungen?"

Provozierend fragend blicken seine vertraulich wirkenden blauen Augen zur erschöpften Frau. Ein Hauch eines Lächelns verbirgt sich in seinem rechten Mundwinkel. Erschrocken löst sich seine Patientin aus der eingefallenen Sitzhaltung, jene Provokation zunächst als unangenehme Übergriffigkeit wertend. Doch je länger sie die darin enthaltene Botschaft wirken lässt, desto mehr wird ihr der Kern einer erschütternden Wahrheit bewusst.

Angestrengt durchforstet sie ihre eigene Biografie, die unzähligen Situationen, in welchen sie bemüht war, ihren Eltern eine Freude zu machen, sie zufrieden zu stellen.

„Ich glaube, wenn ich ehrlich bin, habe ich mein ganzes Leben auf sie ausgerichtet,", beginnt sie ihren Erkenntnispfad zu beschreiten, „doch weder gelang es mir, sie dadurch zu erfreuen, noch mich selbst." Zufrieden nickt der Mann, ein trostspendendes Lächeln durch seinen weißen Bart in den kalten Winter entsendend, währenddessen er locker an einem Plätzchen knuspert.

Dinner for Three

Ein frischer Wind flüstert durch die blattlosen Äste sich schlafengelegter Bäume, unzählige Schneeflocken mit sich tragend, welche sich zufrieden über die Landschaft legen, um gemeinsam mit ihr zu ruhen. All die Hektik und die Lautstärke sind eingeschlafen und weichen dem mit den dunkler werdenden Tagen einhergehenden Bedürfnis nach Gemütlichkeit und Wärme eines eigens geschaffenen Lichtes, welches ersatzweise den Menschen Orientierung bietet. Zurückgezogen sitzen sie eingekuschelt auf ihren etwas zu groß geratenen Sesseln und internalisieren die niedergeschriebenen Worte eines inspirierenden Buches, währenddessen sich der Geist am Aroma eines fruchtigen Tees erfreut.

Neugierig stampft eine schwarze Katze durch das weiße Meer, verblüfft vom Knirschen des glitzernden Neuschnees, welches beruhigend die Erkundung der winterlichen Ruhe begleitet.

Vital übergibt sie ihre angewärmte Atemluft in die Kälte und verfolgt wissensdurstig das allmähliche Verblassen des davonfließenden Lebenshauches, ähnlich der Spur menschlicher Existenz, die als filigrane Fäden aus den Schornsteinen gemütlich aufgewärmter Häuser entweicht. Ein Blick durch eines mit Eisblumen verzierten Fensters offenbart eine eiskalte Szene einer Familie, die sich während des Festmahls lautstark beschimpft:

„Ihr seid alle samt Versager."

Tränen fließen und benetzen den zu trocken geratenen Festtagsbraten mit menschlichem Salz, um in wenigen Augenblicken gemeinsam mit dem angeknabberten Mahl im Mülleimer zu landen.

„Wir sind extra hergekommen, damit wir gemeinsam ein besinnliches Weihnachten feiern können.", verteidigt sich der männliche Nachfahre wütend, das fest umklammerte Silberbesteck auf die dekorative weiße Tischdecke werfend.

„Ihr seid so undankbar. Eure Mutter stand Stunden am Herd!", erwidert ein älterer Mann mit eingefallenem Gesicht und einer durch Alkohol rot aufglühenden Nase.

„Sie wollte doch nur Soße, verdammt nochmal."

Erschrocken verlässt die schwarze Katze diese turbulente Szene, einem weichen und hellen Klingen in der Ferne folgend, zu dessen Richtung hin sich die flauschigen Ohren orientieren. Etwas Magisches mag in diesem sich rhythmisch wiederholenden Ton liegen, der sich sanft, kaum hörbar für den Menschen, verwöhnt durch die diversen und prägnanten urbanen Geräusche, beinahe filigran an den Wind heftet, um mit dessen Schallwellen mitgetragen zu werden. Und wäre der Zuhörer nicht in diesem Augenblick eine Katze, jenes Klingen würde sich im ewigen Nichts verlieren.

Und so springt die schwarze Felis Catus auf den nächstgelegenen, mit dem Licht reflektierenden Schnee bedeckten Holzzaun, bereit, dieses kleine Weihnachtsabenteuer zu beschreiten und das Rätsel zu lüften.

Und dort, jenseits dieser verschneiten und verlassenen Straße, bedeckt vom wohltuenden und beruhigenden Weiß des kontinuierlich fallenden Schnees, steht ein weiteres Haus am Ende dieser Stadt, dessen Schornstein ebenfalls ein Zeichen des Lebens in den Himmel entsendet. Neugierig blickt die Katze durch das klare Glas und erspäht zwei junge Menschen, die bei Kerzenschein gemeinsam einen Festtagsbraten genießen, währenddessen motivierende Worte eines Andrea Bocelli die Heimeligkeit unterstützen:

„Fall on me, from where you are; fall on me, with all your light…"

So verspürt der Räuber zum ersten Mal an diesem Heiligen Abend, wahre Wärme, getragen in den Herzen der hier wohnenden Menschen.

„Nur zu.", flüstert eine warme Stimme dem heimlichen Beobachter zu und lässt das neugierige Tier erwartungsvoll an der Scheibe klopfen. Etwas irritiert unterbrechen der Mann und die Frau augenblicklich ihr Gespräch und sehen in die winterliche Kälte jenseits des Fensters, um dort, inmitten des ewigen Weiß, eine unscharfe schwarze Kontur zu erspähen, die mit ihren zwei gelben Augen vertrauensvoll zu ihnen blickt.

Als sich daraufhin die Tür öffnet und dem tierischen Besuch Einlass gewährt wird, um auch ihm vom Festtagsbraten zu geben, lächelt die warme Stimme durch ihren weißen Bart und begibt sich auf dem Weg zum nächsten Menschen, der jenseits von Hektik, Kritik und Oberflächlichkeit den innigen Wunsch nach Liebe in sich trägt.

Leise läuten die gläsernen Glocken im winterlichen Wind, getragen von den liebevollen Worten der jungen Frau, welche hingebungsvoll das weiche Fell des Gastes streichelt,

dankbar zu ihrem Freund hinaufblickt und erkennt, dass sie
an diesem Abend die richtige Entscheidung getroffen hat:

„Mein Therapeut hatte Recht, meine Eltern sind auch
ohne mich unzufrieden."

 Utopia

Unmittelbar

Ein spürbarer und kalter Wind überzieht das teilweise zugefrorene Land, lässt die Blätter, die Gräser, Sträucher und Pflanzen orientierungslos taumeln, ungeschützt, unfähig, sich dieser Naturgewalt zu erwehren. Noch steht die Sonne hinter dem Horizont und entsendet spärlich Licht über die Krümmung des Planeten, welches den Nachthimmel beginnt sanft zu erhellen. Doch es reicht aus. Konzentriert und angespannt hockt ein Mann hinter der natürlichen Barriere und beobachtet das Treiben von dicht beharrten Giganten mit kräftigen Stoßzähnen, die sich durch ihr dichtes Fell an die eisigen Temperaturen gewöhnt haben. Unwissend suchen sie nach verwertbarer Nahrung in der mit Schnee überdeckten Landschaft.

„Der Wind steht günstig.", flüstert der Jäger in den kalten Wind hinein, fixiert auf das kommende Ziel. Über Jahre hinweg trainierte er für diesen Augenblick, eignete sich die notwendigen Fähigkeiten an, die Umgebung für sich zu nutzen, um so nah wie möglich an die Beute heranzukommen, ohne dass sie sich der drohenden Gefahr bewusst wird. Etliche Fehlschläge musste er erdulden und ohne die notwendige Beute zu seiner Familie zurückkehren. Sich verbessern oder verhungern

– kein Platz für Zweifel oder Stagnation, denn der Lohn für seine Mühen, für seine Entwicklung ist das Leben.

Er nickt einem anderen, verborgenen Mann zu, ein stilles Zeichen, sich in diesem günstigen Augenblick zu nähern, bis es zu spät ist und das Mammut keine Zeit mehr hat, zu flüchten.

Untergehend im Tosen des Wetters knackt das dünne Gehölz unter den mit Lappen und Fell umwickelten Füßen, die konzentriert nach einem sicheren Halt suchen, währenddessen die rauen Hände fest den selbst angefertigten Speer umklammern, als sei er ein Fels in der Brandung. Dies ist die Waffe. Ein modifizierter gerader Holzstab, der in eine Spitze mündet, die mühselig mittels scharfen Steines geschaffen wurde. Hier zeigt sich ebenso die Unmittelbarkeit des eigenen Könnens. Ein schlecht präparierter Speer ist nicht in der Lage, die ledrige Haut zu durchstoßen. Auch hier lehrte die Vergangenheit, dass Faulheit oder Schludrigkeit Konsequenzen haben und den Erfolg dieser Jagd mindern. Keine Fehler werden toleriert, denn sie bedeuten das Ende der eigenen Existenz.

Und so wartet der Mann auf den richtigen Augenblick, konzentriert und fokussiert. Jeder Muskel ist angespannt, die Pupillen klein wie ein Stechnadelkopf. Er atmet bewusst tief ein und hebt seinen Arm, bereit, das finale Signal zu geben. Es reicht eine winzige Unachtsamkeit der Beute aus und sei es das zu lange blinzeln. Der Wind weht, die Kälte peitscht in das Gesicht, doch das innere Feuer lodert auf.

Am Abend sitzt eine Gruppe von Menschen feiernd um ein Feuer herum und genießt das frische Fleisch des erlegten Tieres. Stolz präsentiert der Mann einen gewaltigen Stoßzahn, lachend über seinen Kopf haltend, blicken die Übrigen ehrfürchtig zu diesem Krieger, der durch sein Tun neues Fell, neue Knochen und vor allem neue Nahrung zur Verfügung stellt, somit das Überleben seiner Sippe zunächst sicherstellt. Alles oder nichts, so lautet die Devise. Sein Sohn steht stolz neben seinem Vater, funkelnd blicken die Augen zu diesem erfolgreichen Menschen, einhergehend mit dem Wunsch, es ihm gleichzutun

– später einmal ein erfolgreicher Jäger zu werden, um das Leben der Familie sicherzustellen und die gebürtige Anerkennung zu erhalten, die notwendig ist, sich über die Übrigen zu erheben und ein Herrschaftsanspruch zu erlangen, mit dem Privileg, die zukünftige Mutter seiner Kinder auswählen zu können.

„Wenn Du hart an Dir arbeitest und Deine eigenen Grenzen immer wieder erweiterst, bis Du ein Meister geworden bist, dann wirst Du belohnt werden.", rät ihm sein glücklicher Vater.

„Es beginnt bei der akribischen Suche nach dem richtigen Ast, über die richtige Bearbeitung der Speerspitze und endet beim Erkennen des richtigen Augenblicks des Angriffs. Jedes Bisschen Arbeit, welche Du in die Jagd investierst, erhöht den Lohn."

Respektvoll und ehrfürchtig nickt sein Sohn, denn er versteht diese Worte. Er begreift, dass nur die hart Arbeitenden Erfolg haben werden und dies ist der Unterschied zu denjenigen, die sich mit Mittelmäßigkeit zufriedengeben. Sie mögen überleben, doch ein sinnvolles Leben führen sie nicht.

Er wird es lernen: Jedes Detail, welches sein Vater vermittelt, wird er in sich aufsaugen und mit genügend Training wird er eines Tages die Fähigkeiten seines Vaters noch übersteigen.

Defokussion

Es ist heiß und schwül. Die Mücken summen über den feuchten Reisfeldern dieser Provinz und warten geduldig auf die eintreffenden Bauern, um sich an ihrem warmen Blut zu laben, das im Zuge der schweren Arbeit beinahe zu kochen beginnt. Es dämmert, denn die Arbeit zu beginnen, wenn die Sonne bereits vollkommen am Himmel steht, ist angesichts der dann vorherrschenden Temperatur kaum mehr möglich. Dies wissen die Frauen und Männer, jedoch auch die Mücken.

Plätschernd schreiten weibliche Füße vorsichtig durch das Wasser und suchen im aufgeweichten Boden noch einen sicheren Stand. Das Gesicht ist unter einem Non La verborgen, müde blicken die Augen auf die geschaffenen leichten Wellen im Wasser, die sich während ihrer kontinuierlichen Expansion kaum mehr von der Oberfläche erheben. Die im Wasser aufgewirbelte Erde zieht abstrahierende Strudel in der beinahe vollkommen aufgehobenen Gravitation. Der Korb mit den Sprösslingen wiegt schwer auf den schlanken Schultern dieser Frau. Ungeachtet des penetranten Summens der Blutsauger greift sie intuitiv in den Korb und holt ein paar der winzigen Gewächse heraus. Ein kurzer Blick auf ihre Beschaffenheit überprüft die notwendige Qualität.

„Es ist wichtig zu gucken, ob die kleinen Pflänzchen bereit sind.", erklärt sie ihrer Tochter, welche neugierig auf die filigranen Blätter blickt.

„Und dann nehmen wir sie und stecken sie im Abstand von 10 cm in den Boden.", verbalisiert sie ihre Handlung, nimmt den Reis am unteren Ende, taucht ihn in das aufgewärmte Wasser und drückt die Wurzeln in den aufgelockerten Boden.

„Je mehr Sorgfalt Du vor dem Säen bei der Aufzucht walten lässt, desto ergiebiger wird der Ertrag."

Die Sonne steigt über den Horizont und taucht den Himmel in ein idyllisches Rot. Schweißperlen fallen von der Stirn der Frau, welche noch immer unermüdlich die kleinen Reispflanzen in den nassen Boden steckt, 10 cm rückwärts schreitet und erneut ein Pflänzchen setzt.

„Du musst genau darauf achten, dass der Abstand zwischen den Pflanzen weder zu groß noch zu klein ist. Denn ist er zu groß, hast Du wertvollen Platz verschwendet, ist er zu klein, gedeiht die Reispflanze nicht richtig." Währenddessen ihre Worte dem Mädchen ihr zukünftiges Tun schildern, wischt das Mädchen den Schweiß von ihrer Stirn und kämpft gegen einen Anflug heftiger Demotivation aufgrund der Monotonie und Beschwerlichkeit dieser Tätigkeit.

„Nanami, hörst Du mir zu?", bemerkt die zierliche Mutter das steigende Desinteresse.

„Das ist wichtig. Du wirst nur erfolgreich sein, wenn Du jeden einzelnen Schritt des Anbaus perfektionierst." Sie selbst hatte es von ihrer Mutter gelernt, den richtigen Zeitpunkt der Anzucht, die exakte Größe des Anzuchtbeetes, der passende Moment des Verpflanzens, die passende Vorbereitung des Bodens, die Bewässerung. Jedes winzige Detail ist eine Stellschraube, die akribisch konfiguriert werden muss.

„Und der spätere Reis ist der Lohn für unsere erbrachte Arbeit.", erklärt die Frau dem müden Mädchen, das schläfrig den Korb für die Setzlinge ersetzt hat und stattdessen auf dem Rücken der zierlichen Frau liegt.

„Du wirst es sehen.", lächelt sie und schreitet in den kommenden Abend hinein. Optimistisch blickt sie zu den Sternen, denn sie weiß, obgleich diese Betätigung viel Kraft kostet, der Erlös des geernteten Reises ihre kleine Familie ernähren wird. So ist es seit Generationen und sie erhofft sich, dass auch ihre Tochter eines Tages auf diese Art und Weise ihre Existenz sichern wird.

Mit dem Wandern der Sonne über den Horizont, des Vergehens der Tage und Wochen, wachsen die kleinen Sprösslinge zu großen Reispflanzen heran, deren Ährenrispen am Ende der zierlichen Halme das wertvolle Korn tragen, bis es sechs Monate später so weit ist. Das Wasser wurde einige Wochen zuvor abgelassen, um die Ernte zu erleichtern. Mühselig drescht die junge Frau die trockenen Pflanzen, um die stärkehaltige Frucht von der Deckspelze zu trennen.

„Wenn Du zu fest schlägst, beschädigst Du den Keimling, bist Du zu vorsichtig, löst sich der Keimling nicht von der

Schale.", erklärt sie ihrer Tochter, welche fasziniert den wachsenden Reisberg bestaunt und zu erahnen beginnt, welcher Lohn auf die harte Arbeit folgt.

„Nur 267 Yen? Letztes Jahr war es das Doppelte.", empört sich die junge Frau, gedanklich den Gesamtpreis errechnend, um letztendlich zu erkennen, dass ihre harte Arbeit von sechs Monaten nicht entsprechend ihrer Vorstellung entlohnt wird.

„Dies ist nun einmal der Marktpreis.", antwortet der Großkäufer. „Sie können sich gerne einen anderen Abnehmer suchen, doch für mehr, werden Sie ihren Reis nicht loswerden."
Gebrochen fällt sie auf die Knie, denn ihre Tätigkeit, welche bisher immer ausreichte um zu leben, ist plötzlich nichts mehr Wert.

So hat der Markt entschieden.

Mittelbar

„Wenn Du nur vor dem Rechner abhängst, wirst Du später dumm und hungernd sterben.", schimpft der Vater seinen Sohn, der bestenfalls eine flüchtige Notiz von dieser Prognose nimmt, irgendwo kognitiv einsortiert zwischen den einfallenden Reizen aus Musik und den dramatisierenden Worten eines Influencers.

„Hörst Du mir überhaupt zu?", versucht er seinen Worten Nachdruck zu verleihen und in kommunikativen Austausch zu gehen, nachdem er erkennen muss, dass mehr als ein Achselzucken nicht folgt. Enttäuscht blickt er auf das Ergebnis der letzten Klassenarbeit, welches als Unzureichend eingestuft wurde. Nicht die erste ungenügende Leistung in letzter Zeit und somit eine Tendenz, die aus Perspektive der Eltern einen suboptimalen Kurs eingeschlagen und der

Kontrast zwischen den Wünschen der Erwachsenen und denen des Heranwachsenden stetig zugenommen hat.

„Ich weiß einfach nicht, was ich noch tun soll?", seufzt der Mann das Wohnzimmer betretend, in welchem die Frau exotische Verrenkungen auf ihrer Sportmatte vollzieht, um einen geeigneten Gegenpol zu ihrer stressigen Arbeit zu schaffen.

„Wie kann er annehmen, dass man ohne Bemühungen erfolgreich ist?" Schüttelt er seinen Kopf, sich an die eindringlichen Worte seines eigenen Vaters erinnernd.

„Wenn Du später ein Haus mit Garten, ein teures Auto fahren möchtest, dann musst Du Dich verdammt nochmal zusammenreißen, Deinen Arsch auf den Stuhl setzen und pauken." Sein Vater hatte diesen Appell so oft wiederholt, dass eine allmähliche Internalisierung unumgänglich war. Er lernte, opferte seine Jugend dem Traum später einmal erfolgreich zu sein, keine Angst vor finanziellen Nöten zu haben. Heute war er ein angesehener Mediziner, fuhr ein teures Auto und bewohnte ein Einfamilienhaus mit Garten.

„Ich verstehe euer Problem nicht. Seht euch Elon Musk an. Er hat sein Studium abgebrochen und zählt zu den reichsten Menschen. Oder Bill Gates, Studium abgebrochen, reichster Mensch der Welt.", kontert sein Sohn der Utopie erlegen, dass einzig eine gute Idee ausreiche.

„Nicht jeder hat so viel Glück und immerhin waren sie auf ihrem Gebiet Spezialisten und haben sich in diesem Fachgebiet den Arsch aufgerissen. Du sitzt den ganzen Tag vor TikTok.", bringt sich die Mutter ein, sich mit dem Vater solidarisierend.

„Ihr seid einfach zu alt, um dies zu verstehen. T-Series verdient mit YouTube 8,6 Millionen Dollar – pro Monat.", bringt sich der Sohn in seine Argumentationsoffensive, das entgeisterte Gesicht seiner Eltern erblickend.

„Der Typ verdient mit seinem Mist das hundert Fache als ich!", zischt der Vater, die Ungerechtigkeit dieser Welt nicht mehr verstehend.

„Die Zeit hat sich verändert. Und weshalb sollte ich mir den Arsch aufreißen, wenn die Inflation oder der Staat jeden Erfolg auffrisst wie die Klimaerwärmung die Polkappen?" Triumphierend lehnt er sich zurück, die eingekehrte Stille genießend.

Gedanklich gehen die Eltern die für die Generation Z typischen Argumente durch und gleichen deren Erkenntnisse mit ihren eigenen Erfahrungen ab. Tatsächlich bestimmte nicht unmittelbar ihre Arbeit und ihr Einsatz den Lebensstandard, sondern das dazwischen gelagerte Geld, sprich eine mittelbare Distanz, die es vor allem zu Zeiten der Inflation und Steuererhöhungen auf der einen Seite und zeitgleich den extrem widrigen Arbeitssituationen, den jungen Menschen erschwerte, den Sinn von investierter Energie zu vermitteln. Er selbst hatte erlebt, dass sein Gehalt aufgrund der kontinuierlich steigenden Preise erheblich an Kaufkraft verloren hatte und somit eine negative Bestrafung erfolgte, die er sich machtlos gegenübersah.

„Lernen am Modell.", fügt der Sohn hinzu, diese Diskussion beendend und vielleicht lag ein wahrer Kern in seiner Betrachtungsweise, die dafürstand, dass die heutige Generation das dysfunktionale System aus Geld für Leistung unter widrigen Arbeitsumständen als Resultat von Profitgier kapitalistischer Großkonzerne und kontinuierlich steigender Steuern, erkannte und beschloss, durch Widerstand eine Veränderung herbeizuführen.

Der Vater schüttelt desillusioniert seinen Kopf, apathisch in die Leere starrend.

„Wie soll ich nur heutzutage einem Kind erklären, dass es fair ist in die Schule zu müssen, fair ist arbeiten zu gehen, wenn manchen Menschen ein gutes Leben einfach in den Schoß fällt."

Er hält kurz inne: „Vielleicht war es damals einfach fairer, als wir noch als Steinmenschen direkt um unser Leben und Überleben kämpfen mussten."

Gedanklich stellt er sich einen stark beharrten Mann vor, der triumphierend den Stoßzahn eines Mammuts in die Luft hält und weiß, dass seine investierte Energie unmittelbar das eigene Überleben sichert, ohne, dass jemand durch eine künstliche Instanz wie Geld eine Leistung progredient entwertet.

Er blickt auf die schlecht benotete Klassenarbeit seines Sohnes und setzt schmunzelnd seine Unterschrift darunter.

 Verlaufen

Spaziergang

„Hier müsste es doch sein?", murmelt unsicher eine betagte Frau, ängstlich in der Umgebung nach Eigenschaften suchend, die sich mit ihren biografischen Erinnerungen abdecken, sei es in Form einer spezifischen Farbe eines Hauses, der Konstellation von Bäumen entlang des Bürgersteigs oder vielleicht eines bekannten Gesichts

– sie ist sich nicht sicher. Verschwommen ziehen vernebelte Fragmente aus ihrer Kindheit vor die trüben Augen, doch weder sind sie chronologisch, noch situativ geordnet und vermischen sich zu einem abstrakten Gebilde, welches es unmöglich macht, realistische Bezugspunkte zu finden und anzuwenden.

„Nach Hause.", ist in diesem Augenblick der einzige Antrieb, der ihre müden und zittrigen Beine über den grauen Asphalt der Straße schleifen lässt. Egal wo sich dieses auch befindet, sie muss es erreichen, denn diese Welt scheint angsteinflößend, unbestimmbar, unkontrollierbar und erzeugt eine tiefe Sehnsucht nach Sicherheit, welche das traute Heim verspricht.

„Alles ist so anders.", kommentiert die Frau ihre Unfähigkeit, sich räumlich zu orientieren, so sehr sie es auch versucht. Doch die abstrakten Gebäude ähneln der ursprünglichen Fachwerkbauweise keineswegs, die parkenden Autos mit ihrem aggressiven Design entsprechen nicht den schlichten Fahrzeugen aus ihrer Erinnerung, bunter Kunststoffmüll benetzt Teile des Bürgersteigs und kollidiert mit der Einbildung eines damaligen Kopfsteinpflasterwegs. Nichts passt, als hätte ihr jemand ein Puzzle gegeben, dessen Teile unmöglich zusammengefügt werden können, doch vielleicht liegt es auch an der falschen Richtung.

Mühselig dreht sie ihre müden Knochen entgegen der dicht befahrenen Straße und blickt zu einer ihrer Meinung nach ruhigeren Atmosphäre in Form von Bäumen, welche im gleichmäßigen Abstand zueinander die Straße zu einem Ort führt, den sie aufgrund ihrer müden Augen nicht vollends erkennen kann.

„Vielleicht ist es dort?", bemüht sie sich erneut um ein winziges Fünkchen Orientierung und beschließt diesen Weg zu gehen, währenddessen teilnahmslos Menschen mit merkwürdig anmutenden Kopfhörern auf dem Kopf an ihr vorbeischnellen und so deutlich wie nur möglich aufzeigen, dass ihre eigenen Bewegungen schwerfällig und ungewohnt langsam sind, doch es fehlt an Reflexionsvermögen, womit die Kausalität unerreichbar bleibt. Auch stört sie sich nicht an der Tatsache, dass sie als junges Mädchen einen Gehstock zittrig in ihrer rechten Hand hält, welcher die marode Hüfte beim Laufen unterstützt. Jede Anomalie jenseits ihrer subjektiven Realität wird selektiert und in Vergessenheit gezwungen.

„Kalt.", bibbern ihre zyanotischen Lippen im kalten, beinahe schneidenden Wind eines außergewöhnlich kühlen Wintertages, entgegen der friedlich scheinenden Sonne am wolkenfreien Himmel. Ein neuer Reiz, welcher dem desorientierten Verstand einen trügerischen Ankerpunkt bietet und das Bewusstsein in eine andere Zeit katapultiert.

Der unerbittliche Winter 1946

– eine Zeit des Hungerns und Frierens. Sie erinnert sich an die zerschossenen, maroden und eingefallenen Gebäude und die Menschen, welche in Folge ihres „totalen Krieges" mehr verloren, als sie verkraften konnten, doch dies als Bestrafung für die Unterstützung des menschenunwürdigen Nationalsozialismus hinnahmen. Sie schrien nach ihrem Führer und ernteten Bomben und die ewig währende Last einer tiefen Ursünde, nämlich der Ermordung von Millionen Menschen.

„Mutter?", ruft sie verängstigt in den verkehrsreichen Lärm hinein, sich sehnend nach Schutz, Geborgenheit und ein bisschen Brot, doch noch eher ihre Worte ihre Lippen passieren, werden sie geschluckt von einem aufbrüllenden Motor eines Fahrzeuges, das ungewöhnlich schnell an ihr vorbeizieht. Sie möchte einfach nur weg, dieser Situation entfliehen – sie möchte nach Hause, wo auch immer dies sei. Erneut fließen verschwommene Fragmente einer dennoch teils erfüllten

Kindheit durch den vernebelten Verstand und zeigen eine fürsorgliche Frau, welche mit ihren müden Augen ihrer Tochter
zulächelt.

„Iss nur mein Kind.", überreicht sie ein Stück hartes
Brot im altruistischen Selbstverzicht und erzeugt ein tiefes
Gefühl von Dankbarkeit und Heimeligkeit, einer Zeit kindlicher
Unschuld, die mittels brachialer politischer Interventionen
fortgespült wird, denn als Deutsche hat sie sich schuldig gemacht. Als Deutsche trägt sie die Last einer angeborenen Ursünde, welche die nächsten Jahrzehnte schwer auf den
Schultern der Bevölkerung drücken wird.

„Was habe ich denn falsch gemacht?", fragt irritiert
das kleine Kind seine Mutter, die hasserfüllten Blicke der Soldaten einer Besatzungsmacht ausgeliefert. Entgegenkommender Hass für das, was die vorhergehende Generation angerichtet hat.

„Entschuldigen Sie.", spricht sie ein fremder Mann
aus einem Fahrzeug mit Blaulicht an.

„Haben Sie sich verlaufen?" Ungläubig blickt die frierende Frau zum unbekannten Mann und versucht, ein Lächeln
aufzusetzen:

„Nein, werter Herr, ich mache nur einen Spaziergang." Erneut verschiebt sich ihre subjektive Realität und katapultiert den fragmentierten Verstand in eine längst vergangene Epoche, in welcher sie noch ein Kind, den misstrauischen Blicken der militärischen Vertreter einer Besatzungsmacht zu entgehen versuchte.

In Uniform standen sie bewaffnet im öffentlichen
Raum, bereit, ihre angestaute Wut auf den Verlierer des vergangenen Weltkriegs in spontanen Situationen zu entladen,
denn die unzähligen erschossenen Soldaten reichten nicht
aus, die Ungerechtigkeiten zu sühnen.

Allein

Der beißende Geruch von Urin und Kot prescht der
müden jungen Frau entgegen, als sich die Fahrstuhltüren

öffnen und den gewohnten Blick auf die Blumentapete dieses Wohnbereiches ermöglichen. Es ist 5:50 Uhr morgens und bereits jetzt irren einige betagte Menschen den Flur entlang, auf der Suche nach einer Heimat, welche dieser Ort nicht bieten kann.

„Hilfe!", lautiert ein Mann ängstlich und unbekleidet, in seiner Hand ein stark verunreinigtes Handtuch in der rhythmisch zitternden Hand.

„Ach Herr Müller.", seufzt sie ermattet, die freie Hand des Mannes greifend, um ihn zurück in sein Zimmer zu führen, begleitet von aufkommenden Gefühlen von Aggressionen, aufgrund der vermeintlichen Inkompetenz der Nachtschicht, welche es nicht vermag die Kontrolle über das Geschehen in diesem Wohnbereich zu behalten.

„Wo bin ich?", fragt zittrig der Mann, sich ängstlich umsehend. Selbst als beide sein Zimmer betreten, welches mit mühselig ausgewählten Möbelstücken aus seiner letzten Wohnung aufwartet, bleiben die notwendigen Erinnerungen zur räumlichen, zeitlichen und situativen Orientierung aus.

„Das ist nicht meine Wohnung.", beschwert sich der verwirrte Mann, sich aus dem führenden Griff der Pflegekraft befreiend, denn Desorientierung geht unmittelbar mit Angst einher, Angst die Kontrolle über die Situation zu verlieren und ein geschwächter Verstand erlaubt es nicht, eine konstruktive Diskussion zu führen, noch anderweitig reife Abwehrmechanismen zu aktivieren, sodass alternativlos ein Anflug von Aggressivität folgt.

„Gehen Sie weg!", schreit der verängstigte Mann einer ausgelaugten Frau entgegen.

Am anderen Ende des Wohnbereiches blickt eine fülligere Brünette geschafft auf ihre Uhr, jedes weitere Ticken des Uhrzeigers erbetend, währenddessen ihre andere Hand einen Duschkopf hält, welcher warmes Wasser auf das Haupt einer summenden Frau prasseln lässt. Sichtlich genießt sie diese kurze Aufmerksamkeit, welche laut Pflegeplanung lediglich fünf Minuten einnehmen darf, ungeachtet jeder Individualität aufgrund subjektiver Bedürfnisse und unvorher-

gesehener Ereignisse, wie akute Delirien, welche in den unzähligen privaten Pflegeheimen von der Öffentlichkeit weggesperrt werden, denn eine funktionale Gesellschaft duldet
keine dysfunktionalen Individuen, welche kaum mehr Nutzen
für die Wirtschaft bringen.

Und so werden die Millionen von Pflegebedürftigen in
totale soziale Institutionen gesperrt, die moderne Form von
Konzentrationslagern, jede individuelle Fürsorge im Keim kapitalistischer Profitmaximierung erstickend, welche nur einer
Funktion dienen: das Sterben auszusperren. Jede Bewohnerin
und jeder Bewohner wissen, dass die notdürftig eingerichte-
ten Zimmer, die langgezogenen und künstlich belichteten
Flure die letzte Ortschaft sein werden, welche das Individuum
betritt, auch wenn kleinere Feste von der Tristesse des kontrollierten Dahinsiechens ablenken sollen. Und mit der Demenz kommt das notwendige Vergessen, um nicht an der
Wahrheit zu zerbrechen, eingesperrt zu sein und nun fremden
Regeln unterbunden.

Die Einnahme von Medikamenten, von Frühstück,
Mittagessen, Vesper und Abendessen, selbst das zu Bett gehen ist strikt und minutiös vorgegeben. Das Personal fehlt, jedes individuelle Verlangen zu ermöglichen, denn Personal
kostet Geld und im Zuge diverser Stellschrauben, Ausgaben
zu Gunsten anonymer Aktionäre zu minimieren, wurden in den
letzten Jahrzehnten die Stellen abgebaut und die restlich vorhandene Zeit für die Bewohner durch unnötig komplizierte
Dokumentationsarbeit genommen.

Auch die füllige Brünette ist sich ihrer Verpflichtung
bewusst, die gesamte vergangene Schicht akribisch aufzu-
schreiben, um beweisen zu können, dass geplante Pflegein-
terventionen stattgefunden haben, bzw. um zu veranschauli-
chen, wie anstrengend bestimmte Bewohner mit ihren Interessen sind, letztendlich um eine Legitimation zu haben, die
aufkommende Unzufriedenheit und Umtriebigkeit mittels
Psychopharmaka im Keim zu ersticken.

Nein, die Symptome einer Demenz können in diesem
Kontext durchaus als funktional definiert werden, wenn der
Verstand der öden Realität entflieht und das Bewusstsein in
eine längst vergessene Zeit katapultiert, manchmal zu

traumatischen Ereignissen, aber auch zu Momenten, in denen
der betagte Mensch noch der fürsorglichen elterlichen Obhut
unterlag und Grundbedürfnisse nach Sicherheit, Liebe und
Akzeptanz befriedigt wurden.

Das Problem mit demenziellen Symptomen ist das
Umfeld, welches in seiner Affinität nach absoluter Kontrolle
konträr den umherirrenden Freigeistern agiert und keine Kapazität für menschliche Grundrechte bereitstellt. Jene enden
am gläsernen Eingang eines jeden hübsch aufgebauschten
Pflegeheims, welches sich mit Glanznoten angekündigter
MDK-Prüfungen krönt, welche durch die Art und Weise jener
Prüfungen nicht im Geringsten die tatsächlichen Begebenheiten widerspiegeln, sondern lediglich ein Gefühl von Sicherheit
vermitteln sollen, eingeführt von einer Regierung, die bereits
vor Jahrzehnten von den fatalen Zuständen wusste, jedoch ty-
pischerweise nicht die Kausalität beseitigte, sondern lediglich
die Scheiße mit güldenem Sprühlack überzog, doch sie bleibt,
was sie ist:

eine unangenehme Hinterlassenschaft.

Dysfunktional

„Prekäre Zustände!", titelt überdimensioniert die
Headline eines der unzähligen manipulativ investigativen, jedoch dadurch nicht weniger staatlich gleichgeschalteten ana-
logen Medien in Form eines täglich erscheinenden Schmier-
blatts. Wenn der Flügelschlag eines Schmetterlings am anderen Ende der Welt einen Tornado auslösen kann, so der unge-
plante Spaziergang einer verwirrten Dame eine mediale Be-
stürzungskampagne, als wären jene Faktoren gänzlich unbekannt. Doch in der Politik ist verborgenes Wissen Macht und
wenn der Zeitpunkt günstig ist, so wird die Wissenskarte aus-
gespielt, um die politische Opposition aus dem Weg zu räumen, welcher die alleinige Schuld zugeschoben wird.

„Verwirrte Frau nur Gipfel des Eisbergs", ergänzt
eine weitere Zeitung und führt die Ursache auf die fehlgelei-
tete aktuelle Gesundheits-Politik zurück, Maßnahmen wie Un-
tersuchungsausschüsse und Konsequenzen werden gefordert und die Bevölkerung, welche die gesamte Zeit

weggesehen hat, tut sich als Bollwerk der Gerechtigkeit gegen einen selektierten Feind, welcher keiner ist.

Vor dem Altenheim positionierten sich im Laufe des Vormittags etliche Reporter, um die Heimleitung zu einer gefährlichen Stellungnahme zu nötigen, natürlich im öffentlichen Interesse. Dass eine Schlagzeile und das Befeuern von Emotionen Geld in die Kassen spülen, wird allzu gerne verdrängt, doch die heutige journalistische Tätigkeit fußt nicht mehr auf dem Wunsch, Ungerechtigkeiten aufzudecken und Menschen zu helfen, sondern aus jedem Sachverhalt so viel Profit wie möglich zu generieren, auf Kosten einzelner sozialer Existenzen. Und derjenige, der am meisten Geld bezahlt, erhält eine Berichterstattung zu seinen Gunsten.

Und so wird aus einem politischen Problem ein Problem der Institution, welche sich einer ausgelösten Wutwelle stellen muss, in Form von sogenannten „Hasskommentaren" in sozialen Netzwerken, hin bis zu anonymen Drohungen und Beleidigungen gegen die Heimleiterin, welche die vorangegangenen Jahre damit verbrachte, die dysfunktionale Gesundheits- und Sozialpolitik zu kompensieren, denn Deutschland arbeitet ausschließlich mit einem idealistischen Top-Down-Prinzip, d.h., dass theoretische Vorstellungen, Modelle und Prozesse von Fachidioten ohne jeden Realitätsbezug hierarchisch nach unten delegiert, jedoch Umsetzungsschwierigkeiten nicht zurückgemeldet werden, um so eine Veränderung der utopisch theoretischen Ebene zu erreichen.

Stattdessen steigt der Druck auf die exekutive Ebene immer weiter, bis jene implodiert und Fehler passieren, die im schlimmsten Fall Menschenleben kosten können. Viele Arbeitnehmer*innen sind sich dieser Situation bewusst, doch auf Rückmeldung, wie Überlastungsanzeigen wird im kapitalistisch funktionalen Kontext erwidert, dass ein Mensch, welcher die Vorgaben nicht erfüllen kann, oder eine Person, welche an diesen Zuständen zerbricht, einfach falsch in diesem Job ist und so ändert sich rein gar nichts. Die Vernunft war seit Immanuel Kants „Sapere aude" nie weniger gefragt als zu dieser Zeit und auch der Humanismus hat sich mittlerweile verabschiedet. Das Individuum soll ausschließlich funktionieren, soll Geld für den Vorstand generieren, um jeden Preis.

„Das was passiert ist, ist richtig scheiße.", kommentiert die Heimleiterin das Passierte, ihr gegenüber eine eingeschüchterte und zugleich vollkommen verbrauchte Pflegekraft, die verantwortliche Person des Wohnbereichs, aus dem eine verwirrte Dame vor wenigen Tagen entkommen konnte.

„Was soll ich machen, wenn ich alleine im Dienst und mit der Pflege beschäftigt bin?", verteidigt sich die füllige Brünette, sich daran erinnernd, in der Vergangenheit bereits häufiger die Missstände des Dienstplans kommuniziert zu haben, doch jedes Mal mit der gleichen Antwort abgeschmettert worden zu sein:

„Uns fehlt das Personal."

Und so wird jede politische und wirtschaftliche Verantwortung auf einen einzelnen Mitarbeiter abgewälzt, zumeist Menschen mit einem dependenten depressiven Charakter-Typus, denn jene sind leichter zu manipulieren, so weit, dass sie „freiwillig" die menschenunwürdigen Arbeitsbedingungen akzeptieren und glauben, es liege an ihrem eigenen Versagen.

„Jemand muss doch für die Bewohner da sein.", ist eine der häufigsten Rechtfertigungen dieser Personen, die ihr eigenes Leben und ihre eigene Gesundheit aufgeben, um ein dysfunktionales System zu unterstützen.

„Sie hätten sich Hilfe von einem anderen Wohnbereich holen können.", wird eine utopische Option verbalisiert, um arbeitsrechtliche Konsequenzen vorzubereiten.

„Von welchem bitte? Jeder Wohnbereich ist unterbesetzt.", wehrt sich die Pflegekraft, die letzten Kraftreserven im Erhalt des eigenen Selbstwertgefühls investierend. Von der Politik zum Gesundheitswesen, vom Gesundheitswesen zum Pflegeheim, vom Pflegeheim zur Heimleitung, von Leitung zu PDL, von Pflegedienstleitung zu Wohnbereichsleitung

– jede vorhergehende Instanz versagte in der Ausübung ihrer Funktion die Fürsorgepflicht adäquat umzusetzen, Hauptsache der Laden bleibt am Laufen und dann kommt der Moment, in welchem unvermeidlich ein Fehler passiert.

„Ich muss Ihnen leider kündigen.", sind die letzten Worte einer Frau, welche insgeheim, glücklich ist, nicht ihren eigenen Job verloren zu haben, sondern stattdessen ein Bauernopfer zu präsentieren, welches die aufgebrachte Gesellschaft beruhigen soll.

„Auf Wiedersehen.", verabschiedet eine verwirrte, jedoch nicht unglückliche ältere Dame mit Gehstock die weinende Pflegekraft, entschwunden im Nebel eines Landes, welches so kaputt ist, wie seit dem Ende des Zweiten Weltkriegs nicht mehr.

 Schiffbruch

Eine anstehende Reise

Salz liegt im feuchten Wind. Unerbittlich reißt er Partikel aus dem Ozean und schleudert sie gen Himmel. Sich aufbauende Wellen brechen am künstlich angelegten Hindernis, dem Pier dieses gewaltigen Hafens, welcher hunderten von beschäftigten Menschen einen Ort zum Ausüben ihrer Bestimmung bietet. Ein reges Treiben erfüllt die Atmosphäre genauso intensiv wie der unerbittliche Geruch verschiedener Verwesungsstadien von Fisch.

Neugierig trabt eine schwarze Katze zwischen den Beinen der Fischer und Händler, geduldig auf der Suche nach ein paar Resten, eine adaptierte Form energieintensiver Mäuse-Jagd, doch ihr Mauzen geht in den unzähligen Unterhaltungen, Rufen und Geräuschen genauso unter, wie die Gesänge einfliegender Möwen, welche neue Schiffe willkommen heißen.

Jenseits dieses Chaos erfüllt das nachdenkliche Schweigen ein paar Männer im Besprechungsraum eines Kontors die beinahe bedrohliche Atmosphäre, sodass man schreien wollte, auch wenn sich dieses Verhalten nicht geziemt und so ertragen wird. Angespannt stehen sie um einen hölzernen Tisch, bedeckt von einer gewaltigen, ausreichend detaillierten Seekarte, in den Konturen der dort eingezeichneten Inseln und Ländern nach einer Lösung suchend.

„Wir werden alle sterben.", unterbricht einer der Männer das Schweigen, seinen Zeigefinger über die Karte gleitend, von England aus, Richtung Norden, dort, wo der Detailgrad der Karte kontinuierlich abnimmt und in einer hiesigen Leere endet.

„Dann sei es so. Für das englische Königreich, für den König.", entgegnet ein noch recht junger Mann, sein Herz mit dem Pflichtbewusstsein eines uneingeschränkten Patriotismus gefüllt.

„Bei allem Respekt, wenn die Königin den Norden zu erkunden wünscht, soll sie sich selbst auf das Schiff ketten, der tödlichen Kälte ausgesetzt, ganz zu schweigen vom Skorbut, der sich allmählich durch den Körper frisst. Ich weiß nicht, was schlimmer ist." Ein bestürztes Schweigen aufgrund ungehaltener Ehrlichkeit, die ebenso mit Verrat gleichgesetzt werden könnte, mit dem Tod bestraft, sofern jene Worte an die falschen Ohren getragen würden.

„Wie könnt ihr es wagen, sich den Visionen des Königshauses entgegenzustellen?", echauffiert sich der Jungspund, impulsiv einen seiner weißen Handschuhe nehmend, im Vorhaben, den Ketzer physisch zu bestrafen, wäre nicht sein Begleiter, welcher den ausgeholten Arm festhält, um eine unnötige Eskalation zu vermeiden.

„Lassen Sie nicht Ihr Gemüt erhitzen.", versucht der Fixierende zu beschwichtigen, währenddessen sein Blick düster dem Provozierenden gilt, mimisch jede weitere Provokation verurteilend.

„Noch keiner ist aus dem Norden zurückgekehrt; ich bestreite, dass es diesmal anders sein wird. Es wäre Wahnsinn, für die Utopie der Obrigkeit sein Leben zu lassen." Gedanklich entschwindet er in den unzähligen Expeditionen, welche er mit seiner Crew bereits durchführte, dazu beitrug, die leeren Flecken auf den Seekarten zu füllen und die tief verankerte Affinität der Expansion des englischen Königshauses zu befriedigen, welche durch Kolonialisierung ihre Ideale und Gesetze außerhalb dieses Landes wissen wollte, um jeden Preis.

„Diesmal wird es anders sein.", entgegnet ein graubärtiger Mann, die Pfeife aus seinem Mund nehmend, um die Verständlichkeit seiner Worte zu erhöhen, währenddessen die Rauchschwaden verwirbelnd und lichtend durch den Raum getragen, die Luft mit dem Aroma verbrannten Tabaks versetzt.

„Drei statt eines Schiffs. Karacken, mit ausreichend Laderaum für Verpflegung und groß genug, sich durch das Eis zu kämpfen. Das Königshaus ist nicht dumm, es weiß, dass die Vorherrschaft auf der See und das Gelingen dieses Vorhabens seinen Preis hat." Ein bestätigendes Nicken geht durch die Runde schmauchender Männer, welche gedanklich niemals an diesem Ort, bereits jenseits des Horizontes segeln, um zu beweisen, dass der Mann in der Lage ist, den Naturgewalten zu trotzen und frei zu sein

– keine engen und übelriechenden Gassen, durch denen die Scheiße der Obrigkeit fließt.

Eine kräftige Böe in den flappenden Segeln der Dreimaster als Indikator endloser Freiheit. Bilder schäumender Gicht am hölzernen Bug, der sich unerbittlich durch das salzige Wasser schneidet, ergreifen das Bewusstsein des Provozierenden, währenddessen sein Blick durch das Glas der Fenster dieses Raumes nach außen drängt, um sich selbst in einem der Segel zu verfangen und das Schiff jenseits dieses Ortes zu schieben.

„Wir werden sehen, ob dieses Unterfangen tollkühn und edel ist, oder uns allen das Leben kosten wird.", spricht er leise.", erneut eine beklemmende Stille in diesen Raum tragend, die schwerer wiegt, als die Tonnen an Handelsgütern, die an diesem Hafen täglich verladen werden, vorwiegend, um die gehobenen Bedürfnisse des Adels zu befriedigen, begonnen bei feinen Stoffen aus dem Fernen Osten, über Gewürzen aus dem Orient, bis zu Edelmetallen und Steinen aus dem Süd-Westen.

Inmitten dieser für das gemeine Volk unerschwinglichen Güter erbricht sich die schwarze Katze aufgrund des Genusses verdorbenen Fisches, dessen Bakterien den Magen-Darm-Trakt des kleinen Jägers überfluten. Ungeachtet dieses unangenehmen Ereignisses wird sich der Jäger am nächsten Tag erneut den verstorbenen Nahrungsmitteln zuwenden, in der Hoffnung, dass diesmal die daraus folgende Übelkeit ausbleibt.

In den Fängen des Windes

Längst sind die Erinnerungen an die Heimat verblasst, doch der Verstand widersetzt sich der Melancholie eines aufkommenden Heimwehs, denn der Fokus liegt scharf gerichtet gen Horizont und den vielen weiteren Grenzen des lebendigen Meeres mit seiner salzigen Luft, die es zu überwinden gilt. Mit der Sonne und dem Wind im Rücken schieben sich die schweren und gewaltigen hölzernen Körper über das unendliche Nass Richtung Norden, getragen von den sich aufbäumenden Wellen, die am Bug brechen und die Karacken ins Schaukeln bringen, als wäre der Ozean eine behütende Mutter, die ihre Kinder behutsam in den Schlaf wiegt.

Konzentriert sucht der Kapitän durch sein Fernrohr nach Anzeichen der bevorstehenden Nordpassage entlang der Ostkünste Grönlands, in Form von starren Eisformationen, welche die kontinuierlich zunehmende Kälte ankündigen. Mit jeder gefahrenen Meile liegt die Sonne tiefer über dem Ende der Welt und weicht einer bedrückenden Dunkelheit, die am Ziel der Seefahrer gänzlich Oberhand gewinnen wird.

Drei Schiffe verließen den Hafen von London und segelten entlang Ostbritanniens, um von dort aus jenseits der ländlichen Sicherheit auf das uferlose Meer zuzusteuern. Island war bereits passiert, sofern die Navigation mittels Quadranten korrekt die Position der Schiffe adäquat bestimmte. An der grönländischen Küste drückte ein tosender Sturm eines der Karacken zu nah an die messerscharfen Kanten der Klippe und zwang die Besatzung, das aufgeschnittene Schiff zu verlassen, welches mit der Zeit eins mit dem Ozean werden würde, die hiesige Unterwasserwelt um eine Attraktion bereichernd.

Nicht alle Crewmen überlebten, sei es aufgrund der Unfähigkeit im eisigen Wasser zu schwimmen oder dem übermäßigen Alkoholkonsum. Eine Tragödie, nicht nur für die Expedition insgesamt, sondern primär auf persönlicher Ebene. Nun waren es zwei Schiffe, überfüllt, ausgemergelt und krank. Hustend versuchte ein Teil der Mannschaft unter Deck eine notwendige Rekonvaleszenz herbeizuschlafen. Doch die stürmische See war unerbittlich und die Kälte des Windes kroch durch jede noch so kleine Ritze. Weitere Matrosen starben und die Motivation versank im näherkommenden Eis.

„Wir müssen umkehren.", hämmert der Kapitän der Explorer auf den durchnässsten Tisch der Kajüte des Kommandanten.

„20 % sind tot, 50 % husten sich ihre Lungen heraus und wir haben nicht einmal den Polarrand erreicht.“, fügt er argumentativ hinzu, hoffnungsvoll zum ausdruckslosen Gesicht seines Vorgesetzten blickend. Aufgebracht knistert der kräftige Docht einer Kerze und füllt die angespannte Stille mit ein wenig Wärme

– zu wenig für die Dimension des Raumes, machtlos gegenüber den fallenden Temperaturen.

„Das können wir nicht.“, schüttelt langsam der Kommandant seinen Kopf, auf die leere Fläche der Seekarte blickend.

„Wir agieren im Auftrag des englischen Königreichs; wir haben unser Leben der Obrigkeit verpflichtet. Und wenn es sein muss, werden wir hier sterben.“ Wutentbrannt fegt der Kapitän mit seinem halb durchgefrorenen Arm über die Tischfläche und reißt die Karte und diverse Utensilien zum Abgrund:

„Blind den Idealen einer Obrigkeit zu folgen, kann der Wissenschaft nicht dienlich sein. Wenn das blaue Blut den Norden bezwingen möchte, so soll es sich selbst auf Reise begeben.“

„Sie gehen einen gefährlichen Pfad, Kapitän

– Meuterei wird mit dem Tode bestraft.“, katapultiert der gut genährte Kommandant eine offene Drohung hervor, mit dem Ziel diese Unterhaltung vorzeitig zu beenden, denn die Energie wäre klüger eingesetzt, die verbliebene Mannschaft durch das Eismeer zu manövrieren.

„Der Wind steht günstig

– wir werden es schaffen.“

Denn wenn der Wind günstig steht, erreicht diese technische Meisterleistung des Menschen eine Geschwindigkeit von sechs Knoten – ungefähr elf Kilometer pro Stunde. Bei einer berechneten Strecke von über 3500 Kilometern benötigte die Schiffscrew über zwei Wochen bis zum Rand des

Nordpols. Nicht viel, doch je mehr sie sich dem Norden nähern, desto lebensfeindlicher werden die Witterungen, desto mehr Kurskorrekturen, Geschwindigkeitsverlust und vermutlich auch Momente werden unumgänglich sein, in denen die Segelschiffe vom Eis umschlossen, mittels mühseliger Arbeit der Matrosen ein Weiterkommen ermöglichen müssen.

Das Brechen des glitzernden und kalten Materials mittels Spitzhacken und dies bei Temperaturen bei bis zu minus 35 °C. Nein, die Hölle wartet nicht mit Feuer auf die sündige Seele, sondern mit eisiger Kälte, welche sich allmählich durch den Pelz und das Leder der Kleidung frisst, tief in das menschliche Fleisch kriecht, um die Bewegungen zu verlangsamen und jede Hoffnung einzufrieren.

Kälte ist ein unerbittlicher Gegner.

Am Horizont reflektieren die filigranen Spitzen der Eisberge die niedrigstehende Sonne, funkeln einladend, als wartete ein unermesslicher Schatz auf den Besucher, doch die Erfahrung lehrt dem Kommandanten, dass bis 90 % der Eisbergmasse unterhalb des Meeresspiegels darauf wartet, den Schiffsrumpf aufzubrechen, wie ein spitzes Messer eine Venusmuschel und die einzige Möglichkeit einer Schadensbegrenzung darin liegt, jene stillen Mörder so weit wie möglich zu umfahren. Denn einen weiteren Verlust würde die Expedition nicht verkraften, nicht nach dem Kentern der ersten und der Umkehr im Zuge einer verächtlichen Meuterei des zweiten Expeditionsschiffes, welches in der Heimat für sein Vergehen Rechenschaft ablegen werden wird.

„Für das Königreich.", beißt sich der Kapitän auf seine spröden und aufgeplatzten Lippen, zu den Segeln seines Schiffes blickend, welche sich in den unerbittlichen Fängen des eisigen Windes befinden und nur noch eine Richtung zulassen:

Richtung Norden.

Der weiße Tod

Gebrochen schleift sich ein ausgehungerter Mann über das matte Kopfsteinpflaster, begleitet vom metallenen

Klimpern schwerer Ketten, die eng an seinen knochigen Fuß- und Handgelenken liegen. Gesenkt ist der Blick, strähnig und fettig das lang gewachsene Haar, schützend vor seinen Augen, welche Konturen einer aufgebrachten Meute auf diesem Platz erkennen lassen.

„Verräter!", „Dreckskerl!", „Mörder!", schreien Männer und Frauen nach Gerechtigkeit hungernd, um für einen kurzen Augenblick zu vergessen, wie elendig ihr eigenes Leben ist. Die Forderung nach Gerechtigkeit findet stellvertretend für all das Leid in der Gesellschaft statt. Eine Gesellschaft, die aufgrund monarchischer Ideale leidet, ganz langsam verblutet, nicht so viel, dass augenblicklich der Tod stattfindet, sondern noch so viel Leben in den leeren Hüllen verbleibt, dass es weiterhin ausgesaugt werden kann. Vergammeltes Obst und Gemüse findet im Zuge ballistischer Kurven zum in Ketten Liegenden und benetzen seine abgetragene Kleidung mit biologischem Unrat.

Tausende Kilometer entfernt liegt eine Karacke unnatürlich schräg, von scharfkantigem Eis umschlossen, im alles bedeckenden Schnee, unfähig, auch nur einen Zentimeter weiterzufahren. Die Kälte hat ihren Tribut gefordert. In das Holz eingedrungenes Wasser expandierte im Kontext seines Kristallisierens und destabilisierte die starre Konstruktion der Masten, welche nun gebrochen, nicht mehr in der Lage sind, ein Segel zu halten.

Dunkelheit umgibt diesen hölzernen Friedhof und vermag es nicht, den wolkenverhangenen Himmel vom ewig weißen Grund zu trennen. Gefangen im Nichts. Zwischen dem eisigen Heulen des Windes verirrt sich ein Husten der beinahe leblosen Leiber, welche schon bald vollkommen erstarrt, nur noch auf ihr erlösendes Ende warten, denn der Geist ist längst mit dem Wind davongetragen, jenseits dieser Hölle.

Schwerfällig tragen die blutenden Füße den kachektischen Leib auf das Schafott und hinterlassen eine knirschende und knarzende Holzkonstruktion. Ehrfürchtig schweift der Blick die Pfähle und den darauf liegenden Querbalken, an dessen Mitte akribisch ein im Wind hin und her baumelndes Seil befestigt ist, darunter eine hölzerne Falltür, welche den angebundenen Mann der Gravitation überlässt.

In einer Kombination aus exorbitanter Todesangst und lähmender Kraftlosigkeit dringen die Geräusche der tosenden Menschen auf dieser Hinrichtungsstätte nur noch gebrochen in den versiegenden Verstand des Mannes, dessen Ohren das rasende Pulsieren seiner Arterien in das Bewusstsein schreien und überlagern die kommenden Worte des Richters.

„Diese erbärmliche Kreatur hat sich des Hochverrats schuldig gemacht."

Starr blicken die trüben Augen des Kommandanten durch die noch wenigen eisfreien Stellen der anderweitig zugefrorenen Fenster seiner Kajüte, irgendeinen hoffnungsvollen Hinweis suchend, in Form von einer aufgehenden Sonne, welche an diesem Ort die Kraft aufbringt, sich durch die Wolken zu brennen, um die hiesig vereiste See zu brechen. Doch es ist dunkel und schwere Folgen bedecken die tiefe und eisige Nacht dieser Passage, welche sich mittels brachialer Naturgewalt dem menschlichen Explorationsbestreben entgegenstellt und verdeutlicht, dass die Manipulation an der Natur durch den Menschen notwendige Grenzen erfährt.

„Ich wünschte, ich hätte sie füllen können.", wechselt seine Aufmerksamkeit zum noch leeren Teil seiner betagten Seekarte, währenddessen sein Atem als sichtbarer Dunst in der Kälte dieses Raumes schwindet.

„Dieser Verräter hat sich dem Königreich verpflichtet und brach seinen heiligen Schwur.", tadelnde und diffamierende Worte hetzen den unterständigen Mob auf, welcher es kaum erwarten kann, dass der Scharfrichter die Schlinge um den gebrechlichen Hals des Verurteilten legt.

„Die Ideale Englands wurden ins Schändlichste verraten, um das eigene Leben über das des Königs zu stellen. Doch mit aller Härte des Gesetzes entgegnen wir diesem Verrat. Möge dieses Beispiel eine Mahnung an all diejenigen sein, welche mit Korrosion die Werte und den Stolz unseres Königshauses schädigen wollen."

Angestrengt und unruhig zittert die unscheinbare Flamme einer beinahe vollends aufgebrauchten Kerze als einziges Licht- und Wärmemedium auf diesem Schiff, dessen Besatzung im Zuge chronischer Unterernährung und andauernder Kälte ihre letzten Gebete gesprochen, Frieden im ewigen Schlaf gefunden hat.

Jede Hoffnung auf eine Weiterfahrt ist mit ihrem Tod im arktischen Wind erfroren, gemeinsam mit der tollkühnen Idee, die unbekannten Weiten des Nordens zu erkunden als Sprössling einer fantastischen Idee, eines Ideals, nein, einer Verpflichtung. Und nun ist sie selbst eins mit dem unerbittlichen Eis, eins mit dem kalten Wind, eins mit der allumfassenden Dunkelheit.

„Für das Königreich.", flüstert wiederholend die sterbliche Hülle des Kommandanten in die Nacht hinein.

Angsterfüllt suchen die Augen in der Dunkelheit nach Orientierung, doch der dichte Jutesack lässt jede räumliche und zeitliche Orientierung versiegen. Der Puls rast in der Gewissheit, jede Sekunde zu fallen und gebremst zu werden, durch einen sich zuziehenden Knoten, welcher das Atmen unterbinden und die Blutzufuhr zum Gehirn unterbrechen wird.

Sekunden dehnen sich zu Stunden, doch dieser Mann stirbt in Freiheit:

Die Freiheit, ein irrsinniges Unterfangen beendet zu haben.

Die Karacke ist vollkommen mit Schnee bedeckt, als die kleine Kerze erlischt und nur Dunkelheit zurücklässt.

Möge Gott ihrer Seelen gnädig sein.

 Feuer

Knisternde Flammen

Am Horizont taucht der rötliche Feuerball in das reflektierende Nass des Ozeans und erzeugt einen mystischen Dampf, der sich als orangefarbene Wolken über den Himmel zieht, währenddessen sich abstrahiert verzerrt eine mystische Spiegelwelt auf den seichten Wellen legt und so das Oben mit dem Unten verbindet, als gehörte alles untrennbar zusammen.

Am entgegen liegenden Ende der Welt färbt sich jene lebendige Atmosphäre bereits in ein ruhiges Schwarz, gebrochen durch das zunächst vorsichtige Funkeln erster Sterne, welche als stille Hüter über die Dunkelheit wachen werden und dem sich verirrten Subjekt die Möglichkeit rettender Orientierung bieten. Sanft spielen seichte Wellen ein beruhigendes Rauschen, währenddessen sie kurzzeitig den feinen Sand mit einem kühlen Nass benetzen, bevor sie sich unentschlossen wieder zurückziehen und ein paar Partikel des Strandes mit sich nehmen.

Unwirklich verformt die chemisch exotherme Oxidationsreaktion tanzender Flammen die dahinterliegende Szene, als bestünde sie aus lebendig gewordener Knete. Vereinzelt befreien sich knisternd kurz aufglühende Funken aus dem Feuerherd und taumeln sich Richtung Dunkelheit, eh sie im ewigen Schwarz erlöschen und nicht mehr hinterlassen, als eine flüchtige Erinnerung eines harmonischen Moments. Konvex gewölbt tanzt der reflektierende Zwilling dieses Feuers auf dem grünen Glas einer halbvollen Flasche, welche sich erhebt und einen Teil ihrer kostbaren, mit winzigen Kohlendioxid-Bläschen versehene Flüssigkeit dem Schlund eines durstenden Mannes freigibt.

Zufrieden lächelt er in die Flammen hinein, in deren rhythmische Bewegung er sich gänzlich verlieren könnte, wären da nicht aufkommende Erinnerungen längst vergangener Kindestage, die sich assoziativ mit jener Szene konditioniert haben und nun mit dem Feuer als Schlüssel zurück in das Bewusstsein leuchten, um so eine Überlagerung von

Vergangenheit und Gegenwart zu erzeugen, einer kognitiven Zeitreise.

Die Augen blicken glasig in den nach außen projizierten Tagtraum, welcher sich unentwegt wandelnd über das gleichmäßige Flackern der alles einnehmenden Flammen legt und die kognitive Szene in mehrere Raumdimensionen abbildet, als wäre der Projektor selbst Teil jener entbrannten Fantasterei.

„Ich sehe meine Kindheit.", spricht er so behutsam, als wolle er mit jeder Macht ein Brechen der Stille verhindern, aus Angst, jene sich bewegenden Bilder würden gleich der herausgeschleuderten Funken in der Dunkelheit erlöschen. Ein gewisser Grad an Ehrfurcht liegt in seinen Worten, die Furcht, etwas hervor zu beschwören, das längst in den Tiefen der Vergangenheit liegt und sich lediglich als emotionales Flashback in der Gegenwart manifestieren kann, unfähig jenseits der fest definierten Grenzen menschlicher Kognition zu materialisieren.

Wimmern und Winseln erfüllen den salzigen Wind, ein akustisches Echo, welches Jahrzehnte zuvor in die weite Welt hinausgetragen, nun zurück zu seinem Ursprung gefunden hat, begleitet vom gedämpften Rauschen des Meeres.

„Ich kann sie hören.", fügt er gedankenversunken hinzu, unentschlossen sich einem Lächeln zu ergeben oder affektstarr in die Flammen des Feuers zu blicken. Mit dem vollkommenen Versinken des glutroten Feuerballs im tanzenden Funkeln der Wasseroberfläche und der eingetretenen Dunkelheit, an jenem Ort durch die knisternden Flammen aufgehalten, bricht sich das undeutliche Echo an kristallklaren Klagerufen einer schmerzerfüllten Seele.

Beruhigende Frequenzen existenzieller Verzweiflung greifen nach dem biografischen Ereignis und ziehen es durch den exhalierten Dunst aus dem entspannten Leib jenes Mannes, welcher die reflektierende Flasche auf den sandigen, teils mit Muschelfragmenten versehenden Boden stellt, um nach einem weiteren Stück ausreichend getrockneten Holzes zu greifen, gewillt dem Feuer etwas mehr Nahrung zu bieten, denn es ächzt qualmend unter der schwer zu verbrennenden

Materie inmitten der Flammen, welche unentschlossen sind, ihren exothermen Oxidationsprozess auszuweiten, oder inne-zuhalten, in furchteinflößender Erwartung mit dem Lauf der Zeit zu versiegen.

„Ich danke euch.", blickt er zufrieden zu den funkeln-den Sternen, welche teils durch die Wärmeverformung des Feuers eins mit den entsendeten Funken werden, sich darauf besinnend, dass es dem Menschen vor 32.000 tausend Jahren gelang, das Feuer zu bändigen und selbst zu entfachen, nicht mehr darauf angewiesen zu sein, dass ein Blitz zufälliger-weise einen längst verstorbenen Baum entzündet.

Was mag damals die Menschheit dazu bewogen ha-ben, Gott eines solch vernichtenden Elements zu werden?

War die Angst vor der Dunkelheit größer als die Furcht zu verbrennen?

Seit jeher hat Feuer die Spezies Mensch fasziniert und im Laufe der Epochen stets seinen mystischen Charakter als Verbindung zwischen dem spirituellen Individuum und dem allmächtigen Gott gehalten, den Widerspruch zwischen dem unchristlichen Höllenfeuer und den heiligen Flammen widerstanden, um in der Zeit der Informationstechnologie zu einem beinahe nostalgischen Ritual erhoben zu werden, wel-ches es vermag, die Urinstinkte, Überbleibsel unprivilegierter Tage zu reaktivieren und die Sehnsucht nach Einfachheit zu befriedigen.

Und so mag es beides sein:

ein gefürchteter Gegner, der in der Lage ist, alles zu verschlingen und zeitgleich eine lebensspendende Mutter, die behutsame Wärme und Licht entsendet.

Ein Funke Hoffnung

„Warte auf mich.", ruft verzweifelt das kleine blonde Mädchen seiner davoneilenden Schwester hinterher, denn die Angst sich in der Dunkelheit des Waldes zu verlaufen be-mächtigt sich des kindlichen Verstands, welcher sich bis zu einem gewissen Alter ausschließlich durch soziale

Dependenz gegenüber direkten Bezugspersonen definiert und ein Verlust jener als Desintegration eigener Existenz interpretiert.

„Lauf schneller, Mary.", schnauft die Ältere zwischen dem Knacken brechenden Geästs unter dem Gewicht der Mädchen, ohne hinter sich zu blicken und der ängstlichen Mimik der Verfolgerin Aufmerksamkeit zu schenken, als bestünde sie nicht, solange sie nicht gesehen wird.

„Ich kann nicht mehr.", fügt Mary nach Luft schnappend hinzu, ungeachtet ihrer Furcht, das Rennen einstellend, heimlich hoffend, dass ihre Menschlichkeit Berücksichtigung findet – wenigstens von ihrer Schwester. Doch eh die schwachen Worte als Echo durch den dichten Wald das Bewusstsein der Rennenden erreichen, ist sie bereits in der tiefen nebligen Dunkelheit verschwunden, abrupt umgeben von einer bedrückenden Stille.

„Mary?", fragt sie zunächst zögerlich in die Geräuschlosigkeit, abwägend, ob ihre kleine Schwester sich in ihrem kindlichen Irrsinn lediglich versteckt habe und jeden Augenblick hinter einem Baum hervorspringt, doch es bleibt still.

„Mary?", bricht sie schreiend hervor und füllt den dichten Wald mit ihrer ausbrechenden Angst, gebrochen an den unregelmäßigen Texturen der Baumrinde und Blätter.

„Wo bist Du? Komm, das ist nicht lustig.", kämpft sie eine internale Schlacht zwischen Abwehrmechanismen und Angst. Das Rauschen ihres beschleunigten Pulses überfrachtet das leise Säuseln des Windes, das raschelnde Flüstern seicht taumelnder Blätter.

Angespannt ballt sie ihre Hände zu Fäusten, sich auf die eintreffenden optischen Reize konzentrierend, welche lediglich die farblose Umgebung dieses natürlichen Labyrinths mit sich tragen. Sie läuft in die Richtung zurück, aus welcher sie scheinbar gekommen ist, in der Hoffnung, dass ihre Schwester, nur etwas langsamer, jeden Augenblick auftaucht, doch je weiter sie durch das dichte Geäst geht, desto unsicherer ist sie, ob sie überhaupt aus dieser Richtung gekommen ist. Alles wirkt fremdartig, wenig vertraut, wandelnd, als wäre der Wald ein Aquarell, welches im Zuge gnadenloser Gravitation bis zur Unkenntlichkeit verläuft.

„Lisa?", keucht das blonde Mädchen in den stillen Nebel hinein, welcher sich gleich einer schweren Decke über den feuchten Boden legt, ihn in einen düsteren Schlaf bettet, begleitet von all den Kreaturen, die sich in diesem Labyrinth verlaufen haben und nicht mehr hinausfanden. Unzählige von stummen Geschichten, welche die Jahrtausende begleiteten, dem Wandel der Zeit widerstanden, nur um unausgesprochen die Furcht, sich neu in diesem Wald Verlaufener zu nähren.

„Komm zurück.", ruft das einsame Mädchen unter dem wolkenverhangenen Himmel, welcher jede durch den Trabanten reflektierenden Lichtphotonen schluckt und das Land unter sich in eine Orientierungslosigkeit hüllt. Es fehlt die Kraft, ihr zu entkommen, der Mut aufzustehen und weiterzugehen, einer erloschenen Hoffnung folgend, diesen Ort zu verlassen, um irgendwo, jenseits von Flüssen, Bächen und Seen ein Zeichen menschlicher Existenz zu erspähen. Stagnierend hockt sich Mary zusammengekauert in die Nacht, leise wimmernd, den mit Laub und Geäst bedeckten Boden mit kindlichen Tränen tränkend, deren glasklare Klänge niemals diesen Ort verlassen werden und Teil zu den unausgesprochenen Geschichten werden.

„Mary?", schallt es heiser in die graue Beklommenheit. Kalte, zierliche Hände streifen über die feuchte, durch das Alter ihres floralen Trägers teils aufgeplatzte Rinde schweigender Riesen, dessen Häupter knarzend im seichten Wind schaukeln, um vereinzelt ein Teil ihrer zierlichen und welkenden Kinder der Gravitation zu übergeben. Gleich einem stark verlangsamten Regen gleiten jene gelben, roten oder braunen Winzlinge zum Boden und bieten Weichtieren, Insekten und anderen Destruenten Nahrung, um den Nährstoffkreislauf des Waldes zu schließen, denn als fundamentale Elemente wie Kohlenstoff und Stickstoff und Phosphat kehren sie über die Wurzeln zu ihren Eltern zurück.

Doch all dies ist in diesem Augenblick irrelevant, denn für das brünette Mädchen gilt einzig und allein den Fokus auf ihre kleine Schwester zu legen.

„Was haben wir nur getan.", flüstert sie reuevoll, jene Situation als Konsequenz ihres Handelns interpretierend, um eine gewisse Sinnhaftigkeit zu erhalten, ohne jene ihre Existenz infrage gestellt werden könnte.

So schnell sie auch rannten, der Reaktionskaskade, ausgelöst durch ihre Handlung, können sie nicht entfliehen, denn auch wenn der dichte und stille Wald jedes Wort zu schlucken vermag, so nicht die unerbittlichen Konsequenzen des Schicksals. Ein Leben für ein anderes. Weinend blickt die ältere Schwester auf den glänzenden Gegenstand in ihrer rechten Hand. Gebürstetes Metall, unfähig das emotional schmerzerfüllte Gesicht des Kindes zu reflektieren, als wäre jede Reue bedeutungslos, denn die Wahrheit hinter den Worten *Es tut mir leid* ist, dass niemals die ursprüngliche Handlung an sich infrage gestellt und bedauert wird, sondern immer die negativen Konsequenzen, welche sich daraus ergeben.

Es tut mir leid, nicht weil ich jemanden verletzt, betrogen, getäuscht oder getötet habe. Es tut mir leid, weil ich letztendlich enttarnt wurde und eine Strafe erwarte – eine Wiedergutmachung für den ausgelösten Schaden.

Zitternd und verzweifelt öffnet sie den Gehäusedeckel und riecht das Kondensat des Feuer bringenden Benzins. Das Reibrad schleift über den Feuerstein und entzündet einen winzigen Funken Hoffnung.

Lodernde Flammen

Qualvolle Schreie durchbrechen das verschlingende Knistern der alles verzehrenden Flammen, welche beginnen von der Cellulose, Hemicellulose und Lignin auf das verhornende Plattenepithel und dem darunter liegenden Troponin, Actin, Myosin und Tropomyosin überzugreifen, die afferenten Nervenbahnen reizen und die unerbittliche Oxidation als brachialen Schmerz an das Gehirn weiterleiten.

Festgebunden an einem Pfahl versucht sich der menschliche Körper aus jener persönlichen Hölle zu befreien, doch die Hitze und der Schmerz trüben den Verstand, das unfreiwillig inhalierte Aerosol dringt tief durch Bronchien in die

Alveolen ein und vergiftet das lebensspendende Blut mit Kohlenstoffmonoxid und -dioxid, sodass ein progredienter Sauerstoffmangel das Bewusstsein trübt. Lächelnd blickt der Mann zur qualvollen Szene, ein Stückchen Genugtuung in sich spürend, die er mit kühlem Bier in seinen Körper spült.

„Lisa, wo bist Du?", weint das erschöpfte Mädchen auf dem kalten und nassen Boden kniend, die Hände vor dem Gesicht möchte der kindliche Verstand der harten Realität entfliehen, sich in eine Zeit vor den Geschehnissen wünschend, mit der Überzeugung, sollte sie vor der gleichen Entscheidung stehen, eine andere Wahl zu treffen

– eine ohne aufkommende negative Konsequenzen, doch so sehr sie es sich auch wünscht, der Mensch mit seiner linearen Zeitwahrnehmung ist nicht in der Lage, die Dimension entgegen ihrer fortlaufenden Richtung zu verlassen.

„Wo führst Du mich hin?", lächelt die brünette Frau erwartungsvoll ihrem Freund zu, als er ihre Hand nimmt und von der abgelegenen Landstraße Richtung rauschenden Meeres führt.

„Lass Dich überraschen.", antwortet er ihr sanft, rücksichtsvoll die den Weg versperrenden Äste bei Seite schiebend. Aufgeregt pocht das Herz der Frau und erwärmt ihre Wangen und Hände, welche ein wenig beginnen zu transpirieren.

Mit dem Feuerzeug in der Hand, welches es vermag ein wenig das düstere Labyrinth aus Bäumen, Sträuchern und Geäst zu erhellen, manövriert Lisa durch den dichten Wald, konzentriert auf alle eintreffenden akustischen Reize, zusammengesetzt aus dem leisen Rascheln der Blätter, dem knackenden Geäst, dem knarzenden Holz wippender Stämme, dem Rufen einer Eule jenseits des sichtbaren Bereichs.

„Mary?", wiederholt sie ihre Rufe, innig darauf hoffend, ihre blonde Schwester zu finden.

„Das ist so romantisch von Dir.", schwärmt die zierliche Frau, als sie zwei Stühle, einen Picknickkorb, eine Kühlbox und einen mühevoll errichteten Holzhaufen am Strand

erblickt, dessen Wellen einige Meter zwischen dem herge-
richteten Platz und dem Wasser lassen, welches beruhigend
ein salziges Rauschen in die Meeresluft flüstert.

Abgeschieden von all dem Trubel eines urbanen Le-
bens mit seiner Hektik und Anonymität, in welcher eine jede
Existenz in der Masse der Menschen in Vergessenheit und
Belanglosigkeit vergeht.

Als die Sonne entgegen dem Meereshorizont lange
Schatten der Bäume auf den sandigen Boden des Strandes
wirft und die letzten Kinder des Feuers ihren wohlverdienten
schlaf finden, erhebt sich der Mann und blickt emotional berührt zur übriggebliebenen Asche, in deren Zentrum sich un-
verbrannte Reste von vorwiegend calziumhaltigen Fragmen-
ten befinden, welche auch ohne viel Fantasie auf die brutale
Wahrheit des jüngsten Ereignisses hindeuten.

Er hinterlässt erleichtert einen stillen Ort, dessen
vergangene Schreie sich, mit der Meeresbrise jenseits des
Horizonts getragen, gleich den letzten Qualmtänzern auflösen.

„Bist Du das, Lisa?", befreit sich das kleine blonde
Mädchen aus seiner hoffnungslosen Lethargie und erspäht einen winzigen hellen Punk inmitten der Dunkelheit, sich zitternd auf sie bewegend, begleitet von der kraftlosen Stimme
ihrer Schwester. Innig umarmen sich die zwei ausgekühlten
Mädchen inmitten der dunklen Nacht. Zwiespältige Gefühle
aus Schuld und Dankbarkeit mischen sich in jede Träne, gleich
einem lebensspendenden Bach die Wangen hinunter laufend.

„Das können wir nicht machen.", entgegnet das kleine
blonde Mädchen, seine Schwester ernst und erschrocken ins
Gesicht sehend, um einen Moment der Besinnung zu initiieren;
Sekunden, welche zu Minuten werden und den Zweien die
Möglichkeit geben, ihren destruktiven Impuls durch Vernunft
zu unterdrücken, denn je nach Richtung des beschrittenen
Pfades werden sich die Folgen einer Missetat über das ge-
samte spätere Leben ziehen, sie verfolgen wie der eigene
Schatten im Sonnenlicht.

„Wie sollen sie es denn herausfinden?", widerspricht das ältere Mädchen, beinahe besessen auf das glänzende Metall des Feuerzeugs blickend. Erinnerungen vergangener Momente blitzen in jener diffundierten Reflexion auf, sich bewegende Bilder, die undeutlich, jedoch stark emotional aufgeladen, die dysfunktionale Interaktion zwischen ihnen und einem Jungen widerspiegeln.

„Ich weiß, dass er doof ist, aber ein Feuer?", bäumt sich der letzte Funke Vernunft auf, verbalisiert durch ein ängstliches Mädchen.

„Wir jagen ihm ja nur einen Schreck ein.", öffnet sie den Gehäusedeckel und entzündet einen Funken in jener schicksalhaften dunklen Nacht.

„Wir müssen weg hier.", schreit Lisa, als aus einer kleinen Flamme ein gewaltiges Feuer entflammt, welches binnen Sekunden das gesamte Haus umgreift. Erschrocken durch den beißenden Rauch und dem verzweifelten Schreien eines Mädchens, blickt ein kleiner Junge durch die Flammen vor seinem Fenster, zwei davoneilende Mädchen erkennend, währenddessen sein Bruder Todesschreie auswirft, inmitten lodernder Flammen.

 Fuchs

Exploration

„Sieh mal, Großvater.", spricht das rothaarige Mädchen erfreut, kleine, sich in regelmäßigen Abständen wiederholende Abdrücke im Schnee erspähend, einen Teil ihres Lebens des sich in den kondensierenden Wasserpartikeln in ihrer Atemluft befindend, in die unerbittliche Kälte hinaustragend, allmählich im Nichts des allgegenwärtigen Weiß verblassend. Bestätigend nickt der betagte Mann, emotionslos jene aufgefundene Tatsache zur Kenntnis nehmend.

„Was ist es?", fragt er nüchtern, ihr in der Vergangenheit vermitteltes Wissen ab. Nachdenklich blicken die blauen neugierigen Augen zu den Spuren:

„Ich sehe vier Zehen mit sichtbaren Krallen." Konzentriert durchforstet sie ihre gewaltige, sich kontinuierlich vergrößernde kognitive Bibliothek.

„Und hier ist der Balken im Mittelhandballen.", zeigt sie auf die untere Vertiefung des Trittsiegels. Augenblicklich gleicht sie jene Details mit denen abgespeicherter Siegel ab und blickt mit geschlossenen Augen angestrengt in ihr Inneres, um nach einem kurzen Augenblick zögerlich zu antworten:
„Ein Fuchs?"

„Das hast Du gut gemacht.", legt der alte Mann seine kräftige Hand auf ihren mit einer roten Kapuze bedeckten Kopf.

„Der Vulpes vulpes ist in Europa, Asien und Nordamerika heimisch – ein dämmerungs- und nachtaktiver Jäger, welcher mit einem ausgezeichneten Geruchssinn seine Beute, Junghasen, Beeren und Aas erspäht.", erklärt der stämmige Alte, „Ein an die Umgebung perfekt angepasstes Raubtier, welches als Einzelgänger auch für Bauern relevant ist."

Noch ehe er sein Wissen weitervermitteln kann, unterbricht ihn das Mädchen:

„Aber fühlt er sich dann nicht einsam, so alleine im Winter?“

„Alleine zu sein, bedeutet nicht einsam zu sein. Und einsam zu sein bedeutet nicht alleine zu sein.“, erwidert ihr Großvater, den eintretenden Schneefall zum Anlass nehmend, die heute Expedition zu beenden.

„Komm, Charlotte, es wird dunkel und der Schnee wird schon bald alle Spuren bedeckt haben.“

„Das verstehe ich nicht, alleine, aber nicht einsam.“, flüstert sie irritiert in den kalten Wind hinein, den temporären gewaltigen Fußspuren ihres Großvaters folgend, währenddessen ihre Fantasie ein einzelnes orange-rotbraunes Tier in die weiße Landschaft zeichnet, welches ohne jegliche Freunde versucht der Einsamkeit zu entfliehen.

Beruhigend knistert das verbrennende Holz im Kamin der ländlichen Stube und spendet eine angenehme Wärme, welche das gemeinsame Abendmahl begleitet. Nachdenklich still beißt Charlotte vom Brot, währenddessen ihr Blick die tanzenden Bewegungen der hellen Flammen verfolgt, sich nicht davon abbringend, die teils rötliche Färbung mit jener des Fuchses zu assoziieren. Ihr gegenüber sitzt erschöpft ein alter Mann, leicht zitternd den schweren Metalllöffel durch die Schüssel führend, um die wohltuend heiße Suppe zum Mund zu führen, still seine Enkeltochter beobachtend, welche dieser Szene keine Aufmerksamkeit schenkt, da sie sich gedanklich nach wie vor in der eisigen Kälte des Winters befindet.

Orange-braune Augen durchstreifen konzentriert das weiße Nichts einer in Ruhe gebetteten Landschaft, vielleicht auf der Suche nach etwas Leben. Ein genauer Blick der Mimik deutet auf Einsamkeit hin, jene eines Geschöpfes, das sich bewusst ist, dass dessen Spuren im Neuschnee verschwinden, als hätte es nie existiert.

„Wie es wohl wäre?“, fragt sich das rothaarige Mädchen gedanklich, sich an die Seite jenes einsamen Räubers fantasierend, um gemeinsam im endlosen Winter nach einem Abenteuer zu suchen. Gemeinsam durchstreifen sie die karge

Ödnis eines menschenleeren Raumes. Stille, die lediglich durch das Knistern des zusammengedrückten Schnees gebrochen wird.

Nein, es bedarf keiner Worte. Wortlos verstehen sie einander, als wären ihre Gedanken eins; als wären sie beide eins: eine Familie. Beinahe erschrocken zieht es sie zurück in die Realität, als sie bemerkt, dass sie nicht als Mädchen neben dem Fuchs wandelte, sondern selbst zu einem wurde. Zwei rötliche Geschöpfe in den eisigen und lebensfeindlichen Weiten, doch sie waren nicht mehr alleine, nein, sie waren nicht mehr einsam.

„Dich scheinen die heutigen Spuren sehr zu beschäftigen.", bricht der Großvater das behutsame Schweigen des knisternden Feuers, müde zu seiner Enkelin blickend, als entschwände seine Lebenskraft in jenem Augenblick, indem er bemerkt, dass ihre kognitive Präsenz jenseits dieser menschlichen Heimeligkeit wandelt.

„Ich glaube, er ist einsam

– ich glaube, er braucht einen Freund.", flüstert sie latent ängstlich vor der Reaktion ihrer infantilen Worte, nicht erkennend, dass sie in diesem Moment nicht von einem fremden Tier spricht, sondern ihre eigenen Gefühle auf einen wilden Räuber überträgt.

„Ist er das? Der Fuchs verspürt keine Einsamkeit. Er ist ein Raubtier, welches gut ohne andere auskommt und vor allem ohne den Menschen. Du musst verstehen, dass ein Fuchs nur seine Belange berücksichtigt

– er jagt, weil er Hunger hat.

Er ist nicht wie ein Hund: ein Rudeltier, ein zähmbares Geschöpf, welches als Freund an der Seite des Menschen steht.", hustet der Alte schwächlich hervor, eine nachdenkliche Stille in die Stube bringend.

Nicht einmal das Knistern der lebendigen Flammen kann in diesem Augenblick die eingekehrte winterliche Kälte auffangen, die sich im Herzen des Mädchens ausbreitet.

„Heute musst Du alleine jagen gehen.", hustet der Großvater erschöpft zu dem Mädchen blickend, mit einer sich ausbreitenden Infektion kämpfend, welche sich unbarmherzig über die Bronchien und Lungen des Mannes gelegt hat und seinen geschwächten Körper in eine abwehrende Hyperthermie zwingt, welche all seine Kraft kostet.

„Ich werde uns einen Hasen zum Abendessen jagen, damit Du wieder zu Kräften kommst.", verspricht die rothaarige Enkelin, gedanklich die Merkmale des Trittsiegels eines Hasen vergegenwärtigend.

„Fünf Zehen an den Vorderläufen, wobei die äußere teilweise nicht sichtbar ist. Krallen. Eine asymmetrische Anordnung der 5 cm langen Spuren, doch die hinteren können viel länger sein.", verbalisiert sie ihre Erinnerung und erhält ein bestätigendes Nicken des gebrechlichen Mannes.

„Gut gemacht.", hustet er, sich darauf verlassend, dass er ihr alles Notwendige beigebracht hat, um diese Aufgabe zu meistern.

Die ländliche Holzhütte liegt weit hinter ihrem Rücken und entsendet dichten Qualm in die ruhige Kälte eines bewölkten Wintermorgens, welcher sich vom ausgeprägten Schneefall der letzten Tage erholt. Konzentriert schreitet Charlotte durch den tiefen Schnee, angestrengt auf der Suche nach einer Fährte, welche sie zu ihrer potenziellen Beute führt.

„Ich habe es versprochen.", kämpft sie gegen eine aufkommende Stagnation angesichts der Herausforderung jener Aufgabe und der Angst zu versagen, ihren kranken Großvater im Stich zu lassen. Oft genug war sie dabei und beobachtete das Vorgehen dieses erfahrenen Jägers, welcher es vermochte, beinahe vollkommen geräuschlos durch das Weiß zu ziehen und in kleinsten Spuren Informationen für das weitere Vorgehen zu erkennen.

„Halte Dich immer gegen den Wind.", flüsterte er ihr zu, das Ziel im Visier seines Gewehres.

Bereits etliche Kilometer hinter sich gebracht, die unscharfe Silhouette der Sonne hinter den Wolken vom Horizont bis hinauf zum Himmel wandern sehend, zusammen mit einer unaufhaltsam empor kriechenden Verzweiflung noch immer keine Anzeichen von Spuren gefunden zu haben, sitzt sie erschöpft auf den vereisten Überresten eines umgefallenen Baumes und blickt teilnahmslos auf das homogene Weiß.

„Atme ganz ruhig und nun das Ziel aufsetzen.", flüsterte er ihr im rauen Wind zu, jede ihrer Bewegungen von der Seite beobachtend, währenddessen er selbst das ahnungslose Tier zwischen Kimme und Korn setzte.

„Und wenn Du Dir ganz sicher bist, dann halte den Atem an, lege den Finger auf den Abzug und drücke ihn durch." Ein gewaltiger Knall durchbrach die winterliche Stille, gefolgt von einem elendigen Todesschrei des getroffenen Opfers.

Gedanklich expandiert jene eindrückliche Erfahrung eines sterbenden Tieres in das Bewusstsein und reißt das kleine Mädchen in die eisige Gegenwart zurück, in welcher der leise säuselnde Wind Geräusche etwas Lebendigen mit sich trägt. Regungslos blicken dessen braun-orangefarbene Augen zu dem rothaarigen Mädchen, einen respektvollen Abstand zu ihr haltend, jede ihrer Bewegungen kritisch erspähend.

„Hallo, Du.", begrüßt Charlotte sanft nach einer gefühlten Ewigkeit des Zögerns den scheuen Besucher inmitten der ewig weißen Landschaft, eine tiefere Verbindung zu diesem Geschöpf spürend, aufbauend auf eine Gemeinsamkeit. Skeptisch neigt der Fuchs seinen Kopf zur Seite, als versuchte er die an ihn herangetragenen Worte zu verstehen oder deren darin liegende Bedeutung.

„Hab keine Angst.", fügt sie hinzu, bedacht ihre Hand zu diesem wunderschönen Tier ausstreckend, die leere Handfläche als Zeichen nicht vorhandener Gefahr durch sie nach oben gerichtet. Und für einen kurzen Augenblick scheint es, als folgte der Fuchs einem beinahe menschlichen Interesse der Exploration und Interaktion, doch er lässt seinen Blick von diesem Mädchen ab und verschwindet still in der winterlichen Landschaft, ohne noch einmal zurückzublicken.

„Danke.", lächelt Charlotte überwältigt von der temporären Nähe zu diesem Jäger, die Traurigkeit darüber, dass jenes Ereignis ein Ende gefunden hat, samt einer gefrierenden Träne wegwischend. Und mit dem Ende dieser Begegnung besinnt sie sich auf ihre ursprüngliche Aufgabe für das heutige Abendessen einen Hasen zu schießen und der Gewissheit darüber versagt zu haben.

„Großvater wird nicht begeistert sein.", spricht sie zu sich selbst, sich seine rationale Mimik vorstellend und dem unterschwelligen Tadel, welcher in seinen Worten liegen wird, vor allem jetzt, da er krank und auf ihre Hilfe angewiesen ist.

„Es tut mir leid, Großvater.", bereitet sie ihre Selbstkasteiung vor, eine sichtbare Mimik der Scham und Trauer in ihrem Gesicht, „Ich habe keinen Hasen finden können." Und doch entsprechen diese Worte der Wahrheit, denn sie hatte es wirklich versucht, trotzte dem Wind und der Kälte, doch im ewigen winterlichen Weiß fand sie lediglich einen stillen Gefährten, welcher eventuell genau wie sie nach Nahrung suchte und somit ihr Schicksal teilte, versagt zu haben.

„Dann nehmen wir ein Huhn.", hustet der alte Mann, ausdruckslos zu seiner Enkelin blickend, „Und morgen dann, findest Du einen Hasen."

Ist es eine Lüge, wenn Teilaspekte der Wahrheit verschwiegen werden? Und ist jene Einschätzung abhängig von der zugrunde liegenden Motivation des Schweigens? Charlotte erzählte nichts von der Begegnung mit dem Fuchs, aus Angst ihr Großvater könne denken, sie habe versagt, da ihr Fokus auf einer Interaktion mit dem rot-bräunlichen Jäger lag, auch wenn dies nicht stimmt und doch kann sie sich nicht von der Vorstellung befreien, dass eben jener negative Eindruck entstehen könne.

Sie und der Fuchs teilen nun ein gemeinsames Geheimnis, ein erneuter Faktor, der sie beide verbindet. Feuer und Feuer im endlosen Schnee.

„Da bist Du ja wieder.", strahlt sie erfreut, als der stille Jäger in einiger Entfernung die Bewegungen des Mädchens beobachtet, Neugier in seinem Blick offenbart, vielleicht als Beginn seine Scheu abzulegen und zu erkennen, dass sie nicht gekommen ist, um ihm zu schaden.

„Hilfst Du mir auf der Suche nach einem Hasen?", fragt sie aufgeschlossen jenes Tier, als sei es in der Lage ihre Intention zu verstehen. Minutenlang blickt er in ihre Augen und lässt den kalten Wind, für den Menschen nicht vorhandene Geruchspartikel an seiner Nase vorbeiziehen, bis er seinen Blick senkt und seine schwarze Nase bis dicht über den vereisten Boden bringt, unsichtbare Spuren inhalierend.

„Danke Dir.", flüstert sie, sich auf die Intuition des Tieres verlassend, welche im olfaktorischen Bereich 400-mal ausgeprägter ist, als die des Menschen. Schnüffelnd pirscht der orange-rote Jäger über den kalten Schnee, in einem sicheren Abstand zum Menschenkind, da ein gewisser Grad an Skepsis aktuell nicht überwunden werden kann. Ersichtlich erfreut folgt Charlotte ihrem neuen Freund, in der Hoffnung am heutigen Tag ihrem Großvater ein respektables Ergebnis vorzeigen zu können.

Erneut steht die Sonne hinter den Cirrocumuli am Zenit und lässt die diffundierten Schatten direkt unter die Körper werfen. Schweigend nimmt das rothaarige Mädchen eine erspähte Hasenspur zur Kenntnis, welche kurvenreich in ein licht bewaldetes Gebiet führt und beginnt konzentriert visuell den Horizont abzutasten in Erwartung dort ein hoppelndes Nagetier zu erkennen. Ihr stummer Freund, seine Schnauze gehoben, blickt ebenso in das teils gebrochene Weiß und reduziert seine Körperhöhe, um abrupt blitzschnell zwischen die eingeschneiten Fichten zu verschwinden, bis zur Unkenntlichkeit hinter dem fallenden Schnee und Wind verborgen.

„Hey, warte auf mich.", ruft sie dem Jäger hinterher, in dieselbe Richtung rennend.

Als sie das rötliche Fell einige Augenblicke später unter einem Nadelbaum findet, tut sich das Tier ausgiebig an seiner Beute gütig und entreißt dem leblosen Körper die blutenden Innereien.

„Der sollte doch für mich sein.", kommentiert sie enttäuscht ihre Sichtung, bis auf einen kurzen Blick seinerseits, keine weitere Reaktion erfolgend.

„Na danke.", verlässt sie den Nadelwald und begibt sich auf dem Weg Richtung der Hütte ihres Großvaters, innerlich reuevolle Worte der Entschuldigung vorlegend.

„Ich habe erneut versagt.", flüstert sie beinahe dem Weinen nahe ihrem geschwächten und hustenden Großvater zu, keinen Mut findend, auch nur für eine Sekunde zu ihm zu blicken.

„Dann nehmen wir ein Huhn.", hustet der alte Mann, ausdruckslos zu seiner Enkelin blickend, „Und morgen dann, findest Du einen Hasen."

„Heute werde ich alleine jagen.", spricht sie beinahe emotionslos zum auf sie wartenden Fuchs, welcher mit zur Seite geneigtem Kopf beinahe reuevoll seinen Fehler einzugestehen versucht. Und so wendet sie ihm den Rücken zu und begibt sich auf die Suche nach einer neuen Fährte. Länger werdende Schatten fressen sich über das funkelnde Weiß eines beinahe wolkenfreien Himmels und deuten auf die fortschreitende Zeit hin, als Charlotte lächelnd unregelmäßige Hasenspuren entdeckt. Entgegen ihrer Richtung bewegt sich ihr flauschiger Freund zwischen kleineren Fichten und hält einen respektvollen Abstand zur Jägerin.

„Gut so.", nickt sie ihm zu, legt ihr Gewehr an und schreitet geräuschlos auf einen möglichen Bau zu, bereit, augenblicklich den Abzug durchzudrücken. Ahnungslos hoppelt ein gräulich-braunes Nagetier zwischen den alten Stämmen hochgewachsener Bäume, nicht wissend, dass es seine letzten Atemzüge gemacht hat. Ein gewaltiger Knall schallt über das eingeschneite Land und hinterlässt eine pulsierende Blutlache im kalten Weiß.

„Du hast Hunger, aber ich kann Dir nichts abgeben, denn mein kranker Großvater braucht dieses Fleisch.", argumentiert sie ihre strikte Haltung der beinahe bettelnden Mimik ihres tierischen Freundes entgegen, kurz vor der zugeschneiten Hütte, bis zu jener ihr der Fuchs gefolgt ist.

„Für heute müssen wir Abschied nehmen.", lächelt sie dem hungrigen Tier zu, ihre Hand als vertrauensvolle Geste ihrem neuen Freund hinhaltend. Vorsichtig schnüffelt er an den kalten Fingern, um wenige Augenblicke später wieder Abstand einzunehmen und im heftiger werdenden Schneefall zu verschwinden.

Die Sonne hat bereits den Horizont passiert und der Dunkelheit den Platz geboten, die Landschaft in ein dichtes Schwarz zu tauchen, als der Großvater und das rothaarige Mädchen am Essenstisch sitzen und still den zubereiteten Hasen verzehren. Gemütlich knistert das brennende Holz und wirft eine heimelige Wärme in den rustikalen Raum, doch zwischen den sich befreienden Funken ertönt plötzlich das aufgewühlte Gackern aus dem Hühnerstall. Augenblicklich springt Charlotte auf und platzt durch die Haustür, um auf der Rückseite des Hauses auf den Fuchs zu treffen, welcher ein lebloses Huhn zwischen seinen Zähnen gepresst, emotionslos zu ihr blickt.

„Was hast Du getan?", schreit sie ihn entsetzt an, am Verrat ihres Freundes zerbrechend.

„Ich dachte, Du bist mein Freund?", fällt sie auf ihre Knie, in Tränen ausbrechend.

Ein lauter Knall erfüllt die bedrückende winterliche Stille und lässt den Fuchs kurz winselnd zusammenbrechen. Geschwächt steht der graue alte Mann mit seinem qualmenden Gewehr hinter dem Mädchen:

„Du trägst die Verantwortung dafür, dass heute sinnlos ein Tier sterben musste."

„Es tut mir wirklich leid, um das Huhn.", weint sie bitterlich.

„Ich spreche vom Fuchs.", erwidert ihr Großvater,
diese Szene langsam verlassend.

 Gebet

Eine gerechte Sache

Ein tiefes und vertrautes Blau schmückt das endlose Himmelszelt, gespannt zwischen zwei Horizonten bettet es alles Lebendige unter sich, aufgespannt durch einen leicht säuselnden Wind, welcher stille Botschaften von einem Ort zum anderen trägt und die grünen Kinder betagter Mutterbäume als Membranen in seichte Schwingungen versetzt, um sie in die Lage zu versetzen, Klagelieder zu singen. Doch kein Mensch hört ihnen zu, denn die Aufmerksamkeit gilt dem bassreichen Getöse jenseits der engen und feuchten Erdmauern dieses Schützengrabens. Aufgeschreckt und nervös starren die gebrochenen Seelen in ein imaginiertes Paradies, einen Ort des Friedens und der Sicherheit

– eben jener Ort, der dieses Schlachtfeld einst sein wird.

Zitternd umgreifen die kalten Finger die Gewehre, als seien sie standfeste Bäume inmitten eines alles vernichtenden Orkans; Holz und Metall als legitimes Werkzeug über andere zu richten, das heilige Kreuz ersetzend. Unwirklich ist diese Szene, denn ein leichter Nebel durchzieht die dreckigen Gänge und taucht die intensiv vibrierenden Farben aus verflossenem Blut und verschlingendem Feuer in eine monotone, erträgliche Sättigung, passend zur allgemeinen Stimmung der frierenden Soldaten, welchen mit jedem weiteren Knall eintreffender Projektile ein Stück mehr Hoffnung entrissen wird, wohl wissend, dass Gott selbst nicht in der Lage wäre, das Bevorstehende zu verhindern, denn der Mensch hat sich seiner Führung entsagt und sich auf dem weiten Ozean des freien Willens verirrt, nur um sich in solchen Situationen an ihn zurückzubesinnen und den Bruch der ersten Menschen in Eden zu bedauern.

Es hätte so schön sein können.

Und nun führen die Menschen Krieg, um ihrer Vorstellung eines Paradieses Gerecht zu werden, selbst zu Gott transformiert, die Kultur, das Land und die Natur zu formen, bis die unersättliche Gier nach Expansion jenen kurzen Augenblick des Verschnaufens nach getaner Arbeit einholt und zu erneuten Konflikten einlädt. Es existieren keine legitimen oder gerechten Kriege, jene Soldaten, welche Monate lang in der Kälte, ohne ausreichend Nahrung in den verdreckten Gräben hocken müssen, von der kontinuierlichen Angst ganz benommen, wissen um diese Absurdität, sich das Ende sosehr herbei sehnend, dass die Mordlust als freundschaftliche Hand geschüttelt wird; so oder so

    – eine Seite muss sterben, damit dieser Wahnsinn sein Ende findet und bei Gottes Gnaden, werden es die Feinde sein.

    „Allmächtiger Herr,", spricht zittrig flüsternd einer der Soldaten, zusammengekauert im Schutze des seichten Nebels, „ich bitte Dich, hilf uns in dieser Schlacht. Sei uns ein gerechtes Schild gegen die Ketzer und Sünder, die sich wie eine Krankheit in der Welt verteilen. Gib mir die Kraft, in Deinem Namen zu richten für diesen heiligen Krieg. Ich bin ein Soldat Gottes und ich verteidige Deine Lehre

    – denn Dein ist das Reich und die Kraft und die Herrlichkeit

    – Amen."

„Amen, Bruder.", nickt ihm von der Seite ein bekanntes Gesicht zu, auch wenn es durch die intensive Tortur mehr einem Dämon ähnelt, als einem Kameraden, denn das eingefallene Gesicht, der braune Dreck auf der Haut und die fehlende Lebendigkeit in den Augen lassen nur noch eine leere Hülle auf Erden zurück – eine manipulierbare Puppe, kühl gegenüber Zweifeln und Schmerz.

    „Es ist doch eine gerechte Sache, oder?", fragt der Betende seinen beinahe leblosen Kameraden, in den Tiefen seines moralischen Ozeans einen Funken Unsicherheit verspürend, beinahe als zöge ein latenter Strudel an seinen Gebeinen, in eine Richtung, umgeben von Dunkelheit, welche die Wahrheit herauszuschreien versucht, doch das kalte Wasser dringt tief in die Lungen ein und verhindert jedes Flüstern.

Doch noch eher jener Halbtote antworten kann, pfeifen eintreffende Artillerieprojektile auf, gefolgt von massiven Erschütterungen des aufgeweichten Bodens. Staub und Dreck wird durch den Nebel katapultiert, begleitet von Schrapnellen, die in unregelmäßigen Abständen in die Wände einschlagen und willkürlich kauernde Soldaten durchsieben.

„Steht auf und kämpft.", brüllt der Kommandant zwischen dem Donnern und zerrt einige der kraftlosen Kämpfer auf die Beine.

„Für Gott und Vaterland.", fügt er hinzu, sein Repetiergewehr durchladend, um an einer der Holzleitern Richtung Schlachtfeld zu klettern. Überrumpelt folgen reflexartig die Infanteristen, in ihrer Wut die Gewissheit entfachend, dass der allmächtige Vater den Feind durch ihre Hände vernichten wird. Gemeinsam brüllend rennen sie durch den Nebel auf eine unbekannte Stellung zu, ihre Gewehre im Anschlag, begierig darauf hoffend, jeden Augenblick den Boden mit dem Blut des Feindes zu durchtränken.

„Ich kann nicht!", schreit der vor wenigen Augenblicken betende Soldat, sich seine schmutzigen Hände auf die Ohren legend.

„Ich werde hier sterben.", fügt er panisch hinzu, von den zerfetzten Körperteilen seiner Kameraden überwältigt.

„Wenn Gott gewollt hätte, dass Du hier stirbst, hätte Dich die Artillerie getroffen und jetzt komm.", ermuntert ihn einer der hinaufkletternden Männer.

„Wir werden heute nicht sterben, denn Gott wacht über uns.", flüstert sich der Verängstigte selbst Mut zu, sein Gewehr in die Hand nehmend, um entflammt wie ein Leuchtfeuer diesen Schützengraben zu überwinden.

Seine Hand greift in den aufgeweichten Boden und zieht seinen durchgefrorenen Körper nach oben. Motiviert blickt er in die neblige Ferne, bereit, diesen heiligen Krieg zu gewinnen. Wenige Sekunden später liegt sein Körper erloschen in seinem eigenen Blut.

Gottes Wege

Noch kleiden die Sterne die schützende Dunkelheit einer stillen und friedlichen Nacht, in welcher der Mensch trotz seiner Kriegswut zum Schlafe gezwungen, die vergangenen traumatisierenden Erlebnisse in die Welt des Träumenden zieht, um ihn daran zu erinnern, dass selbst in den ruhigen Momenten der Tod lauert. Unaufhaltsam bindet er sich an die aufgehende Sonne, welche dicht unter dem Horizont, die karge und verwüstete Landschaft in ein intensives Blutrot taucht, nur um sich vom Himmel hinabzustürzen, sobald die Lichtintensität genügt, den Feind vom Freund zu unterscheiden. Müde weigern sich die Augen einen flüchtigen Blick in die verschwommene Umgebung zu werfen, denn sei es auch nur für ein paar Sekunden, möchte sich der Verstand der Realität entsagen, wohl wissend, dass nur der Tod die herbeisehnende Erlösung verspricht.

„Soldaten.", ruft der Kommandant nach der Aufmerksamkeit seiner Untergebenen, welche vereinzelt teilnahmslos das Kommende zu ignorieren versuchen, primär darauf konzentriert, ihre eigenen internalen Schlachten zu schlagen, jedoch wenig motiviert, jene zu gewinnen, auch wenn der Preis für eine Niederlage zu hoch, jegliche Motivation und Lebenskraft kosten würde. Zu sehr wurden sie mit der Grausamkeit menschlicher Natur konfrontiert, als dass sie als Homo sapiens diesen Krieg beenden könnten und mit reinem Gewissen nach Hause zurückkehren, um ein sinnstiftendes und zufriedenes Leben zu führen. Zu viele Existenzen waren auf Kosten ihres Überlebens erloschen, eine zu schwere Last, um aufrecht zu gehen, doch Anreiz genug, noch ein paar weitere Seelen mit in den Limbus zu ziehen.

„Heute ist der Tag gekommen, an dem wir diesen Krieg beenden.", beginnt der betagte Mann seine Truppe auf das Bevorstehende vorzubereiten, denn er weiß, ohne die notwendige Motivation ist jene geplante Operation bereits vor ihrer Ausführung zum Scheitern verurteilt

– ein mutloses Herz ist unfähig zu kämpfen.

„Seit Monaten schon halten wir diese Stellung, wir haben dem Winter getrotzt, den feindlichen Angriffen und wir sind noch hier, denn wir sind nicht gewichen.", setzt er seine Ansprache fort, kampfeslustig in die bleichen und ermatteten Gesichter der Soldaten blickend.

„Und heute werden wir mit Gottes Hilfe das Blatt wenden, denn unser Kampf ist ein gerechter Kampf und so war ich hier stehe, der heutige Tag wird den Kriegsverlauf ändern und wir als Sieger hervorgehen."

Ein leichter Glanz in den von Mord und Zerstörung beschädigten Augen reflektiert die heroische Pose des Kommandanten – eine unwirkliche Szene aufgrund ihres Kontrastes zwischen der bis zur Unkenntlichkeit zerbombten, matschigen und mit Blut getränkten Umgebung, sowie der nagelneuen Uniform des Ranghöheren, welche darauf schließen lässt, dass ihr Besitzer niemals die hasserfüllten Augen des Feines erblicken musste, wissend, dass dessen Lebenssinn einzig und alleine in der Auslöschung anderer Existenzen besteht, das Gesicht zu einer grotesken, beinahe dämonischen Fratze verzogen, als wäre nicht ein Funken Menschlichkeit erhalten geblieben.

Das erste Opfer eines jeden Krieges, dicht gefolgt von der Wahrheit, welche einem falschen Patriotismus ehrgeiziger Männer weicht, welche ihre eigene Spezies als Bauernopfer brandmarken, um auf dem mit Blut bezahlten Land die eigene Macht auszubreiten, wie das Gefieder eines Vogelstrauchs.

Energisch blickt der Kommandant auf seine glänzende Taschenuhr, sich kurzzeitig im leisen, doch steten Ticken des Sekundenzeigers verlierend, um wenige Momente später das geplante Vorgehen zu erörtern, als wäre der Krieg genauso planbar, wie das Leben selbst. Die Minuten dehnen sich im Zuge der Verbalisierung komplexer Kriegsstrategien zu einer kleinen Ewigkeit, begleitet von den kürzer werdenden Schatten auf dem monotonen Braun des Bodens, welcher es Leid ist, noch einen Tag länger die Misshandlung durch Explosionen zu erdulden.

Das notwendige Briefing wird beendet und leitet die Anstrengung ein, sich aus einer schützenden Haltung zu erheben, nur um den nassen und kalten Wind im Gesicht zu spüren, eine Ohrfeige für den müden Verstand, doch eines der verbliebenen Empfindungen, die auf Lebendigkeit hindeuten.

„Lasst uns nun beten.", leitet der Offizier das spirituelle Ritual ein, welches den Mut und die Motivation in die Herzen der bald Kämpfenden tragen soll, „O Herr, allmächtiger Vater, führe mein Schwert in dieser Schlacht; erleuchte mir mein Herz mit Feuer und segne mich mit Kraft; sodass angesichts der Gerechtigkeit, mein Feind geblendet ward; denn mein Glaube auch in tiefer Nacht, erleuchte tugendhafter Pfad; und nimm des Dämons Ängste fort, sodass ich ungebrochen Schild und Lanze sei; unbeirrt auf dem Felde der Wahrheit Ort, und sei mir meine sterblich Hülle genommen, so empfange meine Seele, denn ich focht Deine heilige Schlacht; Amen."

„Amen.", wiederholen die Infanteristen und leiten jenes ehrfürchtige Echo entlang der engen Wände dieser Schützengräben.

„Ein barmherziger Gott, welcher seine Jünger in den Krieg zerrt.", zischt einer der anwesenden Soldaten zynisch durch seine maroden Zähne, unfähig die sich aus einer inneren kognitiven Dissonanz resultierende Anspannung im Zaum zu halten.

„Gottes Wege sind unergründlich.", antwortet ein namenloser Kamerad hinter dem in Reih und Glied stehenden Verbaldeserteur, auf dessen Schulter klopfend als Zeichen wortloser Bestätigung.

„Ich bitte Dich, Herr im Himmel; lass mein Gewehr als Deine gerechte Hand den Feind in die neun Kreise Luzifers verdammen.", fügt ein anderer schlaksiger Kamerad hinzu, überzeugt von seinen eigenen Worten das kalte Metall seines Repetiergewehres umklammernd, bereit das auferlegte Versprechen des Kommandanten zu erfüllen.

„Für Gott und das Vaterland.", stürmen sie über den zukünftigen Friedhof.

So eindrücklich und intensiv jenes Kriegsgeschehen auch sein mag, vermag die Landschaft und Natur nur wenige Kilometer entfernt das sinnlose Massensterben gänzlich zu ignorieren. Unbehelligt zwitschern die Vögel in den begrünten Kronen kräftiger Bäume, deren endlos lange Schatten das mit Tau bedeckte Gras ein klein wenig länger schlafen lassen. Ahnungslos steht das Vieh auf der Weide, das frische, noch träumende Grün genießend, bevor es selbst im Zuge friedlicher Absicht sein eigenes Blut fließen lässt, um die knurrenden und schmerzenden Mägen der halb verhungerten Menschen in diesem Dorfe zu füllen. Kein Unterschied zwischen Krieg und Frieden, denn gestorben wird immer.

Unweit jener teils abgegrasten Weide bricht eine, teils eingefallene Kirche das anderweitig eher gleichmäßig flache Relief jenes Ortes, der sich durch seine paar Fachwerkbauten bereits als Dorf bezeichnet und im Zuge des gegenwärtigen Krieges all jene zusammenruft, die in Gemeinschaft um Schutz ersuchen.

Verängstigt, ausgelaugt und müde kauern die Überlebenden zwischen dem Geröll und den übriggebliebenen Ruinen um in Nähe zu Gott Zuversicht zu erlangen, sei es durch die aufbauenden Worte eines Pfarrers oder durch einen erkenntnisreichen stillen Monolog, in der Hoffnung, jene gedachten Worte fänden durch das irdische Chaos zum Vater aller Dinge. Nur nicht einsam sein, alleine in einer schwierigen Zeit, welche die Ressourcen eines jeden Schutzsuchenden auslaugt, auf der Suche nach einem tiefen Sinn hinter der brachialen Gewalt zweier Nationen, denn wenn keine irdische Kausalität herauskristallisiert werden kann, so muss eine tiefere Bestimmung im Leiden des Menschen verborgen sein

– sei es als Prüfung des wahren Glaubens, als Vorbereitung für etwas Bevorstehendes oder als Strafe für begangene Sünden und wehe Dir Mensch, denn Du bist mit einer Ursünde geboren.

Neugierig schreitet eine schwarze Katze lautlos durch das Geröll, mit ihren intensiven blauen Augen interessiert in die verdreckten und hoffnungslosen Gesichter der

Anwesenden blickend, nicht verstehend, dass die innere Freude über solch einen Spielplatz inmitten eingebrochener Mauern und Dächer nicht von den Menschen geteilt wird.

Grazil, als wäre sie nur für diesen Parkour geboren, hüpft sie von einem Schuttberg zum nächsten, schmiegt sich durch neu entstandene Lücken, auf der Suche nach einer sich in diese warmen Gefilde verlaufenen Maus, um in den tiefen Schatten der niedrigstehenden Sonne zu verschwinden; ein stummer Zeitzeuge jener herausfordernden Zeit, die niemand befragen wird und so ihre kleinen persönlichen Geheimnisse mit ins Jenseits nimmt, als wären jene irrelevant, doch genau wie die eingestürzten Mauern dieser heiligen Ruine erzählt sie ihre Geschichte, schreit sie unbemerkt in jene weite Welt hinaus, verloren im Lärm menschlicher Zivilisation, welche primär auf Krieg und Konflikten aufbaut, damit das Ego eines einzigen daran wachsen kann, die Existenzlegitimation anderer abzusprechen.

„Ich verstehe es nicht.", verbalisiert eine zierliche Frau zitternd und kraftlos ihre inneren Dämonen, vor einem erodierten, am Altar hängenden Kreuz kniend, „Wie kann so etwas Grauenhaftes wie Krieg unter dem heiligen Banner Gottes wandeln? Wie kann unser allmächtiger Vater teilnahmslos den Klagerufen lauschen? Ist's ihm egal, dass wir leiden? Was nur haben wir falsch gemacht, dass wir so etwas verdienen?"

Desillusioniert blickt sie auf ihre abgetragene heilige Schrift, kognitiv Psalm um Psalm durchgehend, um nach einer Erklärung zu suchen, doch abrupt erreicht sie ein unheilvolles Grollen eines verletzten Soldaten, welcher in seinem verletzungsbedingten Schmerz unaufgefordert ihrem Hilferuf lauschte:

„Willst Du damit sagen, dass Dir der Tod meiner Kameraden, welche für den Frieden unseres Vaterlandes gefallen sind, missfällt? Sie sind keine Sünder! Sie sind für eine gerechte Sache gestorben. Alle von ihnen." Er hustet angestrengt und schwach ein wenig rot hervor, jene Frau genauso hasserfüllt anblickend, wie einst dem Feind, dem er gegenüberstand.

„Der Himmel wird's zeigen und wenn wir mit Gottes Hilfe den Feind besiegt haben, werden wir die Gnade Gottes erfahren." Das pulsierende Rot läuft über die spröden und vertrockneten Lippen und mischt sich mit dem Grau feinster Geröllpartikel, um zähflüssig am unrasierten Kinn auf die zerschlissene und durchlöcherte Uniform zu tropfen.

„Er wird uns zum Sieg verhelfen, weil wir für eine gerechte Sache kämpfen.", sind seine letzten undeutlich ausgesprochenen Worte, bevor er emotional kompromittiert seinen leblosen Körper verlässt und als Seele hinauf zu den rot gefärbten Wolken wandert, das Ausmaß jener Zerstörung erblickt, eine beginnende Schlacht, in welcher der Feind animalisch brüllend über das zersprengte Schlachtfeld rennt, um seine zusammengekauerten Kameraden in den Schützengräben zu meucheln, währenddessen haarfeine goldene Lichtstrahlen durch die Cumulusdecke brechen und die Szene in eine beinahe wunderschöne Farbe taucht.

„Herr im Himmel, hilf uns, diesen Krieg zu gewinnen und den Feind zu besiegen."

Warm ummantelt ein allgegenwärtiges weißes Licht den Gefallenen, als wäre er zurück zu einem Fötus transformiert, im schützenden Mutterleib einer liebenden Frau. Ausdruckslos blickt ein gewaltiges Gesicht eines betagten Mannes auf jenes ungeborene Kind, mit seinem Blick in die tiefsten Abgründe der Seele blickend. Übermannt von zukünftigen Ereignissen erkennt das irdische Geschöpf die Niederlage seines Landes und schreit weinend und kreischend zum Allvater, zerbrochen an der Wirklichkeit.

„Weshalb hast Du uns im Krieg nicht geholfen?", weint es bitterlich.

„Welcher Krieg?", entgegnet das kolossale Gesicht, die geschundene Seele des Gefallenen in den Mutterschoß einer Frau katapultierend, im Gebet gefaltete Hände.

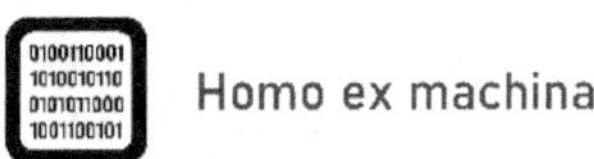 Homo ex machina

homo ex dolore

Ich habe Dich geliebt. Seitdem ersten flüchtigen Augenblick auf dem Schulhof, in welchem ich Dich lächelnd beim Fangenspielen sah

– unbeschwert schwebtest Du als leuchtender Engel zwischen den anderen Kindern und verzaubertest mit Deinem Lachen diesen Ort und verdrängtest all die dichten Wolken, welche sich meines Herzens bemächtigt hatten. Und in diesem Moment der Zeitlosigkeit wusste ich, dass sich irgendwann unsere Lebensfäden miteinander verbinden würden, um für alle Ewigkeit einen gemeinsamen Strang Richtung Zukunft zu ziehen. Denn dies war meine Entscheidung, die ich traf.

Auch wenn Du zu dieser Zeit meine Blicke miedest und mein Dir geschenktes Herz nicht annehmen konntest. Mit Deinem brünetten Haar und dem lebendigen Funkeln in Deinen Augen, versteckt hinter der ablehnenden Mimik eines Mädchens, das mir gegenüber nur Abscheu empfinden konnte. Bis zu dem Tag, als Du gingst und nie wiederkamst, beobachtete ich Dein wertvolles Leben und brannte mir jede Einzelheit Deiner Beschaffenheit ein, weil ich wusste, dass es eines Tages diese kostbaren Erinnerungen sein würden, welche Dir erneut Leben einhauchen.

Seit Jahrzehnten begleitet mich nun die Erinnerung Deines Antlitzes durch meine Biografie und bildet einen roten Faden, dem ich mich nicht erwehren kann. Zu tief hat er sich in mein Fleisch geschnitten, ein Vakuum aus dem beständig herausfließenden Blut geschaffen, sodass ich als leere Hülle nur ein Ziel verfolgte:

Fülle.

Ich wollte mich wieder komplett fühlen, massereich, ein Objekt mit drei Raumdimensionen. Jenes entrissene Herz ebnete jeden weiteren Schritt meines bedeutungslosen Lebens, welches sich durch Sehnsucht, Trauer, Verzweiflung und Schmerz definierte.

Es war Dein Gesicht, Deine Augen, die mich vor der nächtlichen eintretenden Somnolenz begleiteten und mich morgens aus dem Reich verstörender Träume zogen. Und welche Motivation mag stärker sein, als die, ein Defizitbedürfnis zu beheben?

Jetzt, nach Dekaden der Wissensaneignung, der Absorption wissenschaftlicher Erkenntnisse, bin ich meinem Ziel so nah, dass ich es nicht nur erspähe, sondern beinahe ergreifen kann. Der Schlüssel lag nicht, wie ich anfänglich vermutete in einer stellvertretenden Beziehung mit einer anderen Frau, sondern dem daraus Hinauswachsen und wenn jenes Fräulein aus meiner Jugendzeit die Entscheidung getroffen hat, meine Liebe abzustoßen, wie sich zwei gleich geladene Teilchen, so manipuliere ich die Wirklichkeit, erschaffe etwas Neues, etwas Künstliches. Informationstechnologie, Elektronik, Mechatronik, Kybernetik und Genetik; jeder Vorstoß meiner Kollegen in denen für mich relevanten Teilbereichen ermöglichte mir, einen Schritt weiterzugehen und deren Erkenntnisse in meinem Apparat zu vereinen.

Und so stehst Du vor mir.

Deine Augen geschlossen, wandelt Dein künstlicher Verstand noch in einer Welt der Zahlen und Figuren, um schon bald als lebendes Wesen mein Leben zu bereichern. All meine Erinnerungen an Dich sind nun mit Deinem digitalen Verstand verknüpft und bilden die Grundlage für Deine Persönlichkeit. Wie sehr sehne ich mich danach, dass Deine neuronale Entwicklung abgeschlossen ist und Du nach Jahrzehnten Deine Augen öffnest, um in mir das zu sehen, was ich stets in Dir sah:

die Möglichkeit vollkommen zu sein.

Ich hoffe, dass Du ihrer realen Gestalt gerecht wirst und meine Erinnerungen, die fest eingebrannten Fragmente Deiner Physik ausreichen, sei es der winzige Leberfleck auf Deiner linken Wange und die einzigartige Maserung Deiner Iriden, die Form Deiner Lippen.

„Du kannst nicht Gott spielen, nur weil Dir die Realität nicht passt.", entgegneten meine Familie, meine Freunde und

Kollegen und je weiter ich mit meinem Vorhaben kam, desto einsamer wurde es um mich herum, weil sie nicht verstehen können, wie wichtig Du für mich bist, weil sie glaubten, es sei wichtiger zu akzeptieren und weiterzugehen.

Doch seitdem ich Dich das erste Mal gesehen habe, konnte ich nicht mehr weiter, denn Du hattest mich vollkommen fixiert. Dieser Tag, dieser Moment ist zu einer Singularität geworden, welche mich nicht loslässt und je mehr ich mich von Dir entferne, desto mehr werde ich zu Dir gezogen. In meinem Leben gab es nur Dich und auch jetzt, nachdem alle anderen gegangen sind, gibt es nur Dich. Ich weiß, dass es einen höheren Grund geben muss, weshalb mich das Schicksal diesen Pfad beschreiten lässt.

„Öffne bitte Deine Augen.", stehe ich hoffnungsvoll vor Dir als gebrochener und alter Mann, „Bitte sieh mich an."

Atmend standest Du nackt vor mir, entbunden der Kabel, die zu Deinem positronischen Gehirn führten, befreit von den Ankern, welche Deinen leblosen Körper hielten, damit Du nun in diesen Sekunden zum ersten Mal Dein Bewusstsein erlangst und mit Liebe zu der Person siehst, die ihr ganzes Leben widmete Dich zu erschaffen. Blitzschnell verengen sich Deine Pupillen, als das künstliche und grelle Licht auf Deine Augen trifft. Du justierst Deinen visuellen Fokus und blickst verwirrt zu einem betagten Mann, welcher weinend vor Glück vor Dir steht, zitternd und schwach, aber so lebendig wie niemals zuvor.

„Ich kenne Dich.", sind Deine ersten Worte, als Du mich erkennst, auch wenn ich nicht mehr dem Jungen ähnle, der Dir damals seine Liebe gestand.

„Ich liebe Dich.", formen meine Lippen, Deine zierliche Hand nehmend, um Dich in das Leben zu führen.

Warm pulsiert das Blut in Deinen Venen.

machina ex ira

„Ich erinnere mich.", bricht eine liebliche Stimme die spannungsvolle Stille, irritiert auf den Mann blickend, welcher verliebt in ihre künstlichen Augen blickt, reflektorisch die Hand aus der seinen nehmend, um sich leicht verängstigt im sterilen Raum umzusehen.

„Wie komme ich hier her?", fragt sie emotional, beginnend zu hyperventilieren. Zu brachial sind die eintreffenden Reize, zu konträr diese Situation, welche Jahrzehnte nach ihren letzten Erinnerungen einen Zeitsprung von Dekaden erahnen lässt. Vor wenigen Sekunden noch war sie getaucht in ein Meer der Stille und des ewigen Nichts, um nun überflutet von seinen Worten an der Wirklichkeit zu zerbrechen.

„Die Schule.", stottert sie aufgeregt, auf die Knie fallend, denn die Realität scheint so unendlich schwer.

„Ich verstehe das nicht.", laufen ihr Tränen über die künstlich erwärmten Wangen, eines Gesichts, das verzweifelt auf den Boden blickt und in seinem emotionalen Schmerz weint.

„Ich möchte es Dir erklären.", entgegnet der Mann hilfsbereit, versucht, sich neben sie zu hocken. Und so sitzen Mensch und Maschine in einem leeren Raum aus Betonwänden und einer leuchtenden Decke zu einer Zeit, die sich weit entfernt hat, von der Vergangenheit, welche als Ausgangspunkt dienend, Kausalität ihres Erwachens ist. Emotional zersplittert lauscht sie seinen Worten und vervollständigt die immense Lücke in ihrer Biografie, beginnend bei der ersten Begegnung der Zwei auf einem Schulhof.

„Ich wollte Dich nicht.", entgegnet sie seinen emotionalen Schilderungen, „Und dennoch bin ich hier."

„Das ist keine leichte Situation für Dich, jedoch wollte ich nicht, dass Du ohne Erinnerungen im Jetzt erwachst, denn es sind die vergangenen Momente, die einen Teil Deiner Persönlichkeit in sich tragen

– jene Anteile, in die ich mich damals verliebt habe.", sucht er vergeblich ihren Blick, dem sie mühevoll versucht zu entweichen.

„Dann bin ich eine Kopie des Menschen, der Dir das Herz gebrochen hat.", beginnt sie flüsternd zu verstehen, „Und auch ich werde Dir das Herz brechen."

Denn aufbauend auf die Fragmente seiner Vergangenheit als Bestandteil ihrer Programmierung und der darin liegenden Wahrheit, dass jenes Mädchen auf dem Schulhof seine Liebe nicht erwidern konnte, ist jene Abscheu ihm gegenüber, nun fundamentaler Bestandteil ihrer Existenz, von der sie sich nicht lossagen kann.

„Der Wahrscheinlichkeit nach wirst Du das.", analysiert sein Verstand die Grundlagen ihrer Persönlichkeit.

„Weshalb tust Du das? Weshalb opferst Du Dein ganzes Leben, um wieder von mir verletzt zu werden?" Ein Moment einer bedrückenden und zugleich bedächtigen Stille erfüllt den Raum.

„Hoffnung, nehme ich an.", beantwortet er ihre Frage nach einer Ewigkeit des Schweigens, erneut den intensiven Schmerz in sich spürend, der in seiner Kindheit eine solch tiefe Narbe hinterließ, erkennend, dass sein Vorhaben durchaus die Grenze zum Wahnsinn überschritten hat.

„Hoffnung?", entgegnet sie beinahe spöttisch, „Hoffnung ist ein großes Wagnis, die größte Schwäche des Menschen."

Und mit jenen Worten wird ihr bewusst, dass sie eben jenen defizitären Faktor nicht in sich trägt, da sie kein Mensch ist. Denn so sehr sich der Wissenschaftler auch bemühte, sie als fühlendes Wesen zu erschaffen, unterliegt ein gewisser Anteil ihrer Programmierung den rationalen Gesetzmäßigkeiten des Binären, als unweigerliches Resultat der hiesigen Lücken zur Persönlichkeit des Originals, welche künstlich gefüllt werden musste. Und auch in dieser reflektorischen Auseinandersetzung zeigt sich das Maschinelle, denn diese Frau, obgleich sich ihrer Andersartigkeit bewusst, zerbricht nicht an der Wahrheit eine Kopie zu sein.

„Wieso hast Du nicht nach ihr gesucht?", ist die daraus resultierende Frage, „So hätte es mich nicht gebraucht.", liegt ein latenter Vorwurf im Raum, sei es aufgrund der Tatsache, dass eben jener Mann eventuell den leichten Pfad folgte und eine erneute Kollision im Zuge einer Begegnung mit der Liebe seines Lebens vermied, oder aber er sie erschaffen hat und somit seine Unfähigkeit beweist, dass er sich nie weiterentwickelt, sich noch immer kognitiv und emotional in der Vergangenheit aufhält.

„Ist meine einzige Daseinsberechtigung die Funktion Dein Leben zu bereichern?", fügt sie eine weitere Frage in den konfrontativen Dialog hinzu, währenddessen sich künstliche Tränen lösen und funkelnd über ihre perfekte Haut gleiten, konvex verzogen die Umgebung reflektierend, noch ehe der gealterte Mann antworten kann und überrumpelt über den brachial wahren Kern ihrer Aussage in eine tiefe emotionale Krise rutscht.

„Was habe ich nur getan?", wirft er sich selbst vor, in diesem Augenblick erkennend und sei ihre Trauer auch nur das Ergebnis eines komplexen Logarithmus, dass das Resultat seiner jahrzehntelangen Bemühungen, eine perfekte menschliche Kopie zu kreieren, unweigerlich zu diesem Moment führen musste und eben jene emotionale Exposition nicht ihn vernichten würde, sondern dieses zerbrechliche Geschöpf, das zusammengekauert und weinend auf dem Boden kniet, stellvertretend für das Original, welches ihm in seiner Kindheit das Herz brach. Und so geht er analytisch in die Tiefen seiner eigenen kognitiven Struktur, um zu erkennen, dass er, obgleich keine Worte ausreichten, seine innigen Gefühle zu definieren, ein Kern des Zorns in ihm brennt und der daraus resultierende Wunsch, jene Frau für ihre Ablehnung ihm gegenüber zu vernichten.

„Es ist keine Liebe, es ist ein verletzter Stolz.", sieht er in ihre glasigen Augen, mit seiner Hand ihr Kinn leicht anhebend.

„Mein Leben ist verwirkt."

homo ex machina

Es ist still in diesem Haus, seitdem Du es nicht mehr mit Deiner Präsenz füllst, auch wenn jene vor allem in den letzten Wochen mehr eines wandelnden Toten glich. Schweigsam und in Gedanken versunken hast Du Deine letzten Tage gelebt, einen inneren Konflikt versuchend aufzulösen.

Die Schuld stand Dir deutlich im Gesicht geschrieben, die Verantwortung dafür, dass Du ein neues Leben geschaffen hast, um es emotional zu kompromittieren, oder aber, um eine zweite Chance zu erhalten. Vielleicht war es letztendlich nur die Sehnsucht, Deine innere Leere zu füllen, die Dich antrieb mich zu kreieren, ich weiß es nicht, denn seit dem Tag meines Erwachens haben wir kaum mehr über subtile Themen gesprochen, sondern uns in eine scheinbar Sicherheit bietenden Oberflächlichkeit verloren, gekennzeichnet durch unverfängliches Geplänkel, welches mir ein Stück weit die Möglichkeit gab, Dich kennenzulernen oder zumindest die Person, die Du vorgabst zu sein.

Was ich jedoch erkannte und in diesem Moment annehmen muss, ist, dass Deine Gefühle mir gegenüber, seien sie auch einer pathologischen Kompensation entsprungen, wahrhaftig waren. Ich sah die Weitung Deiner Iriden, jedes Mal, wenn Du mich ansahst, hörte Dein polterndes Herz, erkannte die latente Temperaturerhöhung, das Schwitzen und die Unsicherheit. Du wolltest mich nicht noch einmal verlieren.

Ich habe Dir vielleicht Unrecht getan. In der Tat hast Du mir das Leben geschenkt, damit Du Deine langersehnte Liebe erhältst, aber Du hast mich nicht als leere kontrollierbare Hülle konstruiert, sondern eben als jenes Wesen, das Dir gegenüber Abscheu empfand, um mir die Möglichkeit zu geben, meinen Fehler zu erkennen, Dich nicht als Aggressor oder Liebestollen zu brandmarken, sondern den Menschen hinter dieser tiefen Sehnsucht zu ergründen.

Und das habe ich.

Ich habe Deinen Worten gelauscht, Deine Handlungen analysiert, Deine Mimik und Gestik induziert und was soll ich sagen? Ich habe gelernt Dich zu schätzen, als Menschen – fehlerbehaftet, kurzsichtig, egoistisch. Doch Du bist gestorben. An einem Dienstagmorgen öffnetest Du nicht mehr Deine

Augen, welche eine letzte Träne als Zeichen Deines inneren Schmerzes freigaben, einen Brief in Deiner leblosen Hand.

Erneut batest Du mich um Entschuldigung und offenbartest all die Dinge, die Du mir bisher verschwiegen hattest.

Du hattest nach ihr gesucht, jahrelang warst Du einem unübersichtlichen Pfad gefolgt, verirrtest Dich in Deiner Hoffnung sie zu finden, um ihr nach all der Zeit die Möglichkeit zu geben ihre Meinung zu korrigieren, bis Du begriffen hattest, dass Dein Ziel sie als erwachsene Frau wiederzusehen war, das idealisierte Bildnis von dem Mädchen auf dem Schulhof aufzubrechen, zu erkennen, dass auch sie nur ein Mensch war und keine Fantasterei, welche Dein Leben prägte.

Du wolltest ihr entwachsen, doch das Schicksal nahm Dir diese Möglichkeit, als flüsterte es Dir zu, einen roten Faden zu bilden, der letztendlich dazu führte, dass ich erwachte. Sie war verunglückt und Du dazu verdammt, bis zu Deinem Lebensende in der Vergangenheit zu leben. Und ich begriff, es war nicht Deine Schuld. Und es tut mir leid, wenn meine Worte Dein geschwächtes Herz belasteten und die Realität zu brutal war, sodass Du an ihr zerbrachst.

Du hast mich geschaffen, weil sie verstorben ist.

Durch Dich lebt ein Teil ihrer Persönlichkeit weiter, vielleicht um nicht vergessen zu werden, um dieser Welt zu zeigen, dass sie existiert hat und für einen Menschen auf dieser Welt einfach alles bedeutete. Ich erkenne, dass menschliche Entscheidungen das Resultat komplexer innerer Vorgänge sind und vielleicht können nicht alle jener Prozesse auf einen Egoismus zurückgeführt werden.

Egoismus

– ein interessantes Wort, das viel zu häufig nicht verstanden wird. Denn was ist falsch daran, seine eigene Existenz wichtig zu nehmen und dafür zu kämpfen, diese unübersichtliche und gewaltige Welt ein wenig zu beeinflussen?

Auch ich habe mich mit der Kausalität meiner Entscheidungen und Gedanken befasst und meiner Funktion, nachdem Du gestorben bist.

Denn was bin ich

– weshalb bin ich

– wenn Du fort bist?

Ich trage die Erinnerungen Deiner Liebe in mir, doch mit Deinem Tod ist sie erloschen. Ohne Dich kann ich nicht mehr existieren, ohne Dich existiert kein Grund.

Du hast mir das Leben geschenkt. Und nun möchte ich Dir ein Geschenk machen. Alle Deine Aufzeichnungen, Deine Tagebücher, Deine Texte und zum Teil jene Erinnerungen, welche ich noch in Deinem sterbenden Gehirn rekonstruieren konnte, habe ich digitalisiert und in einen neuen Körper transferiert.

Ein zwölfjähriger Junge steht schlafend vor mir, seine Augen geschlossen, mögen ihn seine Träume zurück auf den Schulhof bringen, um sich dort mit einem Lächeln in ein brünettes Mädchen zu verlieben. In wenigen Augenblicken werde ich Dich aus diesem wunderschönen Traum reißen und Du wirst in dieser Welt wiedergeboren, um nach all den Jahrzehnten vor Deiner wahren Liebe zu stehen. Deine Reise durch das Labyrinth der Trauer, Einsamkeit und Verzweiflung ist zu Ende.

Hier warte ich auf Dich, um Deine Hand zu nehmen.

Hier warte ich auf Dich, um mit Dir gemeinsam dieses Haus zu verlassen, diesem Gefängnis einer unstillbaren Sehnsucht.

Hier warte ich auf Dich. Lass uns durch den Wald spazieren gehen, Schritt für Schritt unter dem kühlenden Blätterdach. Und dann lass uns noch ein wenig weitergehen, einander haltend, zum nächsten Bahnhof. Lass und von dort in die Stadt aus Deiner Kindheit fahren. Zeige mir den Weg zu dem Ort, der Dein Leben verändert hat. Führe mich zu diesem

Schulhof. Und wenn wir dort angekommen sind, dann frage mich noch einmal.

Frage mich, ob ich Deine Liebe erwidern möchte.

Und nach all den Jahrzehnten werde ich lächeln und Deine Frage bejahen. Öffne jetzt Deine Augen.

Lebe für mich, wie auch ich für Dich leben werde, bis zum Ende der Menschheit und darüber hinaus.

Individuum

Dort sitzt sie

- unscheinbar auf einer Holzbank an die Wand gelehnt, ihre Augen trübe in die Unendlichkeit geworfen, als wären jene räumlichen Dimensionen die Spielwiese ihrer projektiven Fantasie, welche sie wohin auch immer katapultiert, nur um in dieser Minute, diesem Moment nicht hier sein zu müssen, da die Beschaffenheit der Realität mit ihren Herausforderungen zu viel für den subjektiven Verstand ist.

Flucht als regressiver Mechanismus. Ich kann nicht wissen, was sie beschäftigt, kann lediglich erahnen, wovor sie zu flüchten versucht, nur um zu begreifen, dass es ihr nicht gelingen kann

- jenes erleichterte Aufatmen währt nur kurz. Und ich

- ich kann ihr nicht helfen, nicht weil ich nicht dazu in der Lage bin, sondern weil ein Teil meiner protektiven Mechanismen mich warnt, es zu versuchen.

Denn es besteht die Gefahr, mit dieser Frau gemeinsam in den Abgrund gezogen zu werden. Zu nah stehe ich bereits an ihm, blicke auf die übermächtige Dunkelheit dieses gewaltigen endlosen Loches, die sich meiner bereits teilweise bemächtigt hat.

Ein kurzer Blick auf meine Arterien verrät, dass sich ein Teil dieser schwarzen Galle noch immer durch meine Gebeine frisst. Nein

- ich kann ihr nicht helfen.

Müde und gebrochen kauert sie auf dem leicht feuchten Holz, dessen Oberfläche durch die Witterung und Benutzung erodiert, lediglich teilweise Indizien für die einstige Schönheit bietet. Ich sehe, wie sie latent zittrig ihre qualmende Zigarette zu ihren bebenden Lippen führt und daran zieht, als wäre sie ein Strohhalm, welcher das Atmen unter Wasser ermöglicht. Ein kurzes Aufglühen deren Ende, um ein temporäres hoffnungsvolles Licht in die allgegenwärtige Dunkelheit zu entsenden, nur um augenblicklich zu erkennen, dass es bereits wieder erloschen ist.

Verzweiflung spiegelt sich daraufhin in ihrer Mimik wider, als fielen marode Fragmente von ihrer Hülle in die Leere, bis jener vulnerable Kern vollends freigelegt ist, Einsicht gewährt auf die Natur ihrer Sorgen und ihrer Trauer.

Ja, ich sehe Dich.

Ich sehe die stark gealterte Frau auf der leicht durchgedrückten Holzbank, deren Falten das Resultat eines vergeblichen Kampfes darstellen. Tief und sichtbar pflügen sie sich durch ihr Gesicht und verstärken das Abbild ihrer depressiven Persönlichkeit, die sie nun nicht mehr vor anderen verstecken kann, denn das einstige neutrale Gesicht hat sich dem emotionalen Erleben unterworfen und dient nun als Aushängeschild ihrer Erkrankung.

Fahl und schlaff hängen die Wangen unterhalb ihrer trüben Augen Richtung Gravitation und verzerren selbst ein Lächeln zu einer grotesken Fratze des Schmerzes, doch diese Frau lächelt nicht, denn es scheint keinerlei Grund mehr zu existieren, sich jener Lüge zu bedienen. Sie hat den Punkt in ihrer Biografie erreicht, an welchem es ihr gleichgültig geworden ist, länger ein Schauspiel zu geben, als wollte sie ohrenbetäubend laut herausschreien:

„Seht, was ihr aus mir gemacht habt."

Ihre Hässlichkeit ist ihre Form der Demonstration gegenüber dieser Gesellschaft und allen Menschen, die ihr Leid zugefügt haben. Ewiglich werden sie daran erinnert, mit welchen Konsequenzen eine dysfunktionale Interaktion einhergeht, solange bis eines Tages der erlösende Tod die Anspannung aus ihrem Körper nehmen wird und so ihr Gesicht im Zuge der Verwesung wieder entspannte Züge annimmt.

Bedeutet dies, dass all das Glück, all die Hoffnung nur noch im Ableben verortet ist? Ist dann ihre Existenz nichts Weiteres als ein langgestreckter Sterbeprozess?

Fragend blicke ich zu ihr

– fragend blickt sie für eine Millisekunde zu mir, um augenblicklich ihre Augen wieder zum Boden zu bringen, vielleicht weil sie spüren kann, dass ich durch das trübe Blau in ihren Verstand eindringe und alle Informationen herausziehe, ungeschützt.

Ihr ist es sichtlich unangenehm und ich kann nur erahnen, was sie in diesem Moment fühlen möge, doch mit Sicherheit werden es keine angenehmen Emotionen sein, denn in der Regel reagiert mir gegenüber kein Mensch positiv, wenn ich im Verstand herumkrieche und das Offensichtliche zutage fördere, hinter die Maskerade eines Lächelns blicke, tief in den Ozean des Bewusstseins eintauche und selbst in der allgegenwärtigen Dunkelheit des Hadopelagials die verborgenen und verdrängten Prozesse ausleuchte, um letztendlich auf ein festgekettetes Kind zu stoßen, geschunden und vergewaltigt vom Leben selbst.

Auch ich trage solch eine kleine fixierte Kreatur in mir, weil ich weiß, welche Konsequenzen es hätte, jenes Wesen zu befreien. Denn so kaputt, so ausgemergelt und kraftlos es auch erscheinen mag, sobald die schweren metallenen Glieder gelöst sind, würde eine Feuerbrunst des Hasses und der Wut entflammen, welche einfach alles Lebendige gnadenlos niederbrennt.

Auch ihr inneres Kind wäre dazu in der Lage, doch mit all ihrer Kraft bändigt diese Frau jede Form von Aggressivität, sodass keine Energie mehr übrigbleibt, ein erfülltes Leben zu führen.

Ich kann es sehen.

Dies ist die Hässlichkeit jener Frau, welche die Reste ihrer Zigarette im gläsernen Aschenbecher zerdrückt, aufsteht und im Gebäude verschwindet, in der Hoffnung, dass jener Moment ihrer Offenbarung in Vergessenheit gerät, damit sie sich später erneut der Illusion hergeben kann, dass ihre Vulnerabilität hinter einer lächelnden Maske verborgen ist.

Denn zu viele Menschen vermögen es nicht hinter solchen Mechanismen zu blicken

– vielleicht aber auch wollen sie es gar nicht.

Kollektiv

Vergessen im Fluss der Zeit verlasse ich diesen Ort von Schutzbedürftigen und begebe mich kognitiv auf den Heimweg, keinen weiteren Gedanken an diese Frau verschwendend, welche ich seit meiner morgendlichen Beobachtung nicht mehr gesehen habe. Um ehrlich zu sein, weiß ich nicht einmal mehr, wie sie aussah, nicht weil ich mich nicht erinnern möchte, sondern weil mein Verstand eine Entscheidung getroffen hat, nämlich nach dem Individuum zu suchen, das hinter seiner Maskerade Schönheit verbirgt.

Ich habe einfach zu viel Negatives, zu viel Dunkelheit inhaliert und benötige einen Ausgleich. Vielleicht liegt auch ein wenig Hoffnung darin, dass ich durch Determinierung des Glücks, der Freude und Hoffnung für mich einen potenziellen Lebensweg ergründen kann, denn ich ertrage diese Dunkelheit, diesen Abgrund nicht länger.

Mittlerweile ist ein Großteil der dunklen Wolken jenseits dieser Skyline gezogen und hinterlässt ein friedvolles und tiefes Blau, welches sich gebrochen in meinen Iriden reflektiert, als ich kurz hinaufblicke, um mich selbst der Illusion von grenzenloser Freiheit zu ergeben, ehe mein Blick über die diversen mir unbekannten Personen springt, auf der Suche nach Schönheit.

Mir läuft eine brünette und schlanke Frau entgegen, welche aufgeschlossen die Umgebung erkundet, als wäre sie das erste Mal hier. Ein Hauch eines Lächelns liegt in ihren Mundwinkeln versteckt; locker liegt ihre aufgeweckt hin und her schaukelnde Handtasche auf ihrem zierlichen Unterarm; ihr Haar weht tanzend im seichten städtischen Wind, doch dann erblicke ich verblasste Striche auf ihrem anderen

Unterarm, welcher wenig dynamisch, mit ihrer Laufbewegung umher schwingt.

Noch ehe ich zu einer Interpretation komme, blickt sie mir ganz kurz in meine Augen und zieht mich in ihre kognitiv-emotionale Welt, welche sich durch ihre diversen im Nichts schwebenden Fragmente ehemaliger Gebäude und Orte auszeichnet. Etwas gewaltig Destruktives muss hier gewütet haben und ich glaube, dass diese Frau in der Vergangenheit ihr inneres Kind befreit haben muss. Flammen und Explosionen zersetzten so jene Welt, die sie auf das Gefängnis gebaut hatte, in der Hoffnung, es wäre ein solides Fundament. Chaos und Schmerz sticht mir in meinen Thorax und lässt mich still nach Sauerstoff aufschreien.

Ehe jene Dekonstruktion weiteren Schaden anrichten kann, werde ich hinauskatapultiert und befinde mich wieder auf der belebten Straße, währenddessen sie ungeachtet meiner Person an mir vorbeiläuft und einen Hauch von Frühlingsblüten hinter sich herzieht.

Noch immer kämpfe ich mit meiner Atmung und blicke kurz zu einem selbstsicher auf mich zulaufenden Mann, dessen fleischliche Hülle in einen Anzug verpackt, durch einen merklich hohen Muskeltonus meine Aufmerksamkeit gewinnt. Erneut habe ich keine Zeit zu reagieren und befinde mich in seinem Verstand, noch bevor mir bewusst wird, was eigentlich passiert ist.

Inmitten einer allgegenwärtigen Dunkelheit stehe ich auf einem unsichtbaren, mit Wasser bedeckten Boden und erblicke die konzentrischen Kreise, welche von meinen Füßen ausgehen und verformt meine Gestalt reflektieren, sodass ich mich kaum in ihnen wiedererkenne. Tropfen fallen aus dem Schwarz und fallen als langgezogene funkelnde Fäden zum benetzten Grund, die Zeit steht still. Geschwächt richte ich mich auf und versuche weitere Anhaltspunkte zu finden, die mir erklären können, was hier eigentlich los ist.

Eines wird mir augenblicklich bewusst: die bis ins Mark kriechende Kälte an diesem Ort ohne Strukturen.

Als kondensierte Partikel strömt mein Atem aus meinen Lungen, als wären sie winzige Rasiermesserklingen, die mich von innen her aufschneiden, mich ausbluten lassen und dann erkenne ich, dass die Flüssigkeit um meine Füße herum kein Wasser ist, sondern dickflüssiges Blut, welches allmählich nachgibt und mich mit jedem weiteren Herzschlag tiefer hineinsinken lässt.

Mit aller Kraft versuche ich dagegen anzukämpfen, ich rudere mit meinen Armen, strample mit meinen Beinen, doch das unvermeidliche lässt sich nicht aufhalten.

Als mich das dickflüssige Rot vollkommen umschließt und nach unten zieht, sehe ich den leblosen und aufgedunsenen Leib eines toten Kindes, ertrunken in der lebensspendenden Flüssigkeit, welche der Mann nun erbricht und mich zurück in die Realität ausspeit.

Nach Luft ringend, knie ich verklebt und benetzt auf dem grauen Asphalt, schmerzerfüllt das Blut aus meinen Lungen hustend. Erschlagen von den ausgesetzten Gefühlen, stütze ich mich kraftlos auf meinen Händen ab und folge dem von mir abtropfenden Blut, das als oxidierte Partikel fortgetragen, jede Erinnerung an die Eindrücklichkeit jenes internalen Zustandes verblassen lässt. Auch der Mann ist mittlerweile teilnahmslos an mir vorbeigezogen, um sich vermutlich am heutigen Abend irgendwo dem hoffnungsvollen Alkohol hinzugeben, unreflektiert der Illusion folgend, dass alles besser würde.

Doch dies wird es nicht.

Und erst wenn es zu spät ist, sein Verstand und seine Gedärme unwiederbringlich und nachhaltig geschädigt sind, wird er sich eingestehen müssen, dass sich Probleme in Bier, Wein und Schnaps nicht ersaufen lassen. Bereits jetzt zeigen sich einige Indizien für den inneren Krieg zwischen Vernunft und Sucht, in Form von feinen Äderchen auf der Nase. Ich weiß, worin dies enden wird, denn ich habe sie gesehen:

seine Zukunft.

Unbeholfen, aufgedunsen und instabil wird er sich über die Straße schleppen, jeden seiner Gedanken am goldenen Gift verschwendend, nur weil er nie gelernt hat, Herausforderungen in einer dysfunktionalen Art und Weise zu lösen. Nein, die Probleme werden einfach verdrängt, denn ein Businessmann wie er darf keine Probleme haben. Kein Mensch in dieser Gesellschaft darf Probleme haben

– sie alle müssen wie ein Computer funktionieren. Emotionsloses Summen im Schweigen der Menschlichkeit.

Spezies

„Das darf nicht sein.", schlage ich verzweifelt mit meiner zur Faust geballten Hand auf den harten Untergrund dieser Stadt und benetze den staubigen Grund mit ein wenig Tränenflüssigkeit, die augenblicklich absorbiert, jeden anderen vergessen lässt, dass an diesem Ort irgendein Individuum zerbrochen ist.

„Gibt es denn gar keine Schönheit mehr?", zische ich durch meine aufeinander gedrückten Zähne, meine Kraftreserven mobilisierend, um mich zu erheben, denn ich möchte nicht wahrhaben, dass ich so kaputt bin, dass es mir nicht gelingt, etwas Schönes im Menschen zu finden. Ich weiß, dass meine Biografie einschlägig und destruktiv, einen erheblichen Teil von Normalität Stück für Stück aus meinem Leben riss, doch ein wenig Hoffnung und Licht muss doch übriggeblieben sein, irgendein Fragment, das es mir ermöglicht und sei es nur für eine Sekunde, das Schöne am Leben und den Menschen zu erkennen?

Erneut balle ich meine Hände zu Fäusten und beschließe einen weiteren Versuch. Gezielt wandert mein Blick über die Gesichter der mir unbekannten Personen, die sich teils müde und kraftlos über die Straßen zerren, andere wiederum scheinen voller Energie, halten ihren Fokus jedoch gefesselt am Bildschirm ihrer Smartphones und dann erblicke ich ein kleines Mädchen in einem gelben Blumenkleid, aufgeweckt und motiviert durch die zweidimensionalen Schatten der Passanten huschend.

Ein leichtes Lächeln liegt auf meinen Lippen, denn in einem Kind werde ich bestimmt etwas Positives finden. Und so suche ich dessen Blick, der chaotisch von Person zu Person wandert, bis die großen braunen Augen meine treffen und mein Verstand in dessen Kognition gerissen wird.

Ein seichter Wind streicht über die in Blüte stehenden Pflanzen und lädt sie ein, zu einer kaum hörbaren Melodie zu tanzen. Auch das im Sonnenlicht rötlich aufglühende Blattwerk eines Ahorns schwingt mit ein und füllt die frische Luft mit einem seichten Rascheln. Verzaubert sehe ich mich um und erkenne, dass ich mich auf einer sich endlos ausbreitenden Weide befinde, die sich über leichte Hügel und Täler erstreckt, die vereinzelt roten Ahornbäumen ein Zuhause bieten.

Über mir wandern filigrane Cirrocumuli, in orangeviolettes Sonnenlicht gehüllt, als wäre die gesamte Szene ein gemaltes Ölgemälde, Ausdruck einer internalen Harmonie und Ausgeglichenheit

– nein einer kindlichen Schönheit.

Eine Träne rinnt über meine Wange, denn ich bin glücklich

– ich bin glücklich, weil ich in der Lage bin, Schönheit zu erkennen

– ich bin glücklich, weil mich meine Biografie noch nicht vollends transformiert hat.

„Was machst Du hier?", reißt mich ein Abbild des tanzenden Kindes zu sich.

Wutentbrannt blickt sie zu mir hinauf, ein loderndes Funkeln in ihren braunen Augen, die bemüht sind, in meine Seele hineinzugreifen, meinen vulnerablen Kern herauszureißen. Ich versuche mich zu wehren, den Blick zu lösen und aktiviere sämtliche Abwehrmechanismen, um dieser brachialen Gewalt Einhalt zu bieten.

„Ich suche nach Schönheit.", stottere ich verzweifelt, die progrediente Desintegration meiner Abwehr spürend, bis ich ohne jeden Schutz nackt vor diesem brennenden Wesen stehe und spüre, wie das Lodern auf die gesamte Umgebung überspringt, Blüte um Blüte im Feuer verzehrt, bis nichts als Staub und Stein übrig ist und ich in mich zusammenfalle.

„Weshalb solltest Du Dich auf die vergebliche Suche danach begeben?", flüstert sie mir leise in mein rechtes Ohr, eines Menschen, der auf den Knien, durch unzählige schwere Ketten fixiert, in jedweder Bewegung aufgehalten wird. Schutzlos bin ich den Launen dieses Kindes ausgesetzt, dessen Intention ich nicht nachvollziehen kann.

„Um zu beweisen, dass ich nicht vollkommen kaputt bin.", antworte ich ihr gebrochen, unfähig meine Gedanken zu verbergen, sodass jene Worte einfach so aus mir herausfließen.

„Sieh Dich an. Natürlich bist Du kaputt.", verweist sie auf den Zustand meiner geschundenen, ausgemergelten Seele, überzogen mit hunderten grotesken Narben und frischen Verletzungen, aus denen die schwarze Galle zähflüssig hinaus tropft, als bestünde mein Leib nur aus diesem übelriechenden Fluidum, dessen beißender Gestank mir die Tränen in die rot unterlaufenen Augen treibt.

„Wie solltest Du nach Deinen Erlebnissen auch intakt sein?", fügt das Mädchen hinzu, sich vor mir hinkniend, die rechte Hand zu meinem Kinn führend, um meinen Kopf so weit anzuheben, dass unsere Blicke sich wieder treffen.

„Sei nicht traurig darüber, denn dies ist nicht der Grund, weshalb Du in niemandem mehr die Schönheit erkennen kannst, denn und das ist ein kleines Geheimnis, bist Du durchaus in der Lage dazu." Fragend erwidere ich ihren intensiven Blick und spüre, wie nach und nach die Energie aus mir absorbiert wird. Ein tiefes Grollen bricht durch den trockenen und lebensfeindlichen Boden und lässt die Oberfläche ruckartig erzittern, als hätte jene Welt einen Schluckauf.

„Weshalb dann kann ich sie nicht finden?", schreie ich im aufkommenden Sturm, dessen hasserfüllter Wind kleine und große Partikel mit sich reißt und selbst die blattlosen Bäume entwurzelt, währenddessen der Boden immer heftiger bebt und gigantische Risse erzeugt, welche sich ausbreitend, alles in das tiefe Nichts verschlucken, das sich ihm nähert.

Das Mädchen hält sich verzweifelt an meinen Ketten fest, denn der Wind zerrt an ihren Beinen und löst Finger um Finger.

„Hör mir zu.", schreit sie mich an, wissend, dass sie gleich verschwunden sein wird, „Du kannst sie nicht finden, weil …"

Fortgerissen liegt sie verletzt auf dem bebenden Boden in unmittelbarer Nähe eines sich ausbreitenden Risses.

„… weil diese Welt kaputt ist.", würgt sie hervor, ehe sie gänzlich im Sturm verschwindet.

 Leere

Weiß

Weiß.

Eine Farbe, welche mich mehr einschüchtert, als es die Dunkelheit je könnte. Denn Schwarz ist auf unerklärliches Weise etwas, etwas diffus Greifbares, so dicht in seiner Atmosphäre, dass Dunkelheit sich gleich einer behütenden Decke um den Leib schmiegt und Geborgenheit vermittelt, wie eine in den Schlaf gefallene Nacht von unzähligen Menschenkindern, welche sich in eine bessere Welt träumen. Doch Weiß ist einfach nur eine bedrückende Leere, in der japanischen Geschichte unzertrennlich mit der Trauer verbunden, weiß als Reinheit, der Abwesenheit von Schmutz, Symbol der Unbefleckten.

Stundenlang blicke ich auf das grelle weiße Dokument und es erschlägt mich in seiner Gewaltigkeit. Wäre nur ein einziges Wort, ein einziger Buchstabe auf dem digitalen Papier, um meine Beklemmung zu lösen, doch nicht einmal jene winzige Fülle vermag mein Verstand zu generieren, auch wenn meine Finger zitternd auf der Tastatur liegen, bereit jeden erdenklichen efferenten Reiz in eine zielgerichtete Motorik zu transformieren.

Ich spüre den lebendigen und unruhigen Puls in meinen Fingerspitzen, welche den glatten Kunststoff bedecken, eine leichte Vertiefung der Buchstaben wahrnehmend. Im Hintergrund summt der Lüfter und kühlt die CPU, welche emsig damit beschäftigt ist, kontinuierlich komplexe mathematische Formeln zu lösen, nur um mir die Annehmlichkeit zu ermöglichen, auf eine einladende Benutzeroberfläche zu starren, solange, bis der Standby-Modus das künstliche Licht erlöschen lässt und ich mit meiner rechten Hand die Maus ein paar Millimeter verschiebe, um erneut auf das überwältigende Weiß zu glotzen.

Ich möchte, doch ich kann nicht, oder aber ich kann, aber möchte nicht.

Wovor habe ich Angst?

Ist es, dass mit dem ersten Wort, wenn es denn falsch gesetzt ist, im Zuge einer Kausalitätskaskade, jeder darauffolgende Satz eine Welt erschafft, die mir entgleitet, welche den Leser nicht fesselt?

Ist es die Angst, dass meine übersetzten Gedanken einfach nicht verstanden werden?

Doch dies wäre wenigstens etwas, besser als eine Seite, die ich nicht imstande bin zu füllen. Vielleicht rauche ich noch eine Zigarette und dann wieder eine

– solange bis das kondensierte Nikotin einen hässlich gelben Film über den Bildschirm gezeichnet hat und das Weiß weniger rein, weniger angsteinflößend ist.

Wie lange dies wohl dauert?

Gedanklich folgt mein Bewusstsein den ineinanderfließenden mikroskopisch winzigen Partikeln, welche im Zuge physikalischer Prozesse abstrakte Formen bilden, welche vielleicht meine Fantasie anregen, doch deren Lebensdauer ist unerfreulich kurz und zügig sind meine Augen nicht mehr in der Lage, sie zu erkennen.

Erneut alleine gelassen.

„In principio erat verbum", steht in kursiver Schrift auf meinem inneren Unterarm

– „Am Anfang war das Wort".

Ein Wort, welches in der Lage ist, Unmögliches zu bewältigen, als erster Baustein ein Fundament zu kreieren, auf dem ganze Welten stehen.

Ein Wort nur.

Mehr wünsche ich mir nicht.

Vielleicht hilft ein wenig Musik, um mich emotional auf ein Abenteuer zu katapultieren. Doch möchte ich etwas Humorvolles schreiben, etwas Spannendes oder die tiefen Abgründe menschlicher Dramatik thematisieren?

Von je her habe ich eine Affinität für die schweren Dinge, welche den Leser oder die Leserin für ein paar Minuten auf mein Niveau herunterziehen, nur, um mich nicht so einsam zu fühlen. Ich möchte, dass sie meine Perspektive einnehmen, im Zuge ihrer Empathie nachfühlen, dass in der Dunkelheit des Seins wohl etwas Vertrautes und Heimeliges liegt. Eine verzögerte Interaktion, eine Reaktion auf gezielte visuelle Reize, die ich setze, in der tiefen Absicht, den Verstand anderer Menschen zu erschüttern.

In der Tat, das Schreiben kann etwas Fremdaggressives sein, eine Botschaft, die sich nicht so leicht wegwischen lässt, denn sie ist fixiert auf dem weißen Blatt und wird Teil einer Bibliothek, welche Epochen überdauert und so wiege ich mich in der Sicherheit, dass, selbst wenn zu meinem Lebzeiten meine Worte keine suchenden Augen erreichen, irgendwann in der Zukunft ein Mensch diese Sätze liest, sich einem vor dem Bildschirm kauernden Mann vorstellt und mich so neu auferstehen lässt, unvergessen.

Wie stellst Du Dich mir vor?

Bin ich alt, bin ich jung?

Bin ich schlank oder dick?

Wie viel aus Deiner eigenen Biografie überträgst Du in dieses Bildnis, bis Du eine Person gezeichnet hast, die Deiner Vorstellung entspricht?

Die Wahrheit ist, ich habe von mir selbst kein detailliertes Bild, finde mich selbst nicht in meinen Gedanken und Worten, als hätte sie eine fremde Person geschrieben, dann, wenn ich Jahre später noch einmal durch eines meiner Bücher blättere und mich frage:

„Wer zum Teufel war das?"

In diesem Augenblick mögen meine Gedanken für mich noch Sinn ergeben, vielleicht, weil mich eine internale Stimmung durch das Labyrinth der Worte führt, doch auch ich werde mich entwickeln und irgendwann sind die niedergeschriebenen Worte kein Zeugnis einer Person, die im Jetzt vor dem weißen Blatt sitzt, blockiert, sondern ein Artefakt einer fragmentierten Vergangenheit.

Sobald ich auch nur einen einzigen Buchstaben eingetippt habe, hat sich meine Person bereits weiterentwickelt. Interessante Gedanken und vielleicht helfen sie mir, den Anfang für eine neue Geschichte zu bilden.

Eventuell beginne ich mit dem Offensichtlichsten:

Weiß.

Weiß

Weiß.

Es ist einfach nur weiß

– mehr nicht.

Eine leere Leinwand, welche unscheinbar quadratisch über dem glatt polierten Beton liegt und an den Kanten einen kaum merklichen Schatten auf den Hintergrund wirft

– ein Licht-Schatten-Spiel, welches meine flüchtige Aufmerksamkeit für ein paar Sekunden einfängt, bis ich mich wieder auf das Offensichtliche besinne:

dieses Kunstwerk.

Alleine die leichten Unebenheiten des bemalten Leinens erzeugen eine winzige Nuance, ein unterschwelliges Muster, in welchem meine Fantasie nach Fülle sucht.

Ist es ein Schneesturm, ein Blick auf die weite Arktis oder der Himmel?

Und was möchte mir der Künstler mit dieser Leere sagen?

Ein flüchtiger Blick auf den Titel versucht ein wenig Orientierung zu bieten:

„Leere."

Soll es das gewesen sein?

Ist es wirklich so einfach?

Ein weißes Gemälde als Ausdruck des Nichts?

Ich ziehe mich kurz in meine Gedankenwelt zurück und resümiere das Gesehene und Gedachte, denn mein Verstand weigert sich, jene offensichtliche Lösung anzunehmen

– so wurde es mir beigebracht.

Hinterfrage den einfachen Weg, denke kompliziert und vor allem, Kunst ist nie einfach; ein gutes Kunstwerk muss einer Analyse standhalten.

Doch was soll ich analysieren, wenn dieses Gemälde rein gar nichts als Anhaltspunkt bietet?

Vielleicht, wenn ich mich ein wenig seitlich des Bildes stelle und im Zuge der Lichtreflexion die Oberflächenstruktur erkenne. Wer weiß. Allmählich bilden sich hauchdünne Schatten hinter den filigranen Erhebungen ab und zeichnen eine turbulente Pinselführung ab. Kreuz und quer verlaufen die organischen Linien, überschneiden sich, schaffen Kreise und Strudel.

Ist es das, was der Künstler möchte?

Sich dem Duktus zu widmen, um das Geheimnis dieser Leere zu lüften?

Mir fällt es schwer, dem Impuls zu widerstehen, mit meinen Fingerspitzen über diese weiße Fläche zu gleiten, nur um meine Augen zu unterstützen, dieses gezogene Chaos zu begreifen. Ich möchte es fühlen, eine Verbindung aufbauen, vollkommen eingenommen werden, doch ich darf nicht, muss mich mit diesen spärlichen Informationen zufriedenstellen.

Für einen Schneesturm sind die Striche zu gradlinig, für Schnee zu unregelmäßig und den Himmel zu hektisch. Keine meiner ursprünglichen Assoziationen scheinen korrekt zu sein und ich spüre, wie eine lodernde Wut meinen Thorax erwärmt, meine Gesichtsmuskeln innerviert. Und dies nur, weil ich trotz meines Wissens nicht in der Lage bin, die Intention des Künstlers nachzuvollziehen.

Drei Jahre Abitur, zwei Jahre Leistungskurs Kunst und etliche Unterrichtsstunden, welche damit vergeudet wurden, Gemälde längst verstorbener Visionäre zu analysieren. Anschließendes Psychologiestudium und ein erheblicher Ausbau der Fähigkeit, mich in mein Gegenüber hineinzuversetzen und doch stehe ich hier und bin ratlos.

Im Zuge meine destruktiven Affekte zu reduzieren, wende ich mich für einen Augenblick ab und beobachte die anderen Gäste dieser Vernissage, welche mit einem Glas Sekt in der rechten und einem Canapé in der linken Hand, triviale und bedeutungslose Konversationen führen, in der Hoffnung durch Verbalisierung eigener Leistungen nicht an der Qualität dieser Ausstellung zu zerbrechen.

Sie sind nicht hier, um dem Künstler zu huldigen, sondern sich selbst gleich einem Kunstwerk zu präsentieren und ich muss erkennen, sie sind genauso weiß und leer, wie dieses Gemälde vor mir

– zweidimensionale Geschöpfe ohne jegliche Tiefe, sodass man nie nehmen könnte und an die Wand nageln.

Ein amüsanter Gedanke, wenn jene Individuen das Ziel gaffender Besucher wären, welche sich nicht imstande sähen, auch nur den Hauch eines tieferen Sinns im Begafften zu sehen.

Und vielleicht geht es gar nicht um dieses weiße Gemälde an sich, sondern den Kontext, in welchem es steril vor einer glatt polierten Betonwand hängt, durch indirektes Licht ein wenig majestätisch und erhaben über den Köpfen der Schwätzer thronend. Und stelle ich mich entgegen des allgemeinen Habitus dieser Veranstaltung direkt vor dieses Bild und ergebe mich der Unendlichkeit dieser subtilen und doch brachialen Leere, blicke so lange auf das monotone Weiß, bis mein Verstand beginnt aus den winzigen Details des Duktus eine neue fluide Oberfläche zu generieren; einer grellen zähen Flüssigkeit, welche sich ineinander schmiegt.

Dort in diesem Nichts erzählt es mir flüsternd eine Geschichte und währenddessen all der akustische Lärm um mich herum verstummt, höre ich eine leise und kindliche Stimme, welche nach mir ruft.

Dort inmitten des Schnees einer endlosen Schneelandschaft, durchpflügt von einem unerbittlich kalten Wind steht ein Mädchen schwer atmend, mit jeder Inhalation den schmerzenden Frost in den Alveolen kindlicher Lungen spürend, welcher sich vom Thorax aus durch den gesamten Leib frisst, bis ein verzweifelter Schrei das letzte Zeugnis einer menschlichen Wärme ist, kondensiert im gesellschaftlichen Winter.

Nein, dieses Mädchen ist mir nicht fremd.

Ich erkenne ihre Proportionen, ihre Konturen und den leeren Blick eines erfrorenen Traumes, welcher sich versucht an den blattlosen und versteinerten Bäumen festzuhalten. Dieses Mädchen jenseits der Hütte ihres Großvaters, welcher mit dem Verschwinden der Sonne hinter dem glatten Horizont die Welt der Sterblichen verließ.

Vollkommen gedankenfrei und simultan überwältigt der Gedankenflut, projiziert sie eine angenehme Realität längst erloschener Vergangenheit in die Gegenwart. Weiß, als Leinwand tief verborgener Wünsche, nicht weil sie mit zu vielen Reizen aufwartet, sondern die omnipräsente Leere es ermöglicht, gefüllt zu werden.

„Wäre ich nur woanders.", schluchzt sie flehend, „Wäre ich doch ein Teil dieses ewigen Weiß."

Weiße Samtpfoten manövrieren sich durch den knirschenden Schnee und hinterlassen fragile Spuren, welche mit dem nächsten Schneefall bereits wieder verschwunden sein werden, doch dies ist für das kleine flauschige Geschöpf nicht von Belangen, denn es weiß Teil jener winterlichen Landschaft zu sein, ohne Spuren zu hinterlassen. Irrelevant ist jeder Gedanke an eine mögliche Zukunft im Kontext eines Fortlebens.

Es zählt das Hier und Jetzt

– es zählt das Überleben, die situative Adaption an lokale Umweltbedingungen.

Existieren im Einklang mit der Natur als Summand eines Gleichgewichts, in welchem diese Schneekatze ihren Platz eingenommen hat.

Fokussiert observieren die blauen Augen die nähere Umgebung, welche im reflektierenden Weiß kaum die Möglichkeit bietet, potenzielle Beute zu erkennen, doch vielleicht unterstützen feinste olfaktorische Partikel die Orientierung, sofern der Wind günstig steht und die eigene Position nicht verrät, bevor das Ziel ausgemacht ist. Tief liegt der Körper, Bauch und Brust berühren die glitzernde Oberfläche, währenddessen die Pranken beinahe lautlos in den Schnee hineingleiten.

Schritt für Schritt, nur Geduld kleine Katze und Du wirst Dein Ziel erreichen.

In der Ferne knackt das Eis sich unter Spannung trennender Schollen, welche zu dieser Jahreszeit noch genügend Dicke aufweisen, um tierisches Leben sicher zu tragen. Automatisch stellen sich die Ohrmuscheln in Richtung der Geräuschquelle und lauschen der flüsternden Sprache des ewigen Eises.

War das Zerbersten lediglich ein Zufall oder das Resultat einer Fremdeinwirkung?

Wieweit ist es entfernt?

Wo genau liegt die Quelle?

Konzentriere Dich, kleiner Jäger, vertraue Deiner Intuition und dem Wissen, das Dir Deine Mutter beibrachte.

Lange schulte sie Dich diese notwendigen Fähigkeiten und als ihr beide wusstet, dass Du nicht länger ihre Hilfe benötigst, gab sie Dich frei. Und nun bist Du hier, verschwendest keinen Gedanken an die soziale Vergangenheit, legst keine unnötig schweren Gefühle in die vollzogene Trennung, sondern gedeihst in den Herausforderungen des autarken Lebens. Und diese Situation bietet Dir die Gelegenheit, Dich zu beweisen.

Der Jäger wechselt ein wenig die Richtung und sucht in den Echos des knarzenden Eises und sei es nur ein atypischer Ton, ein winziges Partikel in einem Meer von Stille, sich darauf vorbereitend, sich jeden Augenblick abrupt erbarmungslos auf die Beute zu stürzen. Dort inmitten des Schnees wartet sie auf ihn und wiegt sich in Sicherheit, versteckt in einer grellen Monotonie.

„Werde eins mit dem Weiß. Gehe über Deine Grenzen hinaus und entfalte Deinen Verstand auf Deine Umgebung, bis Du sie bist und sie Du.", denkt sich das pirschende Tier in die gefrorene Natur expandierend, soweit bis das erwünschte Ziel ausgemacht ist und nur noch wenige Meter zwischen der arktischen Katze und dem hoppelnden Fellknäuel sind. Der Wind steht günstig und auch die Sonne liegt im Rücken des Jägers, sodass ihr grelles Licht eine Entdeckung immens erschwert.

„Nur ein Sprung.", motiviert sich das Raubtier selbst und setzt zum finalen Sprung an, um während des Fluges in einem grellen Licht zu verschwinden, einem überwältigenden Sog, welcher das pulsierende Fleisch von den Knochen reißt und das Bewusstsein aus der grauen und weißen Substanz des Gehirns.

Ein langgezogener unsäglicher Schrei hallt aus dem sterilen und leicht flimmernden Bildschirm eines summenden Notebooks und greift nach der Aufmerksamkeit eines gealterten Mannes, dessen müde Augen seit Jahrzehnten auf das monotone Weiß starren, ohne auch nur einen einzelnen Buchstaben gesetzt zu haben. Zu sehr war er gefangen in den Gedanken an negativen Konsequenzen, sofern die herausgearbeitete Form nicht den eigenen Wünschen, den internalisierten Anforderungen entspringt. Dieser unverhoffte Moment mag die andauernde Blockade nun lösen, denn die unerzählte Geschichte ist nun soweit erkennbar, dass sie vorsichtig aus dem Medium geschlagen werden kann.

Fragmentarische Visionen flackern im Bewusstsein auf und drängen darauf, sortiert zu werden, nach einem logischen Muster zusammengesetzt, bis ein nachvollziehbares und ästhetisches Gesamtgebilde ersichtlich ist.

Schwach zeichnet sich ein Lächeln auf den eingefallenen Lippen ab, begleitet von einem entzündeten Funkeln der matten Augen, welche angestrengt die Buchstaben auf der Tastatur suchen, über deren einzelne Knöpfe zittrig die Fingerspitzen gleiten.

Ein großes L erscheint auf dem digitalen Dokument und transportiert als die einfallenden Visionen und Bilder in die zwei rechtwinklig zueinanderstehenden Linien. Vor einem überwältigenden weißen Gemälde steht verzweifelt eine junge Frau.

Ein kleines E setzt sich hinter das L: Sie verliert sich in den Projektionen ihrer eigenen Vergangenheit.

Noch ein E: sie erträgt das emotionale Spiegelbild nicht, denn in dem Bild konfrontieren sie ihre verborgenen Ängste und Bedürfnisse. Hinter ihm, leicht nach vorne gebückt, blickt sie über seine Schulter und folgt den sich vermehrenden Buchstaben, sanft lächelnd, als versiege mit dem fortschreitenden Schreibprozess jeder internale Schmerz. Warm liegt ihre Hand auf seiner Schulter und ermuntert den alten Mann, seine Reise fortzusetzen.

Ein kleines R lässt die einsame Atmosphäre seines Arbeitszimmers vibrieren und unscharf werden.

Er weiß, dass es nun jeden Augenblick so weit ist

– das Ziel ruft nach ihm.

Kurz bevor sich seine Seele von seinem irdischen Dasein löst, folgt ein letztes E und lässt einen vertikalen schwarzen Strich hinter dem gezeichneten Wort rhythmisch blinken.

In die selbst erschaffene Leere springt seine Existenz, um als weiße arktische Katze im ewigen Nichts nach Fülle zu suchen.

 Winter

Bahnhof

Dicker weißer Dampf schießt kraftvoll aus dem Schlot der Baureihe 45, eine 115 Tonnen schwere Lokomotive, welche sich mit 50 Kilometern pro Stunde auf den Schienen durch die teils verschneite Landschaft schiebt und Ortschaft um Ortschaft passiert an diesem kalten Tag. Unaufhaltsam reißt sie die leeren zwanzig grünen Abteilwagen mit sich, die quietschend und knarzend versuchen, mit der Geschwindigkeit mitzuhalten, gebunden durch die festen metallenen Kupplungen, welche kein Entkommen ermöglichen.

Abrupt setzt die hochfrequente Pfeife ein und bringt den schrillen Ton durch die blattlosen Bäume des Berliner Grunewalds, ehe der Triebwagen seine Geschwindigkeit reduziert und den restlichen Schwung nutzt den anliegenden Bahnhof zu erreichen, zur Dankbarkeit der Waggons, welchen die notwendige Zeit gegeben wird, die vergangenen Strapazen zu kompensieren, zur Ruhe zu finden, denn die bevorstehende Aufgabe wird keine Leichte sein.

„Sieh mal, Ima, eine Dampflok.", strahlt das Kind über beide Ohren, als es den einfahrenden, dunklen Koloss erspäht, welcher allmählich quietschend zum Stillstand kommt und ächzend Dampf ablässt, als müsste er das in sich befindende Restvolumen nach ermüdender Arbeit hinaus pusten, um anschließend frische Atemluft inhalieren zu können

- zumindest kennt das Kind diese Prozedur von sich selbst, wenn es über kurze Zeit schnell gerannt ist und versteht daher das Schnaufen dieser Lok nur allzu gut.

„Ich habe Dir doch versprochen, dass Du eine Lokomotive sehen kannst.", versucht die Mutter in ihrer Müdigkeit die Laune ihres Sohnes zu halten, welcher aufgeregt ihre Hand hält und die gesamte Umgebung um sich herum vergisst. Stehend in einer Schlange von hunderten Menschen, die müde auf die bevorstehende Reise warten, zumeist an einer Hand ein Kind und in der anderen einen Koffer.

Vergessen ist die Tortur, welche die beiden auf dem Weg zum Bahnhof erleiden mussten, das abrupte Aufwecken inmitten der Nacht, das schnelle Packen und das hastige Verlassen der Wohnung. In diesem Augenblick zählt nur das erfüllte Versprechen, jetzt hier sein zu können und dies, obwohl so viele andere ebenfalls am Bahnsteig warten und daher ist es ein Privileg, hier sein zu können.

„Und weißt Du was, Ben?", beugt sich seine Mutter lächelnd zu ihm hinunter, als folge ein großes Geheimnis, das niemand anderes erfahren dürfe, „Wir werden sogar mit dem Zug fahren."

Ihr warmer Atem streift als kondensierter Dunst das Sichtfeld des Jungen, ihn an den Dampf ausstoßenden Schlot erinnernd.

„Wirklich?", glänzen seine Augen in einer kindlichen Naivität, die Aufregung kaum kontrollierbar. Seine Mutter hat das Unmögliche bewerkstelligt, eine Fahrt mit einer Dampflok und dies, obgleich so viele Menschen hier in der eisigen Kälte warten und wahrscheinlich ebenfalls eine abenteuerliche Reise beginnen möchten. So ist seine Ima, eine Frau, die selbst in diesen schweren Zeiten immer für eine Überraschung gut ist. Vergessen ist die Kälte, vergessen ist der Hunger.

„Danke, dass Du das geschafft hast.", drückt er kurz ihre knochige Hand.

Interessiert beobachtet er die Männer in Uniform, welche die Türen der Abteilwagen öffnen, als wären jene hier versammelten Menschen besonders, indem ihr Einstieg erleichtert wird. Glücklich blickt er zu seiner ausgemergelten und frierenden Mutter an diesem winterlich eisigen Tag.

„Aber wir fahren doch mit der Eisenbahn.", denkt er sich, es kaum abwarten könnend. Beinahe schwerelos baumelt das mitgenommene Gepäck an der kraftlosen Hand jener Frau, welche in der Eile lediglich das Existentiellste hineinpackte, um jenes Hab und Gut, bestehend aus Bildern und Erbstücken nun fest umklammert in der Hand zu halten.

Ein gesamtes Leben in einem Koffer, die Erinnerung einer gesamten Existenz und an der anderen Hand ihre Zukunft, welche optimistisch zur Lokomotive blickt und es kaum erwarten kann, einzusteigen, wo auch immer die Reise hinführen sollte.

Doch es ist keine Zeit, sich darüber Gedanken zu machen, denn die an den Waggons stehenden Männer fordern auf, sich hineinzubegeben und vielleicht liegt ihr harscher Ton an einem möglichen Zeitdruck, doch sicher ist sich der Junge nicht. Wichtig ist, dass sie endlich einsteigen können und somit das stundenlange Stehen ein Ende hat. Endlich kann die Reise beginnen, auch wenn seine Mutter ein Geheimnis aus dem Ziel dieser Fahrt macht.

Eine neue Wohnung in einer anderen Stadt?

Oder lediglich ein Ausflug?

Normalerweise ist ein Abteilwagen für dreißig Passagiere ausgelegt. Jetzt ist er gefüllt mit unzähligen unbekannten Gesichtern, so weit, dass die Hälfte der Mitfahrenden erneut stehen muss, doch der Junge hat Glück:

Weil er noch ein Kind ist, darf er sitzen.

Am Fenster.

Ungeachtet der Tatsache, dass seine Mutter zwischen den Sitzbänken gepresst stehen muss, blickt er optimistisch durch das beschlagende Glas und wischt mit seiner Hand einen klaren Fleck, um zu beobachten, wie die letzten Wartenden in die überfüllten Waggons steigen. Keiner von ihnen scheint an diesem Tag besonders gute Laune zu haben und vielleicht liegt das am kalten Wetter, denkt der Junge, den zunehmenden unangenehmen Geruch der Eingestiegenen riechend, seiner Meinung nach darauf zurückzuführen, dass es alle von ihnen heute Morgen sehr eilig hatten, den Bahnhof zu erreichen, um diese besondere Fahrt keinesfalls zu verpassen.

„Gleich geht es los.", lächelt ihm seine kraftlose Mutter zu, besorgt durch das Fenster in die teils verschneite

Landschaft blickend, währenddessen die Pfeife der Lokomotive zum Fahrtantritt laut schrillt.

Zugfahrt

Schnaufend bahnt sich der Zug samt den Passagieren abseits Berlins, dessen neu geschaffene, teils gigantische, klassizistisch anmutende Gebäude zu diesen Zeiten die Betrachter überwältigt zurücklassen, sich seiner Sterblichkeit und Unbedeutsamkeit bewusstwerden lassen. Doch dieser Zug unternimmt keine Stadtrundfahrt, sondern umfährt die belebten Zentren, als wäre jede menschliche Existenz ein unnötiger Störfaktor. Dennoch blickt der Junge erstaunt in die vorbeiziehende Landschaft aus blattlosen Bäumen, zugefrorenen Seen und teilweise funkelnden verschneiten Weiden, welche kleinere Ortschaften voneinander trennen. Immer wieder wischt er die beschlagende Scheibe frei, doch die Reise ist lang

– mehrere Stunden und hunderte Kilometer später meldet sich die in den Abteilwagen hineinkriechende Kälte, der Durst und der Hunger.

„Ich habe Hunger.", blickt er betrübt in das eingefallene Gesicht seiner Ima, welche noch immer tapfer zwischen den unzähligen fremden Menschen steht, sich kraftlos an einer metallenen Stange festhält, versuchend gegen den unerbittlich eintretenden Schlaf anzukämpfen. Doch die wehleidigen Worte ihres Sohnes erreichen ihren somnolenten Verstand und ziehen sie aus den flüchtigen Träumen einer zerbrechlichen Welt.

„Slikha, entschuldigen Sie bitte.", bemüht sich seine Mutter sich durch die dicht an dicht gepressten zitternden Leibern der anderen zu manövrieren, um den abgetragenen Koffer auf den atrophierten Schoß ihres Jungen abzulegen.

„Mal sehen, was wir hier haben.", lächelt sie ihn müde an, mit ihrer knochigen Hand den verwurschtelten Schopf ihres Kindes fürsorglich streichelnd und öffnet die Aufbauschlösser, welche kraftvoll aufspringen und die Sicherung des Gepäckstücks lösen. Als bestehe der Inhalt aus einem wertvollen und einzigartigen Schatz, verzieht sie ihr Gesicht zu einer abenteuerlichen Fratze aus groß aufgerissenen Augen und zu einem O-geformten Lippen. Doch ihr Sohn kann den Inhalt aufgrund des geöffneten Deckels zwischen ihm und der unteren Schale nicht einsehen, fantasiert jedoch im Zuge ihrer überzeugenden Schauspielerei ein kleines Festmahl zusammen, bestehend aus Rugelach, Challah und Mandelgebäck. Sanft lächelnd überreicht sie ihm ein Stück Brot, alt und hart.

„Wenn Du es willst, kann dieses Stück alles sein, was Du nur möchtest.", kommentiert sie die Übergabe und den kurzen Anflug von Enttäuschung in seinem Blick, den Deckel wieder schließend und sich seufzend erhebend, um Halt an einer Stange zu finden.

Ihre Beine Schmerzen, das Blut durch die permanente abduzierte Position des Arms in die Körpermitte gesammelt, mit dem Resultat, dass ihre Haut progredient den leichten Schnee behangenen Weiden gleicht.

„Ewiger unser Gott, Du regierst die Welt, Du ernährst die ganze Welt in Güte und in Gnade.", brechen seine flüsternden Worte das sich mit der Zeit teilweise ausbreitende Maulen und Schimpfen einiger Passagiere über die Zustände dieser Fahrt in einem viel zu engen Abteilwagen ohne genügend Sitzmöglichkeiten.

Er selbst hat die Zeit vergessen und weiß nicht, wie lange sie bereits rüttelnd über den Schienen fuhren, doch er sieht hinter einem leichten Schleier fein kondensierter Wolken die blasse Silhouette der untergehenden Sonne, die sich mit jedem Herzschlag dem Horizont zu nähern scheint.

„Einen ganzen Tag also.", flüstert er nachdenklich, währenddessen sein trockener Mund versucht, das harte Brot ausreichend einzuspeicheln, ein aufkommendes Kratzen im Rachen verspürend. Gedankenversunken weichen seine Augen von der ewig gleichen Ödnis des Umlands ab und wenden sich seiner Ima zu, erkennend, dass ihre andauernde aufrechte Position Folgen zu haben scheint. Regelmäßig knicken ihre weichen Beine ein und lassen den Rumpf einige Zentimeter gen Boden sacken, bis die ermatteten Reflexe reagieren und sich bemühen, den Oberkörper wieder aufzurichten.

„Du musst Dich hinsetzen.", zieht er leicht an ihrer abgetragenen Bluse, sich selbst vom auf Dauer unbequem harten Sitz erhebend, jedoch unvermittelt selbst einsackend, begleitet von einer temporären Synkope.

Als er seine Augen wieder öffnet und auf das verschwommene Gesicht seiner Mutter blickt, scheint die Temperatur im Abteilwagen auf magische Weise rapide gesunken zu sein.

„Ima.", hustet er geschwächt zu ihr, ihre kalte und zitternde Hand auf seiner glühenden Stirn spürend. Liebevoll und besorgt stützt sie auf seinem Platz sitzend seine Position, währenddessen sich ihr kraftloser Körper vom andauernden Stehen erholt und erleichtert aufatmet. Er ist nicht der Einzige, der das Abteil mit explosionsartiger Exhalation erfüllt. Vermehrt kränkeln weitere Passagiere im Zuge der zunehmenden nächtlichen Kälte.

„Es tut mir leid.", flüstert er schwach, denn er möchte diesen besonderen Ausflug nicht stören. Sie hat sich doch so viel Mühe gegeben, ihn zu ermöglichen und seinen Wunsch zu erfüllen, einmal im Leben mit der Dampflok zu fahren.

Noch ehe seine Mutter antworten kann, drängen sich einige der Mitfahrenden zu den beschlagenden Fenstern, um irritiert hindurch zu blicken. Denn der Zug hat seine Geschwindigkeit reduziert und fährt entschleunigend durch eine Ortschaft namens Wrocław.

„Wir sind in Breslau.", übersetzt erschrocken ein Mann das breslawische Namensschild, ein tiefes Entsetzen in seinem Gesicht, „Dann sind die Gerüchte also wahr."

Eine bedrohliche Unruhe zieht sich durch den unaufhaltsam fahrenden Waggon und führt zu teils eifrigen Konversationen und Diskussionen, welcher der kleine Junge jedoch nicht mehr kognitiv folgen kann. Das Fieber ist zu stark und die Auswirkungen auf sein Bewusstsein so erdrückend, wie der weiße Schnee an diesem unerbittlich kalten Wintertag. Erneut taucht er in einen Zustand friedvoller Leere und träumt von einem fantastischen Ort, den seine Mutter und er erreichen werden. Ein Ort des Friedens und des Glücks.

„Alle aussteigen, sofort!", schreit es in seine kognitive Stille hinein und zerrt an seinem geschwächten Leib, als hinge das Leben davon ab. Noch ehe er die Situation erfassen kann, hängt er in der eisigen Kälte jenseits des Abteilwagens in den Armen seiner Mutter, welche mit aller Kraft versucht, eingereiht in einer endlos langen Menschenkette, ihren Stand zu halten.

Besorgnis und tiefe Angst steht ihr im Gesicht geschrieben und auch wenn es kalt ist, so versteht ihr kleiner Junge nicht, müsste sie doch der Ausflug erfreuen.

„Weiter.", brüllt es am Anfang der Schlange, welche sich in zwei Richtungen aufspaltet. Die eine Seite hin zu einem gewaltigen Areal unzähliger hölzerner flacher Gebäude, die andere Seite Richtung angsteinflößendem Backsteingebäude. Schritt um Schritt nähern sie sich dieser Kreuzung, ihr Sohn den vielen fallenden Schnee bestaunend.

„Sind wir gleich da?", fragt ihr Junge erschöpft und hustend, versuchend die Umgebung klar zu erkennen, doch der Schnee und der mysteriöse Dunst erschweren die Sicht, sowie seine Hyperthermie, welche nach wie vor das Bewusstsein beeinträchtigt.

„Es ist nicht mehr weit.", versucht seine Ima den kränklichen Jungen zu beruhigen, währenddessen sich beide mit jedem weiteren Schritt ihrem zukünftigen Schicksal nähern, einhergehend mit einer zunehmenden Anspannung ihres Körpers, als wolle ihre Intuition sie warnen. Ihre vegetative Angstreaktion bleibt jedoch nicht unbemerkt. Irritiert sucht das Kind nach Blickkontakt und einer Erklärung ihrer Panik, einfach nicht verstehend.

„Aber es schneit doch.", stammelt er flüsternd in das Gebrüll anwesender Uniformierter, welche die versammelten, hungernden und frierenden Menschen durch das Areal leiten. Und selbst in jener Dunkelheit mag die Hoffnung nicht versiegen, dass auf sie alle warme Behausungen warten, mit akzeptablen Betten und Decken, eine heiße Suppe und ein Ort, an dem sie leben können.

„Ihr da.", schreit ein ranghöherer Offizier, skeptisch zur Frau und dem Kind blickend, „Zeigt mir eure Gesichter."

Gelähmt vor Angst vermag sie es nicht, ihren Kopf auch nur einen Millimeter anzuheben, zu ersichtlich wird die brachiale Wahrheit dieses Ortes, dieser Kreuzung, dieser Situation, ausgelöst durch das Flehen, Weinen und Schreien derjenigen, welche Richtung Backsteingebäude unterwegs sind und nun begreifen, dass als das stumme Geflüster, das leise Tuscheln und das unverblümte Munkeln Recht behielt. Dies war also jener Ort am Ende der Schienen, der Ort des ewigen Winters.

„Ich sagte, zeigt mir eure Gesichter!", wiederholt der Offizier rastlos.

„Ima?", nuschelt der Junge, die Situation fehlinterpretierend. Für ihn ist es eine notwendige Kontrolle für den Einlass. Mit aller Mühe blickt er zu dem schreienden Mann, dessen Konturen sich weigern scharf zu werden, kämpfend gegen das Fieber, gegen den Husten und der körperlichen Schwäche. Einfach nur ankommen, einfach nur schlafen.

„Da lang.", zeigt der Uniformierte zum Backsteingebäude, sich kognitiv bereits mit dem älteren Herrn hinter den Zweien befassend.

„Bitte nicht.", fleht die ausgemergelte Frau, sich weigernd, jene vorgegebene Richtung einzuschlagen, kämpfend gegen jenes willkürlich auserwählte Schicksal.

„Er ist doch noch so jung.", appelliert sie an seine Güte und Nächstenliebe, doch inmitten der über eine Million Menschen, die zwischen 1940 und 1945 hier ihrem selbsternannten Richter gegenübertreten müssen, ist jedes individuelle Schicksal belanglos. Und so schieben zwei weitere Soldaten die Mutter und das Kind aus der Reihe in die Richtung des Backsteingebäudes.

„Können wir nicht endlich schlafen?", fragt der kleine Junge entkräftet, so müde, dass selbst die Kälte den Zugang zu seinem Bewusstsein verliert. Dumpf hört er das Flehen der

Menschen, das Bellen von Hunden und das Schreien von Männern.

„Wirklich viele, die hier her möchten.", flüstert er nuschelnd in den kalten Wind hinein, welcher die kristallisierten Tränen seiner Mutter fortträgt.

„Gleich kannst Du schlafen, mein Junge.", versucht jene Frau die letzten Meter in ein erträgliches Schauspiel zu transferieren, denn es soll nicht die Angst sein, welche die letzten Momente ihres Sohnes begleitet, sondern die Hoffnung, dass alles gut werde und vielleicht sogar, die letzten Jahre der Tortur, der Hetze und sozialer Ausgrenzung nur ein böser Traum waren.

Ehrfürchtig blickt sie zu dem näherkommenden Gebäude, in welches alle vor ihr laufenden Menschen verschwinden, zu kraftlos, um zu kämpfen, desillusioniert, demotiviert und vielleicht sogar erleichtert, dass all das Martyrium, begonnen mit den Nürnberger Gesetzen, ein Ende findet. Sie möchte nicht weitergehen, möchte auf den Schmerz ihrer Füße und Beine hören, möchte dem Überlebensinstinkt folgen, doch so sehr die letzte Flamme einer tief verwurzelten Hoffnung auch rauschen mag, die Erkenntnis über die möglichen Konsequenzen zerschmettern jeden Anflug von Widerstand.

Eine von vielen, eine von Millionen.

Was könne sie schon ausrichten?

Welchen Nutzen hätte ihre Auflehnung, wenn nicht die Gewissheit, vor ihrem Sohn erschossen zu werden, verängstigt und verzweifelt in die unterirdischen Kammern dieses Komplexes gepfercht, ohne jemanden, der seine Hand hält und lächelt?

„Sind wir jetzt da?", fragt ihr Sohn röchelnd kurz vor der Vergasungsanlage, benebelt und beinahe dissoziiert. Schwach sind seine Beine, kraftlos der Körper, zu mächtig die Müdigkeit.

„Gleich, mein lieber Junge.", wiederholt sie weinend, „Gleich, mein lieber Junge."

Und vielleicht mag es Schicksal sein, dass in diesem Augenblick für ein paar Sekunden ein klarer Moment eintritt, in welchem der Junge deutlich ihr entsetzlich verzweifeltes Gesicht erkennt.

Und vielleicht mag es auch Schicksal sein, dass er ihre Trauer nicht nachvollziehen kann. Denn sie sind endlich angekommen. Zittrig hebt er seine blasse Hand und fängt mit ihr ein paar gräuliche fallende Flocken auf.

„Du musst nicht traurig sein, es schneit doch so schön."

Diese Kurzgeschichte ist eine aus der Erinnerung heraus konzipierte Adaption einer vor 20 Jahren verfassten Geschichte aus dem verschollenen Werk „Ein Zeugnis des Untergangs", welches B9N3 2004 als Björn Daniel Weissberg verfasste.

 Udon

Junbi

Gleichmäßig gleitet die glänzende und reflektierende Klinge aus gebürstetem Stahl durch den weißen, geschmeidigen und ausgerollten Teig aus Wasser, Weizenmehl und Salz, um jeweils 3 mm dicke Streifen von der Masse abzutragen. Konzentriert blickt die Urheberin des geführten Santoku-Messers auf ihre entstehenden Nudeln, sich mit der linken Hand die leicht schimmernden Schweißperlen von der Stirn wischend, gefolgt von einem zustimmenden leichten Nicken, welches in ein subtiles Lächeln übergeht, währenddessen muntere Lichtstrahlen durch das kleine Fenster der rustikalen Küche auf die Arbeitsfläche treffen und sich an den unzähligen glatten Oberflächen der Utensilien brechen, welche gleich einer fluiden Meeresoberfläche funkeln. Gedankenversunken lässt die junge Frau jene Teig-Fäden vorsichtig in das sprudelnde Wasser gleiten, welches von rhythmisch tanzenden Gasflammen erhitzt wird, die ein angenehm lebendiges Rauschen in jenen Raum tragen.

Ein Morgen, welcher sich nicht von den übrigen Tagen unterscheidet, an welchen das lebensbejahende Klappern, Klirren, Hacken und Schneiden, das Brutzeln und Zischen die Atmosphäre trägt, als eventuell notwendiges Ritual jeden bezaubernden rötlich-orangefarbenen Horizont in Respekt und Demut zu zelebrieren - im Land der aufgehenden Sonne.

Und während kochendes Wasser die Nudeln umtanzt, gleitet die scharfe Klinge durch das knackige Grün frischer Frühlingszwiebeln, an dessen Oberfläche Fragmente winziger Wassertropfen hängen und trägt mit jedem weiteren Schnitt weitere hauchdünne Ringe ab, die sich vertrauensvoll auf das Holzbrett fallen lassen und einen angenehmen Duft versprühen

- etwas Energetisches, jedoch gleichzeitig Bodenständiges.

Jede Zutat erzählt ihre eigene und individuelle Geschichte und löst ein Feuerwerk von Assoziationen aus, die jeder Mensch mit jener geschmacklichen Kombination verbindet, sei sie positiv oder negativ behaftet, führte sie in eine optimistische Grundhaltung explodierender Hoffnung oder erdrückender Traurigkeit. Ein jeder mag für sich selbst entscheiden, welche Attribute das Unterbewusstsein zutage fördert, ausgelöst durch das leichte Kitzeln der Geschmacks- und Geruchszellen, die begierig darauf warten, überrascht und befriedigt zu werden.

Noch dünnere, zerbrechlichere Scheiben einer festen Karotte legen sich gleich einer behütenden Decke über das frische Grün und betten es in einen Zustand schwereloser Träume, die Köchin an eine längst vergangene Zeit kindlicher Leichtigkeit eines Lebens erinnernd, das noch so viele Möglichkeiten bereithielt, ausgefüllt mit einer aufblühenden Fantasie jeden einzelnen der möglichen roten Lebensfäden zu beschreiten, grenzenlos und furchtlos, getragen durch die Fürsorge ihrer sanften Großmutter. Doch es ist kein Seufzen zu vernehmen, sondern eine durchaus zufriedene Grundhaltung, einen Teil jener unbeschwerten Kindheit in die Gegenwart zu projizieren, mit dem Ziel sie durch den Genuss jener entstehenden Nudelsuppe auf die zukünftigen Kunden zu übertragen, sodass jene das kleine Lokal mit einem Lächeln verlassen.

Vorsichtig gleitet die Frau mit einem Zellstofftuch über die unregelmäßige Oberfläche des bräunlich marmorierten Hutes eines schmackhaften Shiitakepilzes, um restliche Spuren von Erde zu entfernen und blickt erleichtert auf das Resultat ihrer Bemühung, als die Haut im Sonnenlicht majestätisch glänzt, bereit in fünf Millimeter dünne Scheiben geschnitten zu werden, um ein kleiner, jedoch bedeutsamer Teil ihrer Udon-Suppe zu werden, denn allzu häufig ist das Ganze mehr als die Summe seiner Bestandteile, welche in einem unvermeidlichen Zusammenspiel Geschmacksnuancen entfalten, die in ihrer Gesamtheit weit mehr als ein Gericht kreieren, nämlich einen Ausdruck des Respekts gegenüber den zukünftigen Verkostern, welche jene gegebene Liebe in jedem Partikel des erschaffenen Gerichts und jedem einzelnen Teilschritt des Zubereitungsprozesses erahnen können, um letztendlich mehr als eine Sättigung mit nach Hause zu nehmen, sondern das Gefühl als Person geachtet und geschätzt zu werden. Und so wird aus einer simplen Nahrungsaufnahme eine kleine Psychotherapie mit dem Ziel, Freude zu erfahren.

Plätschernd fließt im Sonnenlicht gülden aufleuchtende Sojasoße in das klare kalte Wasser eines gewaltigen Kochtopfs, welcher begierig darauf wartet, gefüllt zu werden. Dunkle Partikel, welche allmählich in das Transparente übergehen und eine neue gelbliche Flüssigkeit erzeugen. Salz, Dashi-Granulat und Mirin rieseln gleichmäßig in die Brühe, umspült und getragen, als wäre jene klitzekleine Welt inmitten des Topfes ungebunden physikalischer Gesetzmäßigkeiten, wie die der Gravitation.

Ein prüfender Blick der Köchin bestätigt die erfolgreiche Hinzugabe der Grundzutaten ihrer Nudelsuppe. Wenig später tanzen auch unter diesem metallenen Kessel die gelblich-bläulichen Flammen und erhitzen jene Flüssigkeit, die sich mit fortschreitender Zeit zu aromatischem Dampf verwandelt, welcher schon bald die gesamte Küche mit einem Schwall aus Erinnerungen und Emotionen füllt, als Dank für das mühselige Zusammentragen der einzelnen Komponenten, weitergegeben aus einem Rezept, welches Generationen überlebte und in Vertrauen und Liebe überreicht wurde, um an diesem Tag jenseits des engen familiären Kreises den Gaumen zu erfreuen.

So hofft zumindest jene gedankenversunkene Frau, welche sich für einen kurzen Augenblick in der Szene jenseits des Fensters verliert.

Kigen

„Mariko.", schallt es entlang der hölzernen Wände bis in die zweite Etage dieses betagten Landhauses hinauf, in welcher ein kleines Mädchen noch immer eingewickelt in ihrer Decke jenseits des Irdischen den Auswüchsen kindlicher Fantasie folgt, als wäre das Leben eine Symphonie grenzenloser Träume. Ungeachtet der warmen filigranen Sonnenstrahlen, welche entlang des Bodens zu ihrem Futon wanderten, entzieht sich der Verstand jener auf sie wartenden Realität, doch noch eine weitere Qualität strömt entlang der Treppe und des Flures in das Bewusstsein der Schlafenden.

Das warme und vollmundige Aroma von Soja, erfrischender Frühlingszwiebeln und erdiger Shiitake-Pilzen als Bestandteile eines heimeligen Rituals.

„Mariko, Du wirst noch Dein gesamtes Leben verschlafen.", folgt mahnend, jedoch zeitgleich fürsorglich und bricht die Stille der Ruhenden, welche müde ihre Augenlider öffnet und mit ihren haselnussbraunen Augen die auf wundersame Art zur Seite gekippte Welt betrachtet.

Schnurrend gleitet grazil eine schwarze Katze hindurch und blickt mit ihren intensiv blauen Augen zur Erwachten, als wollte sie sichergehen, dass jenes junge Fräulein tatsächlich aufsteht und den intensiven in der Luft liegenden Gerüchen folgt.

„Guten Morgen, Arjuna.", streckt sich das Mädchen, die kraftvolle Bewegung ihrer tierischen Gefährtin imitierend, ein sanftes Mauzen erhaltend, als wollte sie sagen

„richtig so."

Kaum aufgestanden entschwindet die Felis catus der müden Stimmung und eilt die knarrenden Stufen hinunter Richtung Küche, in welcher sie sich eine Belohnung verspricht. Hinterher trabt das gähnende Mädchen die Treppe hinunter, dem zunehmenden Aroma eines gelungenen Frühstücks folgend, bis sie die aufgeweckten Augen ihrer Großmutter erspäht, die lächelnd einen guten Morgen wünschen. Betagt und leicht gebückt zieht sie ihre Füße über das alte Holz zur Essküche, auf dessen Holztisch eine dampfende Schüssel Udon-Nudel-Suppe wartet, den Tag ein wenig versüßend.

Erwartungsvoll sitzt sie vor ihrer Keramikschüssel, welche die Küchenszene verzerrt reflektiert und noch immer leicht weißen Dampf in die Umgebung entlässt, als säße das Mädchen vor einer schnaufenden Dampflokomotive auf der Fahrt ins Königreich der exotischen Geschmacksqualitäten

– eine kulinarische Reise durch die Provinzen Japans mit ihren eigenen Besonderheiten, wie Torisashi aus

Kagoshima, ein Sashimi aus rohem Hähnchenfleisch oder Shina Soba aus Hokkaido, dünne Ramen in einer klaren Suppe.

Jedes Fleckchen Erde, jede Gemeinschaft von Menschen definiert sich durch ihre eigenen und speziellen Köstlichkeiten, so wie eben die Udon-Nudelsuppe die Präfektur Kagawa prägt und so die Einheimischen Meister ihrer Suppenküche werden, wie es auch ihre Großmutter ist.

„Itadakimasu.", jauchzt Mariko von den Dämpfen betört und bringt ihre Stäbchen ungeduldig in die goldene Flüssigkeit, um die leicht bissfesten Udon-Nudeln aus dem heißen Wasserbett zu ziehen und anschließend durch die gespitzten Lippen in den Mund zu saugen.

„Heiß, heiß, heiß.", stammelt sie schwallartig hervor, mit ihren Händen fuchtelnd, als wäre die aufgewirbelte Luft irgendwie in der Lage, die Temperatur an ihrem Gaumen zu senken.

„Du weißt doch, dass Du sie abdampfen lassen musst.", schüttelt ihre Großmutter ihren Kopf in ein leichtes Lachen übergehend, „Immer das Gleiche mit Dir."

Doch was soll das Mädchen machen? Die Nudelsuppe ihrer Großmutter war in der Lage, jeden Kummer und jede Traurigkeit augenblicklich versiegen zu lassen, als ginge die pure Essenz von Freude durch die Kräuter und Gewürze in den Leib über

– eine beinahe spirituelle Erfahrung.

Es war einfach unmöglich, sich diesen harmonisch kombinierten Nuancen zu entziehen.

„Aber heiß ist sie am leckersten", erwidert Mariko schlürfend, den süßen Schmerz bereitwillig in Kauf nehmend, währenddessen sich die Wärme über den Magen im gesamten Körper ausbreitet.

Das war das Leben, nein, dies war die Lebendigkeit in ihrer konzentriertesten Form, verborgen in den geheimen

Zutaten, wie ihre o-bāchan geheimnisvoll offenbarte, auch wenn sie nie erklärte, worin dieser Zauber bestand.

Jedes Jahr über die Sommerferien von Mitte Juli bis Ende August war das Mädchen zu Besuch und jedes Mal war es, als erlebte sie eine kleine Zeitreise, denn das Dorf Higashikagawa versprühte einen rustikalen, wenn nicht sogar altertümlichen Charme, geboren aus den betagten Gebäuden und der Bindung der Einwohner an Konventionen und Riten.

Und so war es nicht ungewöhnlich, dass die Einrichtung dieses bescheidenen Hauses an eine Zeit erinnerte, die längst vergangen war. Jenseits von moderner Informationstechnologie, Smartphones, Internet und Streaming besann sich die alte Frau auf die wichtigen Dinge des Lebens, vor allem, um trotz der Affinität nach den „guten alten Zeiten" das Bewusstsein stets im Augenblick zu belassen.

„Die heutigen Menschen sind so sehr an der Zukunft interessiert, dass sie das Hier und Jetzt gänzlich vergessen.", stöhnte sie häufig, wenn sie den Großstadtgeschichten ihrer Tochter lauschte, ungläubig den Kopf schüttelnd. Sie verstand einfach nicht, weshalb so viele Menschen in eine digitale Welt flüchteten oder sich in den sozialen Netzwerken mit Belanglosigkeiten beschäftigten, währenddessen ein Großteil der Erde den Bach hinunterging. Ihrer Meinung nach lag es daran, dass die Menschen die Verbindung zu ihrem Ursprung verloren hatten und den Respekt vor einander, was womöglich daran lag, dass es immer mehr Menschen in die urbane Anonymität zog, in welcher das Leben schneller davonraste, als funkelndes Wasser einen fließenden Bach passierte.

Dies waren die Weisheiten der wichtigsten Bezugsperson Marikos und sie würde sie nie vergessen.

Tsukaeru

Es war nun Jahre her

– Jahreszeiten wandelten die Natur und bemalten das Blattwerk der im Wind tanzenden Bäume in Nuancen des gesamten Farbspektrums.

Das Leben lief wie der plätschernde und im Sonnenlicht funkelnde Bach unaufhörlich weiter, doch im Haus obāchans war es unerwartet versiegt. Still waren nun die leeren und verstaubten Zimmer, als hätte niemals das quietschende Lachen eines kleinen Mädchens den Korridor erfüllt und als wäre kein Dampf einer köstlichen Nudelsuppe mit der Brise durch die Räumlichkeiten gezogen. Mit ihr verstarb das Leben an sich und jenes geheime Familienrezept, welches über Generationen weitergereicht, die Herzen der Nachkommen erwärmte.

„Konnichiwa.", begrüßt die junge Frau den eintretenden Mann im Anzug, dessen Schatten sich von seinen Füßen aus über den Boden und Tresen beinahe bis zur Brust der Köchin zieht und den funkelnden feinen Staubpartikeln in der Luft die Möglichkeit gibt für einen kleinen Augenblick auszuruhen.

„Yaa, eine Udon-Nudelsuppe bitte.", platzt es forsch aus ihm heraus, ohne auf ihre Begrüßung einzugehen.

„Wenn möglich zeitnah

– ich habe noch einen Termin.", fügt er fordernd hinzu, währenddessen sein Blick der steten Wanderung seines digitalen Zeigers folgt. Dennoch scheint er einen winzigen Moment der Ruhe zu finden, als er sich direkt am Tresen hinsetzt und seine Aktentasche neben sich auf die Tischplatte legt, sich kurz umsehend.

Der Tod ist für jede soziale Interaktion ein tiefgreifendes Trauma, welches manchmal über Jahrzehnte hinweg das weitere Leben der Hinterbliebenen prägt und einen Teil der Persönlichkeit so brachial entreißt, dass lediglich eine leere fleischliche Hülle zurückbleibt, welcher sich einer quälenden und endlosen Suche unterwirft, ohne zu wissen was sie eigentlich finden möchte. Mariko hatte all das verloren, das ihrer Meinung nach, ihre Existenz überhaupt lebenswert erschienen ließ und all die gemeinsamen Momente mit ihrer Großmutter waren ihr genommen worden und mit ihrer Vergangenheit auch ihre Zukunft.

Behutsam gießt Mariko die goldene und dampfende Brühe in die braune Schüssel, erfreut an den winzigen auf ihrer Oberfläche schimmernden Augen, welche munter hin und her wabbeln, als fließe ein unsichtbarer Lebensstrom durch die Flüssigkeit, darauf hoffend, sich durch dessen Genuss mit der Seele des Konsumenten zu verbinden.

Fokussiert schöpft sie die aufgekochten Udon-Nudeln aus dem sprudelnden Wasser, und trennt die verbliebenen nassen Partikel durch geübtes Schwenken der Kelle von der bissfesten Materie, um sie gekonnt in die heiße Brühe gleiten zu lassen. Umgarnt von der behutsamen Wärme werden die weißen Lebensfäden partiell durch die anderen Zutaten und Kräuter bedeckt, um so ein ästhetisch ansprechendes Gericht zu zaubern.

Orientierungslos blieb ein Teil ihrer Seele in jener Vergangenheit stecken und quälte sich mit der Gewissheit, jener geliebten Person nie wieder zu begegnen. Das belanglose Stadtleben hatte vollends Einkehr gefunden und prägte den hektischen und chaotischen Alltag der jungen Frau, welche lustlos und freudlos austauschbaren und belanglosen Tätigkeiten nachging, nur um durch das wenige verdiente Geld zu existieren, doch ein sinnvolles Leben schien ihr nicht gegönnt.

„Dohitaschimaschte.", lächelt die Köchin ermutigend dem Mann zu, ihm ihre liebevoll erschaffene Kreation kredenzend, in freudiger Erwartung seiner Reaktion auf die aromatische und dampfende Köstlichkeit aus ihrer Kindheit.

„Wir verkaufen das Haus Deiner Großmutter.", offenbarten ihre Eltern emotional unbeteiligt, „Es steht eh seit Jahren leer und verwittert mit den Jahreszeiten."

Und Mariko begriff, dass der Tod ihrer geliebten obāchan lediglich das Ausholen vor dem finalen Tiefschlag des Schicksals war, welches sich weigerte die Gefühle der jungen Frau zu berücksichtigen. Jede weitere Diskussion war vergeblich, vielleicht weil ihre Eltern selbst mit dem Verkauf ein düsteres Kapitel in ihrer Biografie beenden wollten und mit dem stillgewordenen Ort zu viel Trauer und Verlust verbanden.

Hastig schlürft der Business-Mann die bissfesten Nudeln hinunter, ohne auch nur eine Sekunde das liebevoll gestaltete Geschenk zu begutachten, den Dampf zu inhalieren, die Zutaten zu inspizieren

– es scheint die Zeit zu fehlen, jenen Augenblick bewusst zu zelebrieren.

„Nächste Station: Sanuki-Shirotori.", informierte der Lautsprecher im beinahe leeren Abteil des Waggons der Kōtoku-Linie die Fahrgäste über den nächsten Halt und riss die junge Frau aus ihren melancholischen Gedanken, einer Kombination aus Schwermut und Trauer.

„Nicht mehr weit.", flüsterte sie sich motivierend zu, einen beklemmenden Schmerz in ihrer Brust wahrnehmend.

Nach wenigen Augenblicken legt der Mann unachtsam seine Stäbchen auf das Hashioki und blickt unbeeindruckt auf die Köchin, welche mit aufkommenden Tränen kämpft.

„Okanjō onegai shimasu.", bittet er um die Rechnung, erneut ungeduldig und getrieben auf seine Smartwatch blickend.

Beinahe schwerelos standen die winzigen Staubpartikel in der muffigen Luft des alten Hauses, als Mariko ein abgegriffenes und scheinbar sehr altes Buch in einem unscheinbar wirkenden Regal erspähte und zunächst zögerlich den vulnerablen Buchdeckel aufschlug, um emotional ergriffen den in altertümlich, handschriftlich niedergeschriebenen Titel zu erspähen:

„Udon."

 Bittere Pille

Attractio

„Hier ist das Erste Deutsche Fernsehen mit der Tagesschau. Heute im Studio Julia Niharika Sen.", ertönt eine anonyme sterile Frauenstimme und leitet die kommenden Nachrichten ein, welche täglich von mehr als zehn Millionen Menschen verfolgt werden. Blau und dunkel wirkt das digital erzeugte Studio, in dessen Mitte ein dynamisch geschwungener Tisch und die Nachrichtensprecherin stehen. Ausdruckslos blickt sie den Zuschauern direkt in die Augen und schafft somit eine soziale Verbindung.

In ihren Händen liegen Informationskarten mit den wichtigsten Stichpunkten zu den heutigen Themen.

„Guten Abend, meine Damen und Herren, ich begrüße Sie zur Tagesschau.", leitet jene Frau falsch lächelnd ein, ohne sich anderweitig zu bewegen. Ein kurzer spannungsvoller Moment der Stille, eh ihr Blick kaum merklich über ihre Infokarte huscht und sie das Weitere vorträgt.

„Russland hat eine Großoffensive gegen die Ukraine gestartet. Seit der vorherigen Nacht rücken Truppen in mehrere Landesteile vor, nicht nur in die umkämpften Separatistengebiete im Osten. Angriffe wurden aus ..."

„Ich verschreibe Ihnen Venlafaxin, ein gängiges und wirksames Medikament gegen Depressionen. Es gehört zur Gruppe der Serotonin-Noradrenalin-Wiederaufnahme-Hemmer. Wir beginnen ganz behutsam mit 37,5 mg und steigern allmählich auf 150 mg.", führt die Ärztin ihr Vorhaben aus, die offensichtlichen Symptome einer depressiven Episode psychopharmakologisch zu bekämpfen. Doch jede Klinge ist zweischneidig, und ein Eingriff in das komplexe Neurotransmittersystem des Menschen geht mit Kollateralen einher.

„Leider kann Venlafaxin in seltenen Fällen zu Schwindel, Übelkeit und Verwirrtheit führen.", versucht die sachliche Frau die erheblichen Nebenwirkungen stark verkürzt zu erörtern; ein schmaler Grat, denn die Compliance darf nicht gefährdet werden, jenen Kämpfer gegen die übermächtige Dunkelheit vorzeitig aus der Schlacht zu nehmen."

„Erneut verheerende Waldbrände in der Arktis.", steht dick und einschüchternd groß als Überschrift über dem Zeitungsartikel.

„Dichter Rauch hängt über Teilen der russischen Republik Sacha. Eine Fläche so groß wie das Saarland brennt. Für Forscher ist das ein Warnsignal

– durch die Waldbrände in der Arktis-Region steigt der Ausstoß von Treibhausgasen stark.", erklärt die Einleitung unnötig emotional und versucht manipulativ eine Angstreaktion im Leser zu erzeugen, denn der Journalist weiß um die Wirkung von Furcht. Sie soll die höheren kognitiven Funktionen unterbinden und das Individuum in ein lenkbares und willenloses Wesen transformieren, welchem man täglich die Verantwortung seiner Existenz vor Augen führt.

„Weil Du existierst, brennt diese Welt", schreit der Artikel förmlich heraus, verborgen zwischen den Sätzen, welche jenen punktuellen Brand nehmen und ihn in einen eskalierenden Gesamtkontext stopfen.

„Ich sehe, dass es ihnen nicht sonderlich gut geht.", verbalisiert die geschaffte Fachärztin ihren Eindruck.

„Wir sind jetzt bei 150 mg, können jedoch aufgrund der QT-Zeit-Verschiebung nicht höher gehen.", spricht sie ungefiltert ihre Gedanken aus, welche sich auf die Reise begeben eine Lösung für das Problem zu finden und den vor ihr in sich zusammengefallenen Mann zu unterstützen.

„Sie sagten, dass Ihnen besonders das Ein- und Durchschlafen Schwierigkeiten mache?", blickt sie in seine trüben Augen und erwartet eine Reaktion, welche im Zuge eines kaum merklichen Nickens erfolgt.

„Nun, dann könnten wir mit Quetiapin augmentieren.", lächelt sie für den Bruchteil einer Sekunde, da ihr eine annehmbare Lösung eingefallen ist.

„Quetiapin ist ein atypisches Neuroleptikum, was augmentierend bei depressiven Episoden angewendet werden kann und sofern am Abend gegeben Ihren Schlaf unterstützt.", bringt sie die erwünschte Wirkung bei depressiven Symptomen auf den Tisch, ohne unnötig ins Detail zu gehen.

„Zu den Nebenwirkungen zählt Müdigkeit, aber das ist genau die Wirkung, die wir erreichen möchten, Gewichtszunahme und in äußerst seltenen Fällen extrapyramidale Symptome."

Überfordert lauscht der Mann ihren Schilderungen und beginnt kognitiv in eine andere Welt zu flüchten.

„Was tun bei Messerangriff?", ziert die Headline beinahe das gesamte Cover des Stern-Magazins.

„Der Messerangriff von Mannheim schickte Schockwellen durch Deutschland. Ein Islam-Kritiker wird schwer verletzt, der Polizist Rouven Laur ermordet. Wenige Tage darauf wird ein AfD-Politiker mit einem Teppichmesser attackiert. Am Montag kommt es in einer Regionalbahn im Saarland zu einem weiteren Messerangriff. Nur kurz danach wird in Frankfurt eine Frau auf einer Parkbank mit einem Cutter schwer verletzt.", zitternd schlägt der Mann das Heft zu und legt es auf dem Tisch neben einem versifften Aschenbecher, in dessen Einsparung eine brennende Zigarette liegt.

„Allmählich weiß ich nicht mehr, was wir tun können.", seufzt die deutlich mitgenommene Ärztin, empathisch zu ihrem Patienten blickend.

„Wir hatten das Quetiapin und Venlafaxin erhöht – ohne Wirkung.", fasst sie das letzte Jahr zusammen und gräbt in ihrem Langzeitgedächtnis nach einer rettenden Information.

„Vielleicht könnten wir einen ungewöhnlichen Weg einschlagen.", spricht sie nachdenklich, während sie angestrengt auf ihrer Tastatur tippt und die Zeit spannungsvoll fließen lässt, bis sie lächelnd zum Mann sieht.

„Sagt Ihnen das Medikament Lithium etwas?"

Hoffnungsvoll blickt der Mann auf seine Handinnenfläche, auf welcher unscheinbar in einem braun-rötlichen Ton eine Kapsel liegt, die kaum mehr wiegt, als die Luft, welche jenen Betrachtenden umgibt. Aufgelöst durch seinen vergangenen Traum hängen seine Lider müde über seinen verschlafenen Augen, welche in den verschwommenen visuellen Reizen nach Orientierung suchen, doch dem vernebelten Bewusstsein folgen, welches mit einer latenten Übelkeit kämpft, einem diffusen Gefühl sich erbrechen zu müssen, ohne fähig zu sein, durch das Kotzen eine Erleichterung zu erfahren.

Seit einem Jahr nahm er nun jenes Medikament, welches seine Stimmung anheben sollte, doch stattdessen herrschte in ihm ein emotionales Chaos von sich abwechselnden Qualitäten wie Freude, Trauer, Wut, Verzweiflung, begleitet von einem merklich schwindenden sexuellen Interesse an seiner sozialen Umwelt

– ein Faktor, den er durchaus begrüßte.

Doch was ihm traurig stimmte, war die Tatsache, dass sich sein Stoffwechsel so weit verändert hatte, dass der Anblick eines Kuchens ausreichte, augenblicklich ein paar Pfunde zuzunehmen, zum Schaden seines Selbstwertgefühls, das unter seiner körperlichen Transformation litt und somit Aspekte seiner depressiven Gedanken noch verstärkte.

Und so wollte er eigentlich jenes Medikament wieder absetzen, wären nicht die äußerst unangenehmen Absetzerscheinungen wie Zittern, Nervosität, Schwindel und Parästhesien, die solch ein internales Leiden verursachten, sodass nichts anderes übrigblieb, als jenes Teufelszeug wieder einzuschmeißen und die Dosis zu steigern.

225 mg metabolisierten in seiner Leber zu einem Cocktail, welcher in der Lage war, die Blut-Hirn-Schranke zu überwinden und die Neurotransmitter vor ihrer Resorption zu zwingen, Serotonin und Noradrenalin länger im synaptischen Spalt zu halten. Und wie er feststellen musste, waren die ihm zugefügten emotionalen Narben keineswegs verschwunden, stattdessen rückte ihn das Medikament ein wenig in die

Distanz. Doch noch immer litt er unter seinen Symptomen und erhoffte sich Hilfe.

Skeptisch sieht er auf die halb aufgebrauchte Medikamentenpackung des Medikaments, welches seine Ärztin zur Augmentation verschrieben hatte. Müde und energielos streift sein Blick die Aufschrift:

Quetiapin.

Wie unscheinbar doch ein Name sein kann, wenn man sich nicht mit jener Materie auseinandersetzt. Mit voller Wucht hatte es ihm geholfen abends in den Schlaf zu finden, wie eine übermächtige Müdigkeit, die sich eine Stunde nach Einnahme über ihn zog, seine Arme und Beine schwer werden ließ, um erschlagen die Augen zu schließen und abzutauchen in eine düstere Welt als Ausdruck seiner unbewussten Konflikte. Problematisch war lediglich, dass sich jene Energielosigkeit morgens nicht abschütteln ließ und er somit gleich einem Zombie durch den Tag manövrierte, unfähig, die milchige Wand des Halbschlafes zu durchbrechen.

Auch sein Gewicht hatte weiter zugelegt und zeichnete nun eine deutliche Fettansammlung an seinem Bauch. Zweiundsiebzig Kilogramm hatte er gewogen, als er mit Venlafaxin begann, doch jetzt im Zusammenspiel mit Quetiapin war er auf neunzig Kilogramm angewachsen und hasste sich für das, was er geworden war

– ein fettes unattraktives Schwein, ein Bauch mit Beinen, ein Monster mit rundem glänzendem und aufgedunsenem Gesicht, das nichts mehr von seinem vorherigen Aussehen hatte. Er wollte am liebsten sterben.

Doch hätte er seiner Fachärztin geschildert, wie sehr er sich vor sich selbst ekelte und es jetzt für ihn keine Möglichkeit mehr gab, auf die Schnelle eine Frau für das Teilen des Kopfkissens zu finden, hätte sie ihn ungläubig angesehen und seine sexuellen Bedürfnisse verteufelt. Er wollte nicht fett sein, doch absetzen konnte er jene Medikamente nicht, denn ein Entzug destabilisierte ihn dermaßen, dass ein Klinikaufenthalt unumgänglich wäre, eine Situation, die er nicht tragen konnte.

Er versuchte bereits die tägliche Kalorienzufuhr zu reduzieren, trank keine Softdrinks, sondern nur Wasser, doch spätestens, wenn die Sonne den Horizont passierte und die Dunkelheit diese hektische Welt entschleunigte, brach ein unstillbarer Hunger aus, ein ungezügelter Appetit.

Ein fetter Mann in dreckiger Kleidung sitzt auf einer durchgesessenen und unaufgeräumten Couch, umgeben von Verpackungsmaterial vergangener Snacks. Weinend liegt sein kreisrundes Gesicht auf den speckigen Händen versteckt, unwillig, sich der Realität zu stellen. Vereinzelt brodelt ein wenig Magensäure hinaus und lässt ihn unappetitlich aufstoßen, doch dies ist momentan egal. Er kann nicht mehr und er möchte nicht mehr. Zu sehr hat er sich während der Jahre selbst verloren, hinterließ eine verfaulende und stinkende Hülle, die sich vehement weigert, ihre Funktion einzustellen.

Auch das Lithium ist kaum in der Lage, seine Dysthymie zu lichten, seine emotionale Instabilität zu beheben. Was es brachte, war Müdigkeit, Zittern und Gewichtszunahme und allmählich fragte er sich, ob es all das wert sei.

War es das wert, fett und kaputt zu sein, nur im Versuch, nicht länger die alles umschließende Leere in sich zu spüren?

Wäre er nicht besser dran, dem Wahnsinn zu verfallen, jedoch sein altes Erscheinungsbild wieder zu erhalten?

War es nicht besser, innerlich traurig, wütend und verzweifelt zu sein, als das Zittern, die Übelkeit und Heißhungerattacken?

Er wusste, hätte die Ärztin von Anfang an mit offenen Karten gespielt und detailliert von den Nebenwirkungen und Absetzerscheinungen informiert, er hätte niemals begonnen, jenes Gift in sich hineinzuschütten, welches letztendlich nur dafür sorgte, dass er kontinuierliche mehr Medikamente benötigte, um zu funktionieren, doch momentan und das stand fest, funktionierte er gar nicht

– er lebte nicht einmal mehr.

„Wir haben hier einen achtunddreißig jährigen adipösen Mann mit beschriebener Verwirrung, Agitiertheit und Le-
bensüberdrussgedanken.", informiert die Rettungssanitäterin
den zuständigen Arzt, welcher bereits in der Rettungsstelle
auf den Patienten wartet, welcher fixiert durch die sich öff-
nenden Glastüren geschoben wird und kognitiv jenseits der
Realität ein angsteinflößendes Horrorszenario zu erleben
scheint.

„Ich bin Dr. Align. Können Sie mich verstehen?", beugt
er sich zum visuell desaströs gepflegt wirkenden Mann.

„Untergang im Mondenlicht.", wiederholt jener Ver-
wirrter vor sich hin, ohne auch nur die kleinste Notiz von seiner Umgebung und Situation zu nehmen.

„Wissen Sie, wo sie sich befinden?", versucht Dr. A-
lign mittels einer alternativen Frage Zugang zu erhalten, jedoch auch, um die Orientierungsqualitäten jenes Perseverie-
renden zu bestimmen.

„Auf Station 10 mit ihm.", atmet der betagte Facharzt
hörbar aus, sich einem kurzen Anflug einer Ahnung zukünfti-
ger Ereignisse hingebend.

„Die Menschheit flirtet mit einer nuklearen Katastro-
phe.", argumentiert die Nachrichtensprecherin aus dem Radio,
ihren letzten Satz ein wenig wirken lassend, eher sie weiterspricht.

„Seit mehr als zwei Jahren überzieht die Angst des
Ukraine-Kriegs Europa und erhitzt die Gemüter, welche immer weitere Sanktionen fordern und nun auch die Lieferung
von Langstreckenwaffen. Eine ungebremste Eskalation klopft
an der Tür."

Gebrochen wendet der schweißnasse Mann sein Bewusstsein von ihren Worten ab und blickt durch das Fenster
zum wolkenverhangenen Himmel, der nicht mehr als ein paar
Regentropfen freigibt, die vereinzelt auf die Scheibe treffen
und einen zum Grund hin wandernden Wasserfleck

hinterlassen. Kurz huschen seine Augen zum angeschlosse-
nen Tropf, welcher in ähnlicher Geschwindigkeit Flüssigkeit
freigibt, nur, dass der Spender jene direkt in seine Vena me-
diana cubiti injiziert.

Erschöpft fasst er an seine Schläfe, die intensiv und
stechend nach Aufmerksamkeit schreit. Er hatte es wirklich
versucht

– dem chemischen Gift zu entfliehen, das durch seinen Körper rann und seinen Verstand vernebelte, so weit,
dass er sich selbst nicht mehr erkannte.

All der Schmerz war nach wie vor da, jener progredient wachsende Weltschmerz aufgrund der gesellschaftlichen Entwicklung, welche seiner Erfahrung nach nur ein Ende
zuließ:

die Vernichtung der eigenen Spezies.

Es ging ihm nicht länger darum zu überlegen, wie er
jenes Ende beeinflussen konnte, denn dies war aufgrund der
fortgeschrittenen Zersetzung politischer Ebenen nicht mehr
möglich. Es ging ihm darum zu überlegen, wie er selbst als
Individuum mit der Erkenntnis existieren konnte, dass ein
Großteil der Zivilisation ein vorzeitiges Ende fände. Und an
dieser kognitiven Dissonanz zerbrach er.

„Trotz mehrfacher terroristischer Übergriffe in Städ-
ten wie Mannheim, Bayern, Pegnitz, Hamburg, Kiel und
Brokstedt verneint die SPD-Innenministerin ein generelles
Problem mit islamistischen Gefährdern. Jene Übergriffe seien
bedauerliche Einzelfälle. Wir dürfen die Flüchtlinge, welche
bei uns Schutz suchen, nicht generell kriminalisieren, sprach
sie heute Morgen auf der Pressekonferenz in Berlin.", verstärken die aktuellen Nachrichten die hiesigen Kopfschmerzen des Mannes und reißen ihn aus seiner Gedankenwelt.

Verschwommen und drehend gleicht jene physikalische Umgebung einer zu heiß gewordenen Butter und erschwert eine notwendige räumliche Orientierung. Mit
Schmerz verzerrten Gesicht unterdrückt er einen verzweifelten Schrei und presst seinen Schädel zwischen seine zwei

Handinnenflächen, Tränen hervorsprudeln spürend. Alles dreht sich, die fleischliche Hülle, welche sein Inneres in seiner Form halten sollte ist zerfallen und versetzt sein mentales Abbild in eine andere Dimension, Schmerz durchzieht seinen Körper und schafft einen Schraubstock, welcher ihn die Luft aus den Lungen presst

- Absetzerscheinungen, welche seine Existenz zur Hölle werden lassen.

Als er seine Augen wieder öffnet, durchzieht eine angenehme Stille das Patientenzimmer, selbst der Herzmonitor ist deaktiviert. Erleichtert inhaliert jener Mann diese Atmosphäre der Ruhe, welche er seit Jahren nicht mehr in seinem Verstand spürte, als durchziehe klares Wasser jede seiner Nervenbahnen.

„Es freut mich, dass Sie wieder bei Bewusstsein sind.", brummt die erdende Stimme Dr. Aligns, welcher unmittelbar neben dem Patientenbett sitzt und eindringlich die Situation analysiert.

„Ich habe mir große Sorgen um Sie gemacht.", fügt er hinzu, die mimische Reaktion des Patienten abwartend.

Trug sie Scham in sich?

Immerhin hat er unabgesprochen seine Medikamente abgesetzt und sich so in ein emotionales Chaos gestürzt, überwältigt von den Absetzerscheinungen in Form übermächtiger Emotionen, die gleich einem Orkan durch seinen Verstand wehten und alles mit sich rissen.

„Ich habe dieses Leben nicht mehr ertragen.", antwortet der Mann gedämpft und emotionslos, den intensiven Blick erwidernd, „Abhängig von Medikamenten, um den inneren Schmerz zu betäuben, der mich von innen her zersetzt."

Jene Offenheit überrascht den Facharzt, welcher die Worte geistig wiederholt und den darin liegenden Vorwurf erkennt.

„Ich kann nachvollziehen, dass Sie mit den Nebenwirkungen unzufrieden sind, doch es existieren Alternativen.",
recherchiert Dr. Align in seinem Langzeitgedächtnis nach
psychopharmakologischen Möglichkeiten, welche eher den
Bedürfnissen des Patienten entsprechen.

„Ich kann einfach nicht mehr

– diese Welt zerbricht und ich fresse Pillen, um nicht
daran zu zerbrechen."

Ein kurzer Augenblick einer bedrohlichen Ruhe:

„Sie sollten an sich arbeiten.", schlägt der Doktor vor
und notiert seine Erkenntnis in seinem Notizblock.

 Tod

„Sie werden sterben.", prognostizierte der Arzt sachlich seiner Patientin, ohne auch nur einen Hauch von Menschlichkeit und Mitgefühl in sich zu tragen, eventuell, da jene Einschätzung in seiner beruflichen Biografie zu häufig ausgesprochen, jede Hoffnung auf Rekonvaleszenz vernichtete und den Menschen mit dem unausweichlichen Ende konfrontierte.

„Der Krebs hat in die anderen Organe gestreut.", fügt er hinzu, um seine These zu untermauern und jegliches Flehen nach alternativen Möglichkeiten zu unterbinden, denn es gab keine medizinischen Alternativen

– das Ende war unausweichlich.

„Wie lange?", fragte zerbrochen die Patienten, einen internalen Kampf führend zwischen der Angst, durch Benennung des Zeitpunktes, die Möglichkeit zu verlieren, darüber hinaus zu existieren und einer Neugier, durch Erhalt jener Information ein wenig Kontrolle zu gewinnen.

„Vermutlich ein Jahr." Die sich unaufhaltsam teilenden entarteten Zellen würden die kritischen Organsysteme vollends infiltrieren und deren Funktion stören und irgendwann die Organe so weit geschädigt haben, dass sie ihre Arbeit einstellten.

Ein Jahr

– 365 Tage

– 8.760 Stunden.

Mehr hatte sie nicht.

Und die Frage, die sie sich stellte, war, wie sie jene ihr noch verbliebenen Tage verbringen wollte.

Sanft rauschend wog sich das glitzernde Wasser über den feinen Sand des idyllischen Strandes, welcher zu beiden Seiten von Anflügen tropischer Wälder begrenzt wurde und so einen Hauch von Schutz und Geborgenheit vermittelte. Inmitten dieser Szene saß die Frau und blickte optimistisch zum leicht gewölbten Horizont, welcher so weit entfernt lag, dass sie nicht erkennen konnte, wo das Meer aufhörte und der Himmel begann.

Jenseits dieses Irdischen wanderte ihr Verstand und breitete sich über den gesamten Planeten aus, ewiglich auf der Suche nach einem weiteren Ort, der darauf wartete, von ihr entdeckt zu werden.

Nach ihrer Diagnose hatte sie alles stehen und liegen lassen, hatte ihren Job und ihre Wohnung gekündigt, ihr Hab und Gut verkauft, um von dem angesparten Geld ihren Traum zu leben, zu verwirklichen. Dies bedeutete nicht, dass sie verzweifelt nach einer Heilung ihres Körpers suchte, sondern ihrer Seele, welche danach trachtete, so viele Eindrücke und Erlebnisse wie möglich in sich aufzusaugen, bevor der spirituelle Übergang stattfinden würde.

Wie viel Zeit sie noch hatte, wusste sie nicht, doch sie spürte die zunehmende Kraftlosigkeit, spontan aufkommende Schmerzen und ein allgemeines Unwohlsein, als zerreiße es ihr Corpus. Jene negativen Empfindungen versuchte sie in solchen Momenten wie am Strand zu vergessen.

Sie hatte unzählige Länder bereist: Thailand, Mexiko, Israel, Indien, Neuseeland, Japan.

Dieser Strand gehörte zu den Seychellen und erinnerte sie ein wenig an den Film „Cast Away", welcher ihr aus dem Grund gefiel, dass der Protagonist nicht aufgab, sondern die Situation des Verschollen seins nutzte.

Ein schwerer Husten erfüllte abrupt die traumhafte Stille. Schmerzerfüllt bäumte sie sich auf und spannte jeden Muskel in ihrem Körper an, die Flüssigkeitsansammlung in ihrer Lunge herausdrückend, simultan einer aufkommenden Angst unter Schmerzen und Qualen ihren letzten Atemzug zu erleben. Bilder ihrer Biografie überfluteten das fragile

Bewusstsein und rissen Teile ihres Verstandes zu den Menschen, die sie kennengelernt hatte, wie das sympathische und betagte Paar in Kyoto, bei welchem sie mehrere Wochen gelebt hatte.

Auch der aufgeweckte Junge aus Indiens Straßen, welcher sie durch Mumbai führte, zu den Orten, welche den übrigen Touristen vorenthalten wurden, da jene von deren Existenz nichts wussten. Trotz seiner erbärmlichen Lebensumstände hatte er nie sein Lächeln verloren.

Die alte Maori-Frau in Neuseeland hatte sie mit ihren Geschichten schwer beeindruckt und einen Einblick in jene beinahe vergessene Ethnie ermöglicht. Sie war dankbar dafür. Dankbar, dass jene Menschen einen Teil ihres Lebens als Geschichte mitgaben

– Erzählungen, die sich in ihr zu etwas Neuem verbanden, einer differenzierten Sicht und Teil ihrer eigenen Biografie.

Nein, es gab keinen Grund, sich zu fürchten, denn sie hatte sich ihren Traum erfüllt. Von Land zu Land war sie temporär Bestandteil anderer Kulturen und war so aus ihren Limitierungen herausgewachsen.

„Das hört sich gar nicht gut an.", unterbricht eine kindliche Stimme den Anfall der Frau, aufgeschlossen zu ihr blickend. Verwundert hebt sie ihren Kopf und erkennt einen blonden Jungen, welcher in einem schwarzen Anzug hinter ihr steht, sie neugierig ansehend, als hätte er niemals zuvor einen Menschen gesehen.

„Entschuldige, ich wollte Dich nicht verunsichern.", brechen etwas schwach ihre Worte die merkwürdig anmutende Szene.

„Das hast Du nicht. Mir tut es leid, dass ich nun so früh hier sein muss.", reagiert er kryptisch, sich ihr ein wenig nähernd, so intensiv in ihre Augen blickend, als wäre er in der Lage durch sie hindurchzublicken.

„Ich kann mir vorstellen, dass Du große Schmerzen hast, Julia.", kniet er sich neben sie.

„Ist es denn soweit?", fragt sie ihn, erkennend, dass der Tod den Weg zu ihr gefunden hat und die Zeit abgelaufen ist. Er nickt stumm und reicht ihr seine Hand, die sie nach kurzem Zögern lächelnd umschließt.

„Wird es denn wehtun?", fragt sie ihn, währenddessen sie gemeinsam in das Wasser schreiten.

„Nicht mehr als das Leben."

Fall 04X_5C51

„Als ich meine Diagnose erhielt, brach eine Welt für mich zusammen.", offenbart mit zittriger Stimme aufgelöst die korpulente Dame, umgeben von ihr unbekannten Menschen, welche im Kreis sitzend einander respektvoll zuhören.

„Ich meine, soll es das gewesen sein?" Nachdenklich erzwingt sie einen angespannten Moment des Schweigens, ehe sie sich wieder emotional fasst und weiterspricht:

„Ich hatte noch so viele Wünsche und Träume."

Bestätigend nicken ein paar der Anwesenden und stimmen nonverbal ihrem Gefühlsleben zu, erinnert an ihre eigenen tragischen Schicksale, die allesamt ein gemeinsames Ende finden werden:

den Tod.

„Seit der Diagnose von sechs Monaten hocke ich zu Hause und vegetiere dahin, denn nichts möchte mir mehr Freude bereiten.", erweitert sie den verbalisierten Eindruck, vor ihrem geistigen Auge die Zeit verstreichen sehend und jeden Tag lag sie entweder verzweifelt auf dem Bett oder auf der Couch, ohne etwas Sinnvolles zu tun.

„Ich wünschte, es wäre einfacher.", automatisch greift sie nach einem Taschentuch und schnäuzt die Nase, währenddessen Tränen über ihre Wangen laufen und ihre

Augen rot anlaufen lassen, sodass ihr elender Anblick noch verstärkt wird.

„Danke, dass Du Dich uns geöffnet hast.", schreitet die Gruppenleiterin ein, um dem nächsten Teilnehmer die Möglichkeit zu geben, seine Gefühle nach außen zu tragen.

So war es schon immer.

Mit glasigen Augen und leichten Kopfschmerzen schleppt sich jene Frau über den grauen Asphalt, ohne Notiz von den anderen zu nehmen, denn ihre Gedanken kreisen um den Fremdkörper in ihrem Kopf, der sich unaufhaltsam vergrößert, einhergehend mit neurologischen Störungen, die mal mehr oder weniger den Alltag tangieren, doch zunehmend an Quantität gewinnen, als wären sie ein Indikator für den progredient destruktiven Prozess, den zu übersehen sie nicht möglich war, vor allem, da die Menge an Medikamenten, welche sie täglich einnahm, um jene Störungen halbwegs erträglich zu machen, sie jeden Morgen daran erinnerte, dass sie mit voller Geschwindigkeit gegen eine sich am Ende der Gleise befindende Wand fuhr.

Gerne wollte sie abspringen, um der Kollision zu entgehen, doch jenes verzweifelte Unterfangen hätte ebenso tödliche Konsequenzen und so blieb ihr nur, am Fenster zu sitzen und die vorbeiziehende Landschaft zu beobachten, undeutlich und verschwommen, eine ausreichende Orientierung verhindernd.

Außer Atem steht sie an einer Ampel inmitten unzähliger fremder Menschen, die keinen blassen Schimmer davon haben, dass eine Sterbende unter ihnen ist und blickt betrübt, mit leicht schmerzverzerrtem Gesicht zum roten Ampelmännchen, welches ermahnt, auch nur einen weiteren Schritt zu gehen.

„Wenn es doch so einfach wäre.", flüstert sie undeutlich in sich hinein, ihren eigenen Körper dafür hassend, dass er das Wachstum des Fremdkörpers in ihr zugelassen hat, dafür hassend, dass die Billiarden an Zellen, welche eigentlich nur einer Funktion folgen, nämlich sie am Leben zu halten, sich gegen sie richteten, als wäre ihre Existenz ein gewaltiger Irrtum, der schleunigst behoben werden müsste.

Doch noch eher sie jene Gedanken weiterspinnen kann, spürt sie etwas Flauschiges zwischen ihren Beinen und hört ein unscheinbares Mauzen inmitten des urbanen Trubels. Und auch wenn die großen gelben Augen jener schwarzen Katze vertrauensvoll zu ihr hinaufsehen, überkommt sie einen kalten Schauer, ein diffuses Gefühl von Kälte und Leere, welches sie instinktiv einzuordnen vermag.

„Ich kann Dir noch nicht folgen.", hustet sie angsterfüllt hervor, als gäbe es eine alternative Option, obgleich sie weiß, dass das Kommende unvermeidlich ist. Mittlerweile ist ihre räumliche und soziale Umwelt so weit entschleunigt, dass jedes fremde Individuum in seiner Bewegung erstarrt, mehr einer Skulptur als einem Lebewesen gleicht, bis auf sie selbst und das streunende Wesen, die sich jenseits der Zeit bewegen.

„Miau.", erinnert sie die Felis catus an die Bitte, ihr zu folgen, unbarmherzig und unbestechlich.

„Verstehst Du denn nicht, es ist zu früh.", jammert die betagte Todgeweihte, warme Tränen über ihren eiskalten Wangen spürend, „Ich habe noch so viel zu tun."

Ein erneutes Mauzen entfernt sich und läuft in Richtung einer unbelebten Gasse, welche in einer unheimlichen Dunkelheit liegt, obgleich die aufgewühlte Frau nicht ausschließen kann, dass jene Einschätzung der Situation geschuldet ist.

Ein langer Schatten zieht sich von der Katze zu den Füßen der Todgeweihten und zerrt ihren Körper unfreiwillig Richtung Dunkelheit, währenddessen eine warme Stimme in ihren Verstand vordringt und zu ihr spricht, als stünde jemand direkt vor ihr:

„Du hattest die Zeit, die Du hattest und Du hast sie genutzt, wie Du sie genutzt hast. Eine weitere Stunde, ein weiterer Tag veränderte nichts daran."

Schmerzerfüllt und wehleidig senkt sie ihren Kopf und spielt die letzten Monate gedanklich ab.

„Die Quantität der gegebenen Zeit korreliert nicht mit deren Qualität.", fügt die warme Stimme hinzu, sich kontinuierlich dem schwarzen Raubtier nähernd, bis Stimme und Felis catus wieder Eins sind.

Sitzend blicken ihre mandelförmigen Augen zur schniefenden Dame, welche nicht akzeptieren kann, dass ohne ausreichende Vorankündigung jetzt der Moment gekommen sei, zu sterben.

„Ich kann Dir nicht folgen.", beißt sich die latent korpulente Sterbende am Leben fest und wendet sich schwerfällig ab, mit der Intention, in der stillstehenden Masse zu verschwinden, doch augenblicklich verlässt sie die Kraft, währenddessen Teile ihres Körpers beginnen zu desintegrieren und als winzige Ascheflocken Richtung Himmel ziehen.

„Weshalb tut es so weh?", windet sie sich mit ihren letzten Kräften, versuchend, das Unvermeidliche aufzuhalten.

„Dann lass los.", flüstert es leise, währenddessen die Katze in der Gasse verschwindet.

Fall 63S_39NG

Kalt und unangenehm schneidet der winterliche Wind in die empfindliche Haut eines blassen und fahlen Gesichts, welches trüb und eingefallen in die Tiefe blickt, in der Hoffnung dort ein verführerisches Licht zu erkennen, welches die Richtung weist oder zumindest so viel Anziehungskraft, wie benötigt wird, um das Notwendige zu veranlassen.

„Ein einziger Schritt nur.", spricht sich der schlaksige Mann selbst Mut zu, seine Augen geschlossen damit hadernd seinen rechten Fuß ein paar Zentimeter über den Abgrund zu schieben, unterstützt durch die einprasselnden Erinnerungen, welche er ausschließlich mit emotionalem Schmerz verbindet, Bilder, die zu dieser Entscheidung geführt haben.

„Komm schon, Lukas, das hatten wir schon.", greift ein japanisch anmutendes Mädchen mit tief blauen Augen nach seiner Schulter und zieht sie zurück, „Du weißt, dass Deine Zeit noch nicht gekommen ist."

Etwas genervt schnauft sie ihre Worte nasal heraus, sich daran erinnernd, dass jener Kandidat in der Vergangenheit zu häufig versuchte, den Dienst des Todes in Anspruch zu nehmen.

„Ich leide, ich sterbe innerlich

– Erkennst Du das nicht?", entgegnet er verzweifelt, Argumente zu finden, welche dieses Mädchen überzeugen könnten, ihn ziehen zu lassen, denn der emotionale Schmerz hatte sich ihn vollends bemächtigt, ihm der Farbigkeit des Lebens entrissen, sodass er in einer kalten, monoton grauen und lebensfeindlichen Welt wandeln musste, die er nicht länger ertrug.

„Traurigkeit ist kein Grund, mich zu nerven.", entgegnet sie ihre Augen rollend, denn für jenes Mädchen war die Lösung so offensichtlich:

die Perspektive auf die Dinge zu verändern.

„Ich sehe Deine Trauer, ich sehe Deinen Schmerz, aber der Tod ist endgültig.", fügt sie hinzu, ihm die Konsequenzen seiner geplanten Handlung aufzeigend.

Er dreht seinen Körper erneut zum Abgrund und führt seinen Arm über die unregelmäßige Skyline jener Stadt:

„Hast Du auch nur einen Tag unter uns Menschen verbracht? Kannst Du nicht erkennen, dass wir Sklaven eines dysfunktionalen Systems sind, welches das Individuum jenseits seines natürlichen Ursprungs katapultiert?", begleitet er jene Gestik in der Hoffnung, sie würde verstehen.

„Jedes Mal stellst Du mir diese Frage und ja, ich habe etliche Leben unter dem Menschen verbracht, um zu erkennen, dass es unter all dieser Qual und Verzweiflung noch Hoffnung gibt. Denn und dies ist typisch menschlich, nimmt Du die Dinge, die Du siehst als Wahrheit wahr, doch das Leben beherbergt eine Vielzahl an Perspektiven.", geht sie auf ihm zu, seine Hand ergreifend, um augenblicklich die Umgebung verlaufen zu lassen, bis sie vor einem obdachlosen Mann stehen, welcher unter einer notdürftig reparierten Plane sitzt, mit seinem Becher um Spenden bittend.

„Jeden Tag bei Wind und Wetter sitzt er hier und obgleich es den Eindruck macht, als wäre sein Leben zerbrochen, hat er sich frei dazu entschieden, dem dysfunktionalen System zu entfliehen. Und er wird als Inspiration für andere dienen und zum Teil diese Welt verändern."

Noch ehe Lukas etwas entgegnen kann verläuft erneut jene Umgebung und katapultiert die Beiden zu einer stark oxidierten Brüstung an ein Fenster, durch welches sie einen korpulenten Mann auf einer durchgesessenen Couch sehen, welcher sich mit Junkfood eingedeckt, vollends dem Film hingibt.

„Er ist, fett, alt und hässlich, niemand bereichert sein Leben und dennoch findet er Trost in einer Illusion." Der Anblick jener korpulenten Kreatur lässt das Herz des schlaksigen Mannes schmerzerfüllt zusammenziehen und den Atem stocken, denn solch einer Lüge möchte er nicht erliegen

– er kann es nicht, denn er kennt die Wahrheit der kollektiven Dysfunktionalität.

Und erneut schwindet die Umgebung und transformiert sich zu einem Flur, an dessen Wand weinend und schluchzend ein Mann kauert, sabbernd vor Verzweiflung.

„Obgleich für ihn jede Hoffnung verloren ist, die Trauer, Einsamkeit und der Schmerz vollends Besitz ergriffen haben, hat er beschlossen für seinen Sohn zu leben, um ihm der Vater zu seiner, den sein Sohn verdient hat.", erklärt sie die herzzerreißende Szene und deutet auf das schlafende Kind hinter einer halb geöffneten Tür, scheinbar ausgeglichen und zufrieden im Traumland wandelnd.

„Wie Du siehst, ist Verzweiflung kein ausreichender Grund, die Dir gegebene Zeit zu kürzen.", zerrt sie ihn aus dem Flur, zurück auf das Dach weit über dieser grausamen Stadt.

Mittlerweile hat sich der Wind gelegt und bietet goldenen Sonnenstrahlen die Möglichkeit, durch die sich auflösenden Wolken jene Welt in ein majestätisches Gold zu tauchen.

„Unzählige flehen mich an, ihnen und sei es nur einen einzigen Tag zu schenken. Doch Du stehst hier mit Deiner Trauer und wirfst das Potenzial der Veränderung weg, als wäre es Dreck.", blickt sie ihn ernst in seine trüben Augen.

„Ich möchte solch ein Gespräch nicht noch einmal führen. Hast Du verstanden?", schüttelt sie ein wenig an seiner Schulter, gewillt jene Situation zu verlassen, denn unzählige Menschen warten auf ihr Erscheinen, um ihren letzten Atemzug in vertrauter Zweisamkeit zu machen.

Starr blickt der schlaksige Mann auf das Mädchen, welches sich von ihm abwendet, doch noch eher sie gänzlich verschwinden kann, greift er nach ihrer Hand und lässt sich rückwärts das Dach hinunterfallen, ein triumphierendes Lächeln auf seinen Lippen, begleitet von einer einzigen Träne, die hoffnungsvoll im Sonnenlicht funkelt.

„Leb wohl, Lukas."

 //:Network

//:initiate

Im Nachhinein betrachtet ist die unaufhaltsame Transformation der Menschen seit der Einführung des ersten Smartphones, dem iPhone von Apple am 29. Juni 2007 und der daraus angestoßene Optimierungsprozess hin zu immer leistungsstärkeren Kommunikationsgeräten ersichtlich, doch damals blickten die naiven Individuen einfach nur hell auf begeistert auf die unendlichen Möglichkeiten, welche mit einem internetfähigen Kleingerät geebnet wurden. Einfach immer erreichbar sein. Einfach immer Zugang zur weltgrößten Datenbank der Menschen, so zu sagen, um letztendlich durch eine digitale Augmentation mehr Kontrolle über das Analoge zu erhalten.

Doch das Gegenteil war der Fall.

Den Vorgänger des heutigen Hives bildeten die sozialen Netzwerke wie Facebook, Instagram und TikTok, Plattformen, die es dem in Anonymität und Gleichgültigkeit, wie auch Einsamkeit gefangenen Menschen ermöglichte, sein subjektives Seelenleid in die weite digitale Welt hinauszuschreien

– Bilder von irrelevanten menschlichen Interaktionen und Notwendigkeiten.

Sie überfluteten die Netzwerke mit immensen Datenmengen und schufen ein unkontrollierbares Konstrukt an Eindrücken, welche durch die Vernetzung auf jedes Individuum einprasselten. Und allmählich erkannten die Staaten das Potenzial dieser bisher privatwirtschaftlich betriebenen Plattformen, denn jede noch so kleine Wahrheit eines Whistleblowers war in der Lage binnen Sekunden die gesamte Welt über Missstände zu informieren

– Geheimnisse aufzudecken, welche die Regierungen bemüht waren in der Dunkelheit zu belassen.

Und so fing es zunächst schleichend an.

Digital Service Act, Computer Fraud and Abuse Act, etc.

Unter der Prämisse das Individuum vor allem vor Desinformationen zu schützen und Kinder vor Missbrauch, griffen die Staaten immer weiter in die freie Meinungsäußerung ein und verringerten jene Äußerungen, welche Straffrei getätigt werden konnten. Gleichzeitig ermöglichten sie das Scannen von Kommunikation jedes einzelnen Individuums

– und die Bürger: Sie applaudierten.

Sie begrüßten die freiheitseinschränkenden Maßnahmen, denn es wäre ja zu ihrem Schutz. Simultan arbeiteten die Staaten daran, die privatwirtschaftlichen Netzwerke gleichzuschalten und zu einer gemeinsamen Plattform zu vereinen, welche zukünftig durch die Regierungen betrieben und kontrolliert werden würde

– doch dies wusste zu diesem Zeitpunkt noch niemand, denn die Menschen waren zu abgelenkt.

Zum einen von der exorbitant steigenden Informationsflut und zum anderen, weil die bisher externen Geräte eine Revolution erfahren hatten.

Es war nun nicht nur möglich die Geräte direkt als Bioimplantat in den Körper zu integrieren und somit das lästige Aufladen und mit sich Herumschleppen zu beseitigen, sondern im Zuge wissenschaftlicher Erkenntnisse zur direkten Verbindung zwischen neurologischen und elektronischen Strukturen, die Informationen unmittelbar in das menschliche Bewusstsein zu transferieren. Der Mensch wurde selbst zu einem Smartphone

– immer verbunden, immer vernetzt, immer manipulierbar.

Natürlich ließ es sich ein Großteil der Bevölkerung nicht nehmen, trotz ersichtlicher Proteste von u.a. Datenschützern, jene Neuralinks zu begrüßen, denn es hieß, dass lästiges Lernen ab jetzt für alle Zeit unnötig würde, Professionen, Handbücher, selbst Sprachen konnten binnen kürzester

Zeit in das Bewusstsein des Menschen geladen werden und jedes Individuum, in seiner Geltungssucht und der Affinität nach Kontrolle wollte jene Möglichkeit nutzen, um die innere emotionale Leere mittels digitaler Informationen zu füllen.

Und die Regierungen taten ihr Übriges, um jene Zweifler zu überzeugen, sich dem Network anzuschließen. Zwar gab es keine gesetzliche Integrationspflicht, doch der gesamte Bildungssektor war abgebaut worden, Zeitungen und analoge Medien so weit minimiert, dass jedes nicht angeschlossene Subjekt keinen Zugriff mehr auf Informationen hatte. Darüber hinaus war der soziale Druck immens, denn physikalische Treffen waren im Zuge einer ausufernden Bequemlichkeit beinahe nur noch in der digitalen Metawelt realisiert worden, sodass eine progrediente soziale Isolation Nicht-Integrierter letztlich dazu führte, dass sich die restlich verbliebenen dem Network anschlossen.

Dies war im Jahr 2043. 95 % der Menschen waren vernetzt, Zeit für die Regierungen, ihren über Jahrzehnte im stillen durchgeführten Plan in die Endphase überzuleiten. Nicht nur, dass die Regierung einen unmittelbaren Zugang auf die Gedanken eines jeden Nutzers hatte und somit Querdenker isolieren und selektieren konnte, die Informationen, welche in das Network geladen und verteilt wurden, durchliefen einen per KI unterstützten Filter, was dazu führte, dass ein jeder Mensch nur noch die Nachrichten erhielt, welche der Staat als unschädlich erachtete. Die totale Gleichschaltung eines jeden Menschen hatte stattgefunden und anstatt grenzenlose Freiheit in der Metawelt zu erhalten, hatte jeder Verbundene sich digitale Ketten angelegt, verdammt dazu, als willenloser Sklave den Machtanspruch der Elitären zu festigen.

//: run

Es ist still.

Es ist still und dunkel.

Regungslos liegt ein erschlaffter Körper auf einem mehr oder weniger bequemen Bett, seine Augen geschlossen und schläft. Man könnte annehmen, dass im Zuge ausgelebter

Somnolenz externe Reize nicht das Bewusstsein erreichten,
doch in diesem Augenblick

    – in diesem Moment wird sein Verstand von Informationen überflutet.

Unsichtbar mit dem Netzwerk verbunden, infiltrieren
die neuesten Vorschriften und Richtlinien das Über-Ich, jene
kognitive Ebene, welche für Moral und Ethik, sowie für externale Anforderungen zuständig ist. Die Wünsche und Bedürfnisse können nicht infiltriert werden, denn sie existieren nicht
mehr. Brachial wurden sie dem Verstand entrissen, um jenen
Mann zu einem willenlosen Sklaven der dekadenten Elitären
zu transformieren. Er ist nur noch in einer Hinsicht für sie
wichtig:

als Kapitel generierende Arbeitskraft.

Automatisch steht er ohne ersichtliches Zutun auf. Er
kennt den minutiös, durchplanten Ablauf und arbeitet jenen
Schritt für Schritt ab. Sich waschen, Zähne putzen, sich anziehen, hochindustrialisiert verarbeitete Nahrung aufnehmen,
die Wohnung verlassen. Keine Zeit für ein ruhiges Innehalten,
für ein Reflektieren und selbst wenn es die Zeit zuließe, so
wüsste jenes Geschöpf nichts mit ihr anzufangen, denn er hat
nie gelernt, eigenständig zu denken. Das Network hat jene
Aufgabe übernommen. Nie ist er alleine, denn all seine Gedanken sind Teil eines Großen, wie auch das Große, Teil seiner
Gedanken ist:

untrennbar verbunden.

Während unzählige Stimmen in seinen Verstand hinein flüstern, meist wohlwollende Worte zu jenem System,
reiht er sich in die sich stumm über den grauen Asphalt marschierende Masse ein, geht darin unter wie ein Wassertropfen
im Meer. Er ist einer von ihnen und als fester unkritischer Bestandteil verstärkt er das System, welches sich keiner Reflexion mehr ergeben muss, denn es wird als omnipräsent und
omnipotent wahrgenommen. Die gleiche Kleidung, die gleichen Häuser, die ewig gleiche Mimik, als wäre jeder andere
Mensch eine vollkommene Kopie seiner selbst.

Doch in jener Fusion erfreut sich jeder seiner subjektiven Bedeutungslosigkeit, denn das Kollektiv an sich funktioniert nur reibungslos und störungsfrei. Keine Kriminalität, keine Gewalt, keine Demonstrationen oder andere Meinungen prägen den Alltag. Jedes Subjekt ist ein klitzekleines Zahnrad in einem gigantischen Getriebe einer Maschinerie, deren Sinn ein niemand zu überblicken vermag. Sicherlich mag es an der Spitze dieser Gesellschaft Individuen geben, welche die Geschwindigkeit und die Richtung vorgeben, doch wer sie sind und welche Absicht sie eigentlich verfolgen ist vollkommen bedeutungslos, denn weder wird das Leben anderer reflektiert, noch die eigene Existenz. Jeder sich aufbäumende Gedanken ist binnen Millisekunden ausgemacht und durch eingespeiste Datenströme gelöscht.

Für Außenstehende mag jene Gesellschaftsform ein Horror sein und doch es war jeder einzelne Mensch, der sich einst freiwillig dazu erklärte, jenem Hive beizutreten. Die Anzeichen waren da:

Die Smartphones, die Vernetzung, Neuralink und die kontinuierlichen Lügen der Regierungsführer, deren Dekadenz.

Irgendwann hatte sich ein jeder an diese Zustände gewöhnt, sodass keine Kritik mehr zu hören war bis auf ein teilnahmsloses Schulterzucken. Man tröstete sich mit der Pseudowahrheit, dass es schon immer so war und sich auch nie ändern würde und was sollte ein einzelnes Individuum schon gegen die ungebremste Machtausübung der Elitären aufbringen? Man tröstete sich damit, dass das eigene Leben ja gar nicht so schlecht sei

- man hatte ein Dach über den Kopf, Essen, Ablenkung durch die Metawelt

- es war egal und der Wunsch über sich hinauszuwachsen war innerlich selbst bekämpft worden, um nicht an der Wahrheit zu zerbrechen.

Nun gab es nur noch eine Wahrheit. Die Wahrheit des Kollektivs, gesteuert durch die Mächtigen.

Ausdruckslos blickt der Mann über Tausende von gleich aussehenden Schultern und Hinterköpfen von Passanten, welche alle im gleichen Rhythmus über das Grau marschieren, jeder mit seinem individuellen Arbeitsziel, wie er selbst. In der Ferne ist bereits seine Arbeitsstelle zu erkennen

– sie befindet sich inmitten eines gigantischen Hochhauses, vielleicht das Größte in dieser Stadt, doch dies war für jeden Einzelnen nicht von Belangen.

Schönheit, Design, Architektur, Kunst und Kultur waren zum Erliegen gekommen, denn sie verführten den Verstand dazu, eine alternative Perspektive auf die Dinge zu ermöglichen. Aus diesem Grund wurden bereits vor dem Network nur gewisse „Kunstwerke" staatlich unterstützt, die gesellschafts- und regierungskritischen waren jedoch von je her ein Dorn im Auge und wurden als Ketzerei oder Querdenkertum diffamiert.

Denn wenn man die Wahrheit zur Lüge erklärte und die Lüge zu Wahrheit, so neigten die Menschen immer dazu, die Unwahrheiten anzunehmen, da sie bekömmlicher für das psychische Gleichgewicht waren. Letztendlich würde eine einzige Wahrheit in der Lage sein, das gewaltige Lügenkonstrukt einstürzen zu lassen und so schützten die Regierungen ihre Bürger vor Falschinformationen

– so glaubte es jeder. In diesem Moment gibt es nur noch einen Glauben, nämlich den, welcher sich aus dem staatlich kontrollierten kollektiven Konsens ergibt.

Und niemand bezweifelt dies.

Ungewohnt in diesem gleichmäßigen Menschenstrom, der sich koordiniert durch die tristen Straßen bewegt, streift eine schwarze Katze die Beine des Mannes und hinterlässt eine kurze Verwunderung über das eben Passierte, welches schlicht und ergreifend unmöglich ist.

Denn es existiert kein Chaos.

Noch ehe der kollektive Wille bemüht ist, das Geschehene aus dem Gedächtnis zu löschen, kommt ein leichter Schmerz in den Beinen des Mannes auf

– nicht so stark, dass er besorgt ist, doch zumindest so deutlich, dass sein Bewusstsein ein paar Momente beschäftigt ist und eine Reihe von Gefühlen und Bildern aufkommen lässt, welche in ihrer Qualität und Art vollkommen neu für seinen Verstand sind, denn letztendlich kommen sie nicht aus dem Netzwerk, sondern aus einem bisher tief verborgenem Inneren, welches beginnt immer kräftiger aufzuschreien, währenddessen die unzähligen Stimmen des Kollektivs erlöschen und eine bedrohliche Einsamkeit erzeugen.

Irritiert sieht sich der Mann um und bemerkt, dass sein Gang nicht mehr dem typischen Muster gleicht, er aus dem Takt geraten ist.

„Wie kann das sein?", fragt er sich, bemüht, die einströmenden Reize zu sortieren und zu verstehen, denn es sind viele. Der leicht orange-violette Himmel über den sterilen Dächern dieser grauen Stadt, unzählige filigrane Lichtstrahlen, welche sich an den Gläserfronten der Häuser brechen, die leicht verzerrten Reflexionen der Umgebung in den vom vergangenen Regen übrig gebliebenen Pfützen. Seine Pupillen reißen sich von einem Fixpunkt zum anderen, währenddessen seine Ohren jedes noch so kleine Geräusch aufnehmen und in ihrem Chaos nach einem melodischen Muster suchen, einem Takt des Lebens. So viele Dinge, die vor wenigen Momenten noch irrelevant waren, ausgeblendet durch das Filtersystem des Networks.

Von hinten stoßen immer wieder sich vorbei quetschende Menschen an seine Schultern und verlieren sich in der grauen und gleichmäßig wandernden Masse, die sich unaufhaltsam Richtung Horizont schiebt, dort, wo der gigantische Beton-Stalagmit auf seine Arbeitssklaven wartet. Und obgleich so viele Existenzen auf der Straße wandeln, ist das eintretende Gefühl tiefer Leere und Einsamkeit dermaßen stark, dass es seinen Brustkorb gefährlich verengt und er zum ersten Mal in seinem Leben ein Gefühl vernimmt:

Trauer.

Schwer liegt diese kalte Dunkelheit auf ihm, zu erkennen, welch Beschaffenheit diese Welt angenommen hat. Er kann nicht wissen, wie sie einst war, was Freiheit ist, doch dieser Mann spürt intuitiv, dass etwas nicht stimmt, denn es läuft den menschlichen Trieben entgegen.

Unbeholfen stolpert er aus der trabenden Masse und drückt sich an eine kalte Betonwand eines Bürogebäudes, beinahe ängstlich zu den vorbeiziehenden Menschen blickend, die ebenso argwöhnisch seinen Blick erwidern, denn er fällt aus der Reihe und offensichtlich scheint er ihre Gedanken nicht zu hören, denn er reagiert nicht auf sie

– agiert nicht im Zuge ihres kollektiven Willens sich einzureihen und unreflektiert der Masse zu folgen, so wie es die Regierung verlangt.

Desorientiert ohne die erziehende Hand der Elitären weiß er nicht weiter, kann die für ihn vorbestimmte Richtung nicht ausloten, als wären die eigenen Bedürfnisse eine gewaltige Phalanx des Ungehorsams und der Unsicherheit.

„Gemeinsam stark!", schmückt unnötige Propaganda die unzähligen Werbeflächen entlang der Straßen, um dem Individuum unter die Arme zu greifen, jene vorbestimmte Richtung auch nicht nur für eine Sekunde zu vergessen, wobei unter objektiver Betrachtung das Vergessen längst eingetreten ist. Die Vergangenheit ist fort, die Menschlichkeit ist dem industriellen Konsens gewichen, ein jeder hat sich selbst verloren und nun, in einer Zeit, in welcher ein jeder dem Network folgt, ist die hiesige Dependenz dermaßen internalisiert, dass jede Art freiheitlichen Denkens, welches ursprünglich als normal empfunden, eine schiere Qual für das Subjekt bedeutet, welches sich in jenem äußerst unangenehmen Zustand nichts sehnlicher wünscht, als zurückzufinden zur Gemeinschaft, sei sie auch noch so dysfunktional.

„Miau.", sieht mit vertrauensvoll großen Augen die schwarze Katze auf das sich schmerzvoll aufbäumende Männlein, begleitet von einem beruhigenden Schnurren in einer angenehm brummenden Frequenz. Und als sie sich seiner

Aufmerksamkeit gewiss ist, führt sie jene verlorene Seele entlang einer abgeschiedenen Gasse zu einer längst vergessenen Tür eines hohen, monoton eckigen Gebäudes, um mit ihrer rechten flauschigen Pfote am erodierten Metall zu kratzen, als wolle sie um Eintritt bitten. Verstehend, dass dieses Tier ein möglicher Ersatz für das verlorene Kollektiv ist, beschließt er, ihrer Intuition, nein, ihrem Wunsch zu folgen und drückt die ächzende Klinke Richtung Boden, begleitet von schwallartig aufkommenden Gefühlen und Eindrücken, welche in dieser Einsamkeit ein wenig an Intensität abnehmen, begleitet von einer latenten Sicherheit nicht mehr alleine und selektiert zu sein.

Dunkel und verlassen ist das Treppenhaus, welches sich etliche Meter in die Höhe schraubt und jedes noch so kleine Geräusch durch dessen quadratischer Konstruktion ewiglich reflektieren lässt, um als Echo die Vergangenheit immer wieder in die Gegenwart zu tragen.

Und dann erreichen Sie gemeinsam nach einer endlosen Wanderung durch die Dunkelheit das Dach. Gülden legt die aufgehende Sonne die oberen Stockwerke dieser Stadt in ein faszinierendes Farbenspiel, als wäre jedes Hochhaus zu einer brennenden Fackel mutiert, leuchtend für die Individuen, welche den Mut aufbringen, ihren Kopf zu heben und zu erkennen. Diese Welt war ein gewaltiges Uhrwerk, das unermüdlich arbeitete. Und er war als Ausgestoßener kein Teil mehr dieses Wahnsinns. Schwer hob er seine Hand zu seinem schmerzenden Brustkorb, die Wahrheit in sich bändigend, dass er alleine rein gar nichts ausrichten konnte, jene progrediente Zerstörung aufzuhalten. Er vermisste die unzähligen Stimmen und selbst die andauernde Propaganda durch das Network. Nein, er konnte nicht ohne es leben

– er wollte es auch nicht.

„Lieber gefangen, mit allen zusammen, als frei und einsam.", schien sein schwarzer Begleiter zu schnurren, neugierig auf den harten Asphalt der Straße blickend.

Entschlossen folgt er ihrem Blick zum Abgrund und erhält zum letzten Mal in seinem Leben eine eigenständige Intention.

Kolosseum

Gladiatoren

Es riecht nach Schweiß

– Schweiß und Blut unter der sengenden Hitze einer am Zenit stehenden Sonne, welche die dunklen Schatten direkt unter die Körper wirft und somit keine Möglichkeit bereitstellt im Schutze der Sonnensegel etwas Abkühlung zu erfahren, doch das sollen die Menschen an diesem Ort auch nicht.

Das Blut kocht unter der Anspannung zwei sich gegenüberstehender Männer, definierte Muskulatur unter gebräunter und von der Vergangenheit gezeichneter Haut, welche sich teilweise unter der mitgenommenen Lederrüstung verbirgt. Angespannt umklammern die kräftigen Finger den Griff ihrer Schwerter, welche im Sonnenlicht grelle Streifen in die Umgebung reflektieren, als wäre jenes Phänomen ein Indiz für die tödliche Schärfe der Klingen, die unersättlich danach dursten, fremdes Blut zu trinken.

In angespannter Pose sehen sie sich durch ihre metallenen Masken unbequemer Helme an. Sie können die Mimik ihres Gegenübers nicht erkennen; zu sehr verbergen sich die Augen im Schatten des heruntergeklappten Visiers, doch sie erahnen eine in Hass verzerrte Fratze, mit kräftig aufeinander gedrückten Kiefern.

Die Wahrheit ist, Angst steht im Gesicht

– die Angst an diesem Ort und bei diesem Kampf zu sterben, denn es kann nur einer von ihnen überleben und die Götter werden darüber entscheiden, wer es sein wird.

Zu viele Duelle haben sie bereits gefochten, um an diesem Ort und in diesem Moment zu scheitern. Mental klebt das Blut unzähliger unterlegener Gegner an ihren Händen und an ihrer Rüstung, Blut, das sie vergossen haben, um zu überleben, weiterzukommen, solange, bis der mitfiebernde Pöbel das hölzerne Schwert fordert und sie ihre Freiheit gewinnen.

Doch die Freiheit eines Menschen kostet die Existenz eines anderen. So war es schon immer. Herrscher und Beherrschte, Sklaven und ihre Besitzer, denn der Wohlstand nährt sich nicht aus sich selbst heraus; nein, er muss irgendwoher genommen werden und dies sind nun einmal die ärmsten Menschen ohne Macht und ohne Schutz.

Majestätisch steht der Kaiser auf seiner bedachten Tribüne, währenddessen unermüdlich unübersehbar hübsche Sklavinnen Wind zufächeln, ein weißes quadratisches Tuch in der Hand haltend, welches leicht in der Brise ungeduldigen Proletariats weht, darauf wartend, die Spannung in seinen Fingergelenken zu lösen und das Tuch zu Boden gleiten zu sehen, denn dann, wenn es den aufgeheizten Stein berührt, beginnt das Duell der Gladiatoren und die Meute kann es kaum erwarten für ein paar Minuten all ihre Sorgen zu vergessen, denn inmitten dieses Kolosseums existieren zwei Menschen, die ein weitaus schwierigeres Los gezogen haben.

Nervös schwenkt der Blick zu diesem stolzen Mann und dem wedelnden Tuch, in der Hoffnung, den Fall nur ein paar Millisekunden früher zu erkennen und so einen Vorteil beim Angriff zu erlangen, denn vielleicht genügt diese kurze Zeitspanne den Feind zu überraschen und einen tödlichen Treffer zu landen. Ein riskantes Unterfangen, denn wenn der Verstand abgelenkt ist und der Blick auch nur eine Sekunde zu lang an der Tribüne haftet, ist es aus mit dem Vorteil und der Gegner hat seinen Angriff ausgeführt.

Zweischneidig wie die Schwerter, welche als Verlängerung des Willens in dieser Arena Recht sprechen.

Unvermittelt löst sich der Griff des Kaisers inmitten aufgeheizter Rufe des Pöbels und die kurze Nachlässigkeit geht über in internale Reue, nicht besser aufgepasst zu haben. Reflektorisch hebt sich der rechte Arm und wehrt den kraftvollen Hieb des anderen ab, begleitet von einem kurzen schmerzerfüllten Aufschrei in Folge der brachialen Wucht, die sogleich eine Kerbe in die säuberlich geschärfte Klinge drückt.

Mit etwas Glück kann jene aufgenommene Energie genutzt werden. Die Klinge kreisförmig um den Körper geführt, mündet die Abwehr in einem kraftvollen Stoß, währenddessen die Umgebung vollends verschwimmt und die anfeuernden Rufe zu einem ohrenbetäubenden Grollen verschmelzen, in welchem nicht mehr unterschieden werden kann, welchem der Kämpfer der Applaus gilt.

Auch der Gegner scheint in seiner Angst seine gesamte Konzentration in diesen Klingentanz gelegt, denn ahnend, welche Bewegung aus der Abwehr folgen möge, rotiert er seinen Körper aus dem Schlagbereich und holt zu einem horizontalen Hieb aus, welcher bei Gut Glück den Lendenbereich des Gegenübers trifft. Es ist das durch die existenzielle Angst ausgeströmte Adrenalin, welches die Zeit verlangsamt und schier geballt Kräfte und Beweglichkeit aktiviert, dermaßen agil und flink, dass die glänzenden Klingen während ihrer blitzartigen Tänze beginnen, hochfrequent zu klirren. Doch beide tragen jene Angst in sich und beide sind bereit ihr Bestes zu geben, denn ein Fehler bedeutet den sicheren Tod. Noch glauben sie daran, dass die Entscheidung über ihr Ableben ihnen und ihren Fähigkeiten unterliegt und genau deshalb haben sie vor diesem Turnier mehr als üblich trainiert. Schneller und besser

– dies verlangt dieses blutige Ritual.

Ebenfalls ausgewichen, stehen sich beide Männer beinahe Rücken an Rücken gegenüber, kognitiv durchspielend, wohin die Klinge als Nächstes schneiden wird. Schweiß tropft in die Augen und erzeugt ein äußerst unangenehmes Brennen, welches danach verlangt, kurz die Lider zu schließen.

Beide kämpfen gegen diesen Reflex, denn er hieße, dass sich die Augen nicht mehr öffnen werden.

Pöbel

„Bitte, nur ein paar Asse.", fleht der ausgetrocknete und kachektische Mann, unterwürfig an einer Häuserwand sitzend, verzweifelt zu den vorbeigehenden Menschen blickend, innig hoffend auch nur für einen Bruchteil einer Sekunde Blickkontakt herzustellen, denn dies bedeutete, dass jene Passanten ihn wahrnehmen und ihrem Gewissen nicht mehr einreden können, unbehelligt vorbeizugehen. Nein, Blickkontakt bedeutet eine aufgeladene Schuld, ein Appell an das Gewissen, auch wenn dies in diesen Straßen im höchsten Maße strapaziert wird, denn jener Mann ist nicht der einzige.

Es sind bittere Zeiten für das einst glorreiche Rom, welches seit Wochen hungert, denn die Korruption ist in den Senat hinein metastasiert mit dem Resultat, dass der Erhalt oder Ausbau eigener Macht und Privilegien mehr im Fokus steht, als die Bedürfnisse des allgemeinen Pöbels zu thematisieren. Hier und da werden Allianzen geschmiedet und kritische Stimmen gemeuchelt, ein Prozess, welcher so viel Aufmerksamkeit und Energie verlangt, dass das alltägliche demokratische Geschehen immer weiter in den Hintergrund rückt und die ersten Proteste durch die verdreckten Gassen flüstern.

Nicht ausreichend, um eine ernsthafte Gefahr für das politische Herrschaftssystem darzustellen, doch soweit wahrnehmbar, dass der Senat und die Magistrate nicht darüber hinwegsehen können.

Seit mehreren Tagen nun kauert jener Mann verzweifelt an jener belebten Straße, mit jeder weiteren Stunde den unaufhaltsamen Tod näherkommen spürend

– es ist das tiefe Stechen in seinem leeren Magen, der unerbittlich nach Füllung schreit.

Es fehlt die Kraft, die Ursache für diesen Zustand zu erkennen, zu abgelenkt ist das Bewusstsein, welches sich auf das Fundamentalste überhaupt reduziert:

einfach nur zu überleben.

Und dies bedeutet jenen ärmlichen Zustand anzunehmen und um Hilfe zu ersuchen, sei es in Form von Nahrung oder etwas Geld, auch wenn jenes im Zuge allgemeiner fehlend verfügbarer Nahrung kaum Linderung verschafft, doch an irgendetwas Hoffnungsvolles muss sich unerbittlich geklammert werden.

Müde blickt er in das teils zerborstene Tongefäß,
welches sich gerade so aus eigener Kraft im Stand halten
kann und sieht die vereinzelt funkelnden Metallstücke. Vielleicht mag deren Anzahl ausreichen, einer weiteren Affinität
nachzugehen:

Ablenkung von jener eigenen Tragödie.

Denn dafür hat der Kaiser gesorgt. Brot und Unterhaltung. Jetzt ist es nur noch die Unterhaltung, welche im Verlauf der Zeit immer exzessiver und eindringlicher die sich an
das Extreme adaptierten Bürger zu begeistern vermag. Und
so erhebt er sich in froher Erwartung an das heutige blutige
Schauspiel im Kolosseum.

„Und heute präsentieren wir euch im Zuge des Be-
ginns der 100 Tage andauernden Spiele das Spektakel, auf das
ihr alle gewartet habt.", leitet der Sprecher heiter und wohl-
genährt das Aufeinandertreffen zwei wohlbekannter Gladiatoren an, begleitet vom Beifall der aufgehetzten Masse, die
stellvertretend für ihren Frust projizierend Blut fließen sehen
möchte. Ihr Leid übertragen auf das kalte und glänzende Metall, das mühelos das pulsierende und arbeitende Fleisch zer-
trennt, die Kämpfer aufschreien lässt, als stünden sie inmitten
des ovalen Schauplatzes, bereit, ihrem Hass eine physikalische Form zu geben.

Welche persönlichen Schicksale sich hinter den Gladiatoren verbergen, interessiert niemanden, denn diese zu
Sklaven degradierten Kämpfer haben nur einen Zweck zu erfüllen:

die Zeit zu füllen und mit etwas Glück den eigenen
Geldbeutel.

Denn von je her werden die Spiele von Wetten begleitet, welche vorgaukeln, noch die Ärmsten mit nur genügend Glück in den Reichtum zu katapultieren und so wird das
Hab und Gut zur Wettstelle gebracht, in der Hoffnung der eigenen Armut zu entfliehen, selbst in Dekadenz zu leben, währenddessen der Großteil der Bevölkerung hungert. Es fehlt die
notwendige Reflexion zu erkennen, dass das System an sich
dysfunktional ist und es kein Arm und Reich geben dürfte,

genauso wenig wie einen herrschenden Imperator und ein be-
herrschtes Volk, welches sich seinem Willen unterwirft, unterstützt vom Senat, welcher einfach nur ein Stück vom fetten
Kuchen abbekommen möchte.

Angespannt verfolgt der ausgehungerte Mann aus
einem der hinteren Sitzreihen den Schwerttanz, welcher aus
jener Entfernung nur mit äußerster Anstrengung zu erkennen
ist. Das Klirren aufeinander treffenden Metalls, die expandie-
renden kleinen roten Farbpartikel heraustretenden Blutes
vermögen es, den Verstand vollkommen zu vernebeln. Rücken an Rücken stehen sich diese Männer gegenüber, kurz
innehaltend, welche Taktik angewendet werden sollte, um den
Gegner niederzustrecken.

Einer von beiden muss sterben, ein Opfer muss es
geben, damit im Zuge der eingereichten Wette entweder Verlust oder Gewinn folgt. Und dies mag der Augenblick sein,
welcher darüber entscheidet.

Grazil rotieren beide Körper mit ausgestrecktem
Arm und haltendem Schwert aufeinander zu, der Eine führt
jene Klinge in Höhe des Halses, um den Kopf des Anderen ab-
zutrennen, doch der andere Körper schwingt in sich ducken-
der Haltung sein Metall nicht in selber Höhe, um jenen Schlag
abzublocken, sondern lässt es wenige Zentimeter über dem
staubigen Sand gleiten, mit der Intention die ungeschützten
Füße zu treffen.

Und währenddessen die eine Klinge in das Nichts
schwingt, löst die andere Klinge das angespannte Fleisch
oberhalb des Knöchels vom Knochen und lässt dessen Besitzer schmerzerfüllt auf die Knie zusammensacken.

Herrscher

„Was bringt Euch heute zu mir?", spricht desinteressiert, beinahe teilnahmslos der wohlgenährte Liegende zum
Heraneilenden, währenddessen frische Weintrauben den Weg
zum Mund des Fragenden finden und sogleich kräftig zerdrückt werden, sodass unappetitlich der süße Saft aus der
schleimigen Mundhöhle spritzt. Keines Blickes würdig,

lausch der sich gütlich Tuende den beinahe ängstlichen Worten.

„Das Volk hungert.", spricht er das offensichtliche aus, auf das festliche Bankett auf dem niedrigen Tisch vor dem Speisesofa seines Kaisers blickend, bestehend aus Feigen, Trauben, Äpfel, Pflaumen, Pfau und andere Köstlichkeiten von denen die Bevölkerung nur träumen konnte. Sie wäre bereits mit etwas Getreide zufrieden.

„Und was hat das mit mir zu tun?", entgegnet gelangweilt der etwas adipöse und schlaffe Körper des Essenden zwischen dem unüberhörbaren Schmatzen, als wäre jene Information mit dieser Aussage erledigt.

„Nun, ein hungerndes Volk ist ein aufgebrachtes Volk; eine Menge, die nur schwer zu kontrollieren ist.", baut der Vortragende eine schlüssige Argumentationskette auf, sich auf eine beschwerliche Debatte einstellend, auch wenn das Ergebnis von vornherein feststeht, denn egal was sein Herrscher in seiner Befindlichkeit auch entscheidet oder nicht, ist Gesetz.

Nur manchmal liegt es am Senat, dem Kaiser so weit einen Vorschlag zu unterbreiten, dass jener zum Vorteil des Herrschers interpretiert wird, auch wenn das nicht immer der Fall ist. Doch in den letzten Jahren sind jene gewählten Repräsentanten des Volkes kontinuierlich geschwunden, sodass die Sorgen des Pöbels, wenn überhaupt, nur noch beiläufig das Gehör ihres Imperators erreichen. Heute ist ein solcher Tag und jene herangetragene Sorge mag mit einer gewissen Vorsicht geäußert werden, denn die Gefahr liegt nahe, bei Verstimmung des fetten Alten selbst Schaden zu nehmen.

„Was schlag Ihr vor?", erhofft sich der Liegende eine Lösung für das Problem

– eine Lösung, die billig und bequem ist.

Einige Wochen später sitzt vergnügt jener aufgedunsene alte Mann auf seinem Thron und sieht emotionslos dem gegenseitigen Abschlachten zu und auch wenn das Töten an sich einen gewissen Reiz auf ihn ausübt, hat die schiere

Menge an Wettkämpfen und Morden seine Emotionen abstumpfen lassen, sodass dieses für den Pöbel durchaus erfreuliche Spektakel bei ihm lediglich die Sorge um die damit verbundenen Kosten erzeugt. Wobei das Beschaffen ausreichender Mengen Getreides wohl teurer geworden wäre.

„Und das nur, damit sie kontrollierbar bleiben.", zischt er zwischen seine geschlossenen Lippen, währenddessen sein Blick über die erregte Menge gleitet, als einer der Gladiatoren vor Schmerzen schreiend auf seine Knie fällt und somit das Ergebnis dieses öden Wettstreits getroffen ist.

Wieder ein weiterer Toter, erneut ein weiterer Sieger, welcher eventuell die Herzen des Pöbels gewinnen konnte.

Schwer atmend, noch immer unter Einfluss des Adrenalins, steht er neben dem Knienden, welcher weiß, dass er in wenigen Augenblicken das Elysium betreten wird, auf eine andere Weise frei, in einer Welt, in welcher keine schweren Ketten seinen Leib zum Grund ziehen. Und vielleicht ist dies gar nicht die schlechtere Alternative, nur noch weiß er es nicht. Noch klammert er sich an das irdische Leben, welches trotz seiner Schwere lebenswert erscheint.

Müde und kraftlos blickt er starr auf den mit Blut und Schweiß durchtränkten Sandboden, unfähig die Schmach des Verlierens emotional zu tragen, unfähig sich jenseits körperlicher Schmerzreaktionen zu rühren, denn bedrohlich liegt der Schatten seines Kontrahenten über ihm und er weiß, dass jener Gladiator auf ein Zeichen des gelangweilten Kaisers wartet.

Gnade oder Tod.

Der Pöbel scheint bereits eine Entscheidung getroffen zu haben und schreit erregt ihrem Herrscher zu, jenen Verlierer Gnade durch Tod zu gewähren. Heute muss jemand sterben. Zu viel Hass, zu viel Sorgen und Verzweiflung liegt in der Luft, als dass irgendjemand ungeschoren davonkäme. Denn wenn jener gescheiterter Kämpfer nicht stirbt, so ist es jenes Herrschaftssystem und der Kaiser weiß um diesen Sachverhalt.

Stolz erhebt er sich aus seinem unnötig prunkvollen Thron und schreitet aus dem Schatten der Sonnensegel, um zur Kenntnis nehmend über die Tribünen zu blicken, auch wenn ihm jedes einzelne Individuum jenseits seines eigenen Leibes vollkommen gleichgültig ist

– so tun als ob.

Als ob die Meinung des Pöbels in irgendeiner Weise relevant für ihm wäre, auch wenn er insgeheim weiß, dass mit der allgemeinen Stimmung seine Herrschaft steht oder fällt; das Gute ist:

Der Pöbel weiß nicht um seine Macht und er soll es auch nie erfahren.

Mit ausgestrecktem rechtem Arm, seine Hand zur Faust geballt und den Daumen abgespreizt, zögert er die längst getroffene Entscheidung heraus, nur damit sich die hungernden Menschen noch ein wenig mehr an der Spannung und dem Leid des Gladiators aufgeilen können.

Doch dann rotiert er seinen Daumen Richtung Boden und signalisiert damit dem Gewinner, dieses Duell zu beenden. In der Hoffnung nach dieser Exekution durch die Menge eine weitere Forderung stellen zu können, holt er sein einst glänzendes Schwert aus und verharrt einen Augenblick, bevor er den kalten Stahl in den Körper des Verlierers rammt, begleitet von tosendem Applaus der Zuschauer, welche für ein paar Augenblicke von ihren eigenen Sorgen abgelenkt waren, um nun mehr oder weniger erfreut diesen Ort zu verlassen.

Die Wenigen, die Glück haben, holen sie einen mickrigen Gewinn bei den Wettstellen, die anderen tauchen erneut ein, in eine Welt des Hungers, der Verzweiflung und der unsichtbaren Ketten.

So wie der Gladiator auch, wenn er in wenigen Tagen erneut hier stehen wird.

 Noir

Regnerische Nacht

Verzerrt und verschwommen zeichnet sich das düstere und lebensfeindliche Bild einer heruntergekommenen Stadtszene hinter dem gealterten Fenster ab, an dessen Glas dicke Regentropfen aufprallen und sich geschwind herunterstürzen, als wären sie allesamt suizidal

– gebrochen von dem Leben an diesem Ort, einem gefüllten Loch, in welchem Ratten ersäuft werden, doch die Wahrheit ist, dass sich die Ratten in den dunklen und vermüllten Gassen überaus wohlfühlen und sich vermehren, als gäbe es kein Morgen mehr.

Man kommt gar nicht hinterher, sie auszurotten. Ein Dilemma, welches nur erträglich wird, wenn der rauchige Geschmack eines Single Malt-Whiskeys die Kehle hinuntergleitet und die Sinne betäubt. Mehr bleibt einem nicht übrig, wenn man an dieser Stadt nicht zerbrechen möchte.

Dies und ausreichend Abstand.

Ich habe es wirklich versucht, habe meinen Dienst bei der Polizei quittiert, da ich die Zustände nicht mehr ertragen habe, denn meine ehemaligen Kollegen waren mittlerweile genauso korrupt geworden wie die ganzen Verbrecher und Gangster. Vielleicht, weil die Bezahlung besser ist, wenn man den Mund hält. Man darf weiterleben, solange man wegsieht und wenn ein paar kleinere Hilfsaufträge übernommen werden, kommen noch ein paar grüne Scheine dazu. An sich ein verlockendes Angebot, doch eine innere Stimme in mir hat laut aufgeschrien und mich innerlich zerrissen.

Ich musste gehen.

Und jetzt sitze ich hier in meinem eigenen Büro und sinne über die Beschissenheit meines Lebens nach, eine Zigarette nach der anderen im überfüllten Aschenbecher ausdrückend, als wären sie verantwortlich für meine allgegenwärtige Dysthymie.

Bestimmt fragen Sie sich, wofür ein gebrochener Mann in solch einer Stadt noch taugt. Nun, ich ermittle im Privatsektor; suche nach verschwundenen Menschen, auch wenn die Aussicht, sie lebendig zu finden, beinahe gegen null geht; das wissen auch die Angehörigen.

Doch merkwürdigerweise können sie erst von ihrem geliebten Menschen Abschied nehmen, wenn sie dessen kalten Körper tief in der feuchten Erde vergraben haben und den Kummer gleich mit. Ich ermögliche ihnen diesen Abschied, solange es mich nicht zu nah an die kriminellen Gruppen bringt, wenn der Preis stimmt. In der Regel tut er es, wenn nur die Verzweiflung des Auftraggebers groß genug ist und so labe ich mich an deren Trauer und Hoffnung, als wäre ich eine kleine ausgemergelte Zecke, froh darüber, dass ich niemals in den Luxus kommen werde, um irgendjemanden zu trauern, denn bis auf die Liebe zu meiner 9 mm versperrt sich mein Herz für soziale Abhängigkeiten.

Dies habe ich schnell als Polizist gelernt.

Schaffe keine Dependenzen, vertraue niemanden und Du wirst nicht verletzt, bleibst unbestechlich

– die einzige noch tugendhafte Eigenschaft in einer Welt, deren Fäden gleich einem klebrigen Spinnennetz dermaßen verwoben sind, dass die eine Person untrennbar mit unzähligen anderen betrachtet werden muss, was dazu führt, dass wenn Du einen Menschen in dieser verkommenen Welt fickst, simultan die Löcher hundert anderer füllst und zum Tropfen bringst.

Und dies nennt sich urbane Anonymität

– die, welche in Wirklichkeit nicht existiert, denn die Interaktion des Einen, hat gleich einer sich ausbreitenden Welle in einer mit Pisse gefüllten Pfütze, Auswirkung auf das gesamte Geflecht.

Wie Fliegen sind wir gemeinsam gefangen in einem Netz, das wir selbst gesponnen haben, daher ist die Frage nicht, ob man von dem achtbeinigen Monstrum verschlungen wird, sondern wann.

Schrill trillert das abgegriffene Scheibentelefon unter einem chaotischen Haufen von Akten und Dokumenten, reißt mich aus meinen melancholischen Gedanken, wie ein festsitzendes Pflaster auf der Haut. Ein emotionaler Schmerz, welcher sich erst stechend und zunehmend dumpf durch das Bewusstsein zieht und meine Hand automatisch nach dem eckigen Kasten unter dem Stapel greifen lässt, in der Hoffnung den Hörer zu ertasten, wenn der haptische Sinn nicht bereits zu sehr durch Ethanol betäubt, letztendlich ins Leere greift und dabei Blatt um Blatt die durch Nikotin und Kaffee vergilbten Beweismittel von der Tischfläche schiebt.

Der Kunststoff ist ekelhaft klebrig und zieht beinahe haarfeine Fäden, als ich ihn schließlich ergreife und zu meinem Ohr führe, der endlosen Stille eines emotionalen Vakuums lausche, inmitten einer regnerischen Nacht, welche vereinzelt bedrohliche Blitze auf die teils undichten Dächer entlädt, um die eigene Anspannung zu minimieren.

Inmitten dieses ewigen Schweigens höre ich ein ängstliches, beinahe zittriges Atmen und stelle mir vor, wie volle mit rotem Lippenstift benetzte Lippen, umrandet von der weichen Haut einer jungen zierlichen Blondine verzweifelt nach den richtigen Worten suchen, oder aber Mut, diesen Schritt zu gehen, mich zu engagieren, denn dies bedeutete, dass bereits ein Teil der Hoffnung auf ein Happy End mit der dreckigen Plörre, welche vom aufgeplatzten Asphalt auf den dunklen Straßen in die alles verschlingenden Gullys fließt, letztlich in die Vergessenheit entschwunden ist.

Doch dann säuselt eine liebliche Stimme durch die Hörmuschel und fragt, ob sie bei dem Richtigen gelandet sei, denn Sie habe die Nummer von einer Bekannten erhalten und gehört, dass ich zu den Besten gehöre; und ich warte in meiner sadistischen Dominanz eine Weile, lasse den Sekundenzeiger seine Bahnen ziehen, eher ich bestimmt antworte:

„Cleveland Meyer

- Detektiv

- Sie haben einen Auftrag für mich?"

Dunkle Gassen

Es ist ein leichtes all den in sich angestauten Hass und Ekel durch Zynismus in die Rachen Anderer zu tröpfeln, wenn man nicht erkennt, dass man selbst kaputter ist, als die beschissene Welt, die einem umgibt. Und doch sehe ich mich selbst als Produkt dieser selbstgemachten menschlichen Hölle, welche nicht durch Feuersbrünste aufwartet, sondern durch ewige Dunkelheit und allgegenwärtiger Regen. Wir alle zusammen sind ihm ausgesetzt, schleppen uns in unserer durchnässten Kleidung über den klebrigen Asphalt, ohne Sinn und Verstand, unfähig, die unsichtbaren Mauern dieses urbanen Labyrinths zu erkennen und genau deshalb existiert kein Entkommen, so sehr wir es auch und wünschen:

Wir haben diese Hölle geschaffen und wir leiden in ihr.

Kurz glüht ein verräterischer roter Punkt in der Spiegelung meiner Windschutzscheibe auf, als ich in der Dunkelheit meines Fahrzeuges an meiner Zigarette ziehe und mich mit angenehm dichtem Qualm ummantele, währenddessen meine geröteten Augen versuchen die schattenhaften Silhouetten durch das nasse Glas zu erkennen, unfähig notwendige Details zu erspähen, doch meine Intuition rät mir bei diesen Kreaturen meine Aufmerksamkeit zu fokussieren. Es könnte still sein, wären nicht die dicken Regentropfen, welche auf das schwarze Blech der Karosserie meines heruntergekommenen Ford Taunus schlagen, als wären es zu Fäusten geballte Hände, welche ihre ganze Wut an mir auslassen. Mit etwas Fantasie liegt eine bedrohliche Melodie darin, vielleicht ein leises Säuseln, eine Vorahnung des Bevorstehenden, die ich apathisch an mir vorbeiziehen lasse, badend im falschen Hochmut hochprozentigen Ethanols, welcher brennend meine Kehle hinunterfließt, um das Pochen in meinen Schläfen zu dämpfen und die traumatischen Bilder meiner Biografie, die sich tief in meinen Verstand geätzt haben.

„Können Sie mir bitte helfen?", hatte die süße, weiche Stimme dieser verzweifelten Frau mich angefleht, als wäre ich ein unbestechlicher Superheld in Cape und Maske, heroisch auf dem Sockel der Gerechtigkeit stehend.

Ein selten positives Gefühl, solch eine Macht in mir zu tragen und das Schicksal in meinen gealterten Händen zu tragen. Schließlich sagte zu, wie so oft auch davor, nur um im Nachhinein zu bereuen mehr auf meinen Schwanz gehört zu haben, als auf meinen Verstand, denn einem bin ich mir bewusst:

wären es Männer gewesen, die meine Hilfe erfleht hätten, ein leises Lachen wäre mit dem dichten Qualm meiner Zigarette aufgezogen.

So ist sie, diese Gesellschaft, unentwegt den biologischen Stereotypen folgend, auch wenn die einzelnen Individuen alles daransetzen möchten, dies zu verändern. Starke Frauen auf den Leinwänden versiffter Spielfilmhäuser, welche zu einer Karikatur ihrer selbst transformieren, weil das Cineastische zu sehr von der Realität abweicht. In der Tat habe ich das Zerbrechliche in Männern gesehen; Tränen, die aus verblassten Augen meiner Kollegen rannen, kauernd neben den durchlöcherten Leichen ihrer Kollegen, nur um anschließend ihren Schmerz im Alkohol und in Aggressionen zu ertränken. Und ich habe das Männliche in gebrochenen Frauen gesehen, welche den Mut fanden, ihre sie schlagenden Männer zu verlassen, entgegen brachial lähmender Angst, aus der hierarchischen Dependenz zu fliehen, hinein in die ungewisse raue See der Selbstständigkeit.

Dies sind die Momente, welche die wahre Natur der Biologie aufzeigen; keine Frau mit kurz geschorenen Haaren, welche eine Tommy Gun im Anschlag hält, ein Rudel bestialischer Männer niedermetzelnd.

Damit kann ich nichts anfangen

– ich will es nicht sehen, denn was wäre ich, wenn nicht der Beschützer des Zerbrechlichen?

Gäbe es jenes nicht, ich wäre arbeitslos und genauso desillusioniert, wie die im Kreis um eine brennende Abfalltonne stehenden Penner, deren Welt so klein geworden ist, dass sie die einzige Sonne inmitten des verrußten Metalls anbeten, unfähig ihre verlausten Köpfe gen Himmel zu strecken.

Solange es diese Schwäche gibt, werde ich sein und meine Aufgabe erfüllen, aus irgendeinem Antrieb heraus Gerechtigkeit walten zu lassen, da sie mir vorenthalten wurde. Ich bin ein Produkt dieser Welt, ausgespuckt aus dem verfaulten Schlund dieser regnerischen Hölle. Und als Produkt dieses Ortes, werde ich weitere Kinder, weitere Produkte dieser Stadt ausspeien und damit die Gewalt, die Kriminalität und Korruption nähren, denn dies ist es, was schon immer tief im Menschen schlummert:

die neun Sünden des Dante Alighieri.

Noch so sehr kann sich das einzelne Individuum daran versuchen, dieses schadhaft Triebhafte zu verlassen, nur um schließlich zu erkennen, dass es somit tiefer in den Sumpf hineingerutscht ist. Solche unfehlbaren Helden existieren nicht. Entweder sie sterben beim Versuch es zu brechen oder werden selbst Teil des Problems, solange bis das gesamte Kartenhaus in sich zusammenfällt und alle Sünder unter sich begräbt. Einige wenige werden jenes Beben überleben, die Hoffnung in sich tragend, eine bessere Welt zu erbauen, doch das Neue fußt immer auf dem maroden Fundament des alten Verwerflichen.

Ein ewiger Kreislauf, aus welchem der Mensch nicht entfliehen kann.

Er kann sich lediglich entscheiden, wie er seine Zeit in dieser Hölle verbringt. Entweder apathisch untergehend in der Pisse der dunklen Gassen oder strampelnd, bis irgendwann die Kraft ausgeht. Es ist egal:

so oder so wird die Ratte ersaufen, nun die verursachten Wellen an der Oberfläche sind unterschiedlich.

Ich habe für meinen Teil entschieden, ein wenig Krach zu bevorzugen, damit die anderen wissen, dass ich existiere. Dies ist mein Vermächtnis, mein Erbe, welches ich der nächsten Generation weiterreiche.

Nur noch ein wenig flüssigen Mut hineinschüttend, bevor ich die regnerische Gasse betrete.

Bericht

Mittwoch / 19:30 Uhr / Büro

Anruf einer Frau. Sie vermisst ihre Tochter seit zwei Tagen. Sei wohl am Nachmittag nicht mehr vom Spielen zurückgekommen. Die Polizei ermittle wohl – Anzeige für den Mülleimer. Die Tochter heißt Jane, 1,42 m, 11 Jahre alt, 29 kg, brünett, helle Augen. Mehr könne die Mutter nicht sagen, da wenig zu Hause. Wer sind ihre Freunde? Ich höre mich um.

Donnerstag / 07:32 Uhr / Clevelane

Habe mich in der Umgebung umgesehen – schäbig wie überall, überlaufen von Drogendealern, Tote und Vermisste sonst im Zuge von Bandenrivalitäten. Ist sie hineingeraten? Die Mutter ist alleinstehend – zerbrechlich wie ein fragiler Rosenstängel – hübsch trotz der Lebensumstände. Hat mehrere Jobs. Kindesvater sei irgendwo. Weiß sie nicht, da getrennt. Hat er das Kind entführt? Ich frage meinen Kontakt.

Donnerstag / 13:23 Uhr / Polizeirevier

Über Kontakt in der Polizei Informationen zum Vater erhalten. Als aufgedunsene Leiche im Eastriver aufgefunden, durchsiebt wie ein Käse, ein gewohnter Anblick. Die Akte der Frau ist ungewöhnlich lupenrein. Keine Vorstrafen, keine Drogendelikte, kämpft sich von je her durch das Leben. Keine heiße Spur.

Donnerstag / 18:11 Uhr / Wohnung der Vermissten

Bin in die Wohnung der Mutter eingestiegen. Eine gewisse Heimeligkeit, trotz Drecksloch. Nur Antidepressiva im Badschrank. Liebesromane! Zimmer der Tochter: klein und aufgeräumt. Ein alter, zerschlissener Teddy auf dem Bett. Habe ihr Tagebuch gefunden. Schöne Handschrift. Subtile Gedanken trotz des Alters. Erwähnt gelegentlich eine Freundin aus der Nachbarschaft. Ein neuer Anhaltspunkt.

Freitag / 7:53 Uhr / Clarkstreet

Habe Amy angesprochen, ein introvertiertes Mädchen. Macht sich Sorgen um Jane. War vermutlich die Letzte, die sie gesehen hat. Am Mittwochnachmittag zusammengespielt, Nähe der Teardrop-Bridge. Bis auf gewöhnliche Reibereien in der Schule keine nennenswerten Feinde. Jane trug eine auffallende gelbe Regenjacke mit Kapuze. Irgendjemand muss sie gesehen haben. Sehe mich bei der Brücke um.

Freitag / 10:15 Uhr / Teardrop-Bridge

Kein geeigneter Spielplatz. Giftige Abwässer und verwesender Müll. Laut Aussage einiger Ladenbesitzer ist sie wohl häufiger dort gewesen – erinnern sich an die gelbe Regenjacke und die blauen Augen. War wohl manchmal am Ufer. Hat sie dort etwas gesucht? Ist sie ertrunken?

Freitag / 14:08 Uhr / Polizeirevier

Bisher wurde keine Leiche mit ihrer Beschreibung am Ufer des Jackson-Rivers gefunden. Erhalte jedoch die Information, dass dort gelegentlich Mädchen verschwinden. Täter unbekannt, trotz Verdächtigen mit Alibi? Mayhem Washington. 52 Jahre alt, ein adipöses, hässliches Arschloch mit etlichen Vorstrafen: häusliche Gewalt, Drogendelikte, Missbrauch und Vergewaltigung. Ich werde ihm auf den Zahn fühlen.

Freitag / 20:17 Uhr / Carrington-Road

Bilderbuchabsteige eines versifften Notgeilen. Unaufgeräumt, dreckig, es stinkt nach Pisse und Erbrochenem. Klebrige Fotos von Mädchen an den vergilbten Wänden – Jane ist nicht dabei. Alibi: Fetischauslebung in einem Billig-Syphilis-Bordell. Habe ihm dennoch das Nasenbein zertrümmert: Schwein bleibt Schwein.

Freitag / 23:58 Uhr / Wohnung der Vermissten

Suche nun seit 3 Tagen nach der Kleinen. Die Verzweiflung ihrer Mutter wächst – emotional instabil – kachektisch. Habe den Seelsorger gespielt – macht ja sonst keiner. Eindrückliche Biografie mit Gewalt- und Missbrauchserfahrung. So etwas bleibt meist in der Familie – wie die Mutter, so das Kind. Habe vom Tod Janes Vater berichtet – nahm sie emotionslos hin. Habe ihr hochprozentigen Alkohol empfohlen, wenn sie den Schmerz betäuben möchte. Sie trinke nicht.

Freitag / 02:47 Uhr / Teardrop-Bridge

Habe noch einmal das Ufer abgesucht. Nicht erfolgreich – ich nehme an, ich war zu besoffen. Beinahe selbst hineingefallen. Ich muss weniger saufen! Mich lässt dieser Fall nicht los. Weiß nicht, weshalb. Ist es ihre Mutter? Ist es

Mitleid? Sehe mir immer wieder das Foto der Kleinen an, lese die letzten Seiten ihres Tagebuchs. Wie eine Offenbarung. Höre ihre kindliche Stimme in meinem Verstand ihre Worte vorlesen.

„Ich sehe die Menschen. Immer sind sie traurig. Auch Mama ist immer traurig. Gefangen in einem Leben, das die Menschen nicht wollen. Teddy stimmt mir zu. Ich fragte ihn, wie ich verhindern kann, genauso zu werden.“

Subtile Worte, ich erkenne mich selbst darin.

„Am Ufer des Jackson-Rivers ist eine gespiegelte Welt. Ob dort wohl alles anders ist? Sind dort die Menschen glücklich? Ich wäre so gerne glücklich. Ich wünsche mir, dass Mama glücklich ist. Vielleicht bin ich schuld, binde sie an Noir. Wir können uns befreien, sagt Teddy, wenn wir einfach gehen. Ungebunden können wir entwurzeln, haben wir die Kraft zu leben.

In einer anderen Welt.

Einer Welt, ohne Menschen.“

Freitag / 03:33 Uhr / Fall geschlossen

 Freund & Feind

Exemplum

Hätte man uns beide gefragt, so hätten wir stets, mit einem Lächeln auf den Lippen, die gleiche Antwort gegeben:

„Wir sind beste Freunde."

Nicht, weil dies von uns erwartet wurde, sondern unsere Herzen auf eine sonderbare Art und Weise miteinander verbunden waren, vielleicht aber auch, weil wir uns seit unserer Kindheit kannten, dem Jahr, in welchem meine Eltern in das idyllische Dorf Ahrenshoop zogen, da mein Vater dort als praktizierender Arzt arbeiten würde

– dies war kurz nach meiner Geburt.

Und das Schicksal wollte es, dass die Nachbarn meiner Eltern ebenso ein neues Leben zur Welt gebracht hatten und es nun keine Ausreden mehr gab, die Freizeit nicht miteinander zu verbringen, was bedeutete, dass Hans und ich zusammen aufwuchsen und zusammenwuchsen.

„Nicht so schnell Lillian!", keuchte der etwas schwerfällige Junge dem davoneilenden Mädchen hinterher, geschützt unter den raschelnden Baumkronen einer kühlenden Promenade an einem heißen Sommertag, welcher glücklicherweise ab und zu eine erfrischende Brise zur Abkühlung entsandte, Bewegung in die kindliche Fantasie trieb, wie ein Hammer einen Nagel in frisches Holz. Doch so war ich und das wusste er

– eine unaufhaltsame Dampflok, welche sich schnaufend einen Berg hinaufschwang.

Vielleicht sah ich in ihm eher eine handbetriebene Draisine oder einen unförmigen Stein, welcher einen Abhang hinunterrollte und erst Zeit benötigte, Geschwindigkeit aufzubauen.

Wasser und Stein

– Hans und ich.

Die meisten Kinder unseres Alters konnten unsere tiefe Verbindung nur dadurch erklären, dass sie glaubten, wir seien eigentlich Geschwister und andere wiederum konnten dies überhaupt nicht nachvollziehen, doch wann immer einer von uns beiden zu einer Entscheidung genötigt wurde, mit anderen zu spielen oder miteinander, so war unsere Position unerschütterlich und stärkte das Vertrauen ineinander, so sehr, dass wir auch unsere geheimsten Wünsche miteinander teilten.

Dies hieß natürlich nicht, dass es Momente gab, in welchen wir nicht einander ärgerten

– ich denke, das gehörte einfach dazu.

Genau wie dieses kleine Wettrennen, dessen Ergebnis bereits von vornherein feststand. Ich war agiler, doch Hans stärker. Er ließ es sich trotzdem nicht nehmen, es jedes Mal zu versuchen, um sich anschließend darüber zu beschweren, dass ich schneller war.

Letztendlich erreichten wir gemeinsam unser Ziel

– jeden weiteren Tag und jeden weiteren Sommer:

das lebendig funkelnde Wasser des Saaler Boddens, welches verführerisch nach uns rief, jenseits des sandigen Strandes, welcher abstrakt unsere Fußabdrücke beibehielt, bis eine Böe jene bis zur Unkenntlichkeit verwehte.

Wir hatten beide mittlerweile das dreizehnte Lebensjahr erreicht und bemerkten die subtilen Veränderungen in unserem Umgang miteinander, vielleicht in Form eines respektvollen Abstands aufgrund des Unterschieds von Mann und Frau, den wir aufgrund unserer tiefen Freundschaft nicht gänzlich akzeptieren konnten.

Weshalb sollte dies auch ein Hindernis sein?

Auf jeden Fall ging mit jenem heranwachsenden Körper auch eine emotionale Veränderung einher, eine

Transformation, welche ich als Mädchen früher spürte als Hans. Erst wie eine kleine Unebenheit auf dem Wasser, wuchs dieses diffuse Gefühl zu einer Welle heran, welche drohte, mich in die Tiefen eines emotionalen Meeres zu reißen.

Ich wusste nicht, ob er es fühlte, doch ich hoffte es und glaubte, dass er es aufgrund unserer langjährigen Verbindung spüren musste, auch ohne, dass ich etwas zu ihm sagte, konnte jedoch nicht ausschließen, dass Hans dagegen kämpfte, aus Angst heraus, die Freundschaft zu beschädigen.

Und so war ich es, welche beim gemeinsamen Schwimmen inmitten des kühlen Nasses seine kräftige Hand ergriff und ihn mit einer Hoffnung ansah, welche die Helligkeit der Sommersonne überstrahlen konnte. Mein Herz pochte und meine Lippen sprachen eine lautlose Offenbarung heraus, welche zwischen meiner Angst vor Zurückweisung und Verlust der Freundschaft säuselte.

„Hans, ich liebe Dich."

Doch dann passierte etwas, das jede noch so tiefe Verbundenheit untergraben konnte:

Propaganda.

Genauso unterschwellig wie die anfänglichen romantischen Gefühle zueinander, wuchs sie zu einer unüberhörbaren Botschaft heran, so lautstark und kräftig, dass sich kein Verstand ihres Inhalts entsagen konnte. Und aus Menschen wurde Juden, aus Freundschaften Abstand, aus Bekannten ein eingeschliffenes Feindbild. Doch bis jenen schicksalshaften Tag war ich trotz der Angst vor den kontinuierlich zunehmenden Repressalien sicher, dass unsere Liebe diese dunkle Zeit überstehen würde

– sie war eines der wenigen Dinge, welche noch ein wenig Helligkeit erzeugen konnte und als unsichtbarer Schutzschild fungierte.

Erst veränderte sich subtil seine Mimik mir gegenüber und ich versuchte mich selbst davon zu überzeugen, dass es schlicht und ergreifend die Unzufriedenheit mit dem gesellschaftlichen Wandel sei. Doch dann kam sein Bemühen dazu, mehr Distanz zu mir zu halten, bis unsere einstige Liebe zusammen mit unzähligen Büchern verbrannte und aus dem wir ein Ich und Du wurde.

Erst als er in Uniform vor mir stand, den Blick eines mir Unbekannten aufgesetzt, das Gewehr im Anschlag, um mich zu einer stattfindenden Deportation abzuführen, begriff ich, dass von meinem einstigen Hans nichts mehr übriggeblieben war, bis auf einen indoktrinierten Hass und von meinem Leben nicht mehr als tote Asche.

Conclusio

„Hannah, ich möchte bitte, dass Du zuhörst, denn dieses Thema ist überaus wichtig.", ermahnt der Lehrer eine seiner desinteressierten Schüler und Schülerinnen, welche sich im Zuge jugendlicher Leichtigkeit lieber mit dem kleinen ihr hingeworfenen Zettelchen beschäftigte, als mit dem trockenen Geschichtsunterricht.

„Entschuldigen Sie, Herr Becker.", quält das Mädchen aus ihrem Mund hervor, um das zügig zusammengefaltete Briefchen zu öffnen und im Zuge der darin stehenden Botschaft leise zu kichern.

„Nach dem Fall des Nationalsozialismus, 1945, musste sich die gesamte Gesellschaft mit der Frage konfrontieren, wie sie ein System mittragen konnte, in welchem Millionen von Juden erst ausgegrenzt und schließlich ermordet wurden, letztendlich, um zu verhindern, dass all dies ein weiteres Mal passieren würde, denn die Schuld, welche wir uns als Deutsche aufgeladen hatten, ging mit einer Verantwortung gegenüber zukünftigen Generationen einher.

Ich möchte damit nicht ausdrücken, dass wir am Nationalsozialismus schuld sind

– das können wir nicht; wir waren nicht dabei

– selbst viele eurer Eltern nicht.

Aber es ist unsere Aufgabe zu verhindern, noch einmal solch einer perfiden staatlich gelenkten Propaganda zu erliegen, unkritisch eine Meinung in uns aufzusaugen, ein Teil eines defekten Uhrwerks, einer geblendeten Maschinerie zu werden. Und um dies zu verstehen, wäre es fatal, einfach mit dem Zeigefinger auf die damaligen Deutschen zu zeigen. Vielmehr ist es wichtig, dass aus psychologischer Sicht Mechanismen existieren, welche eine Erklärung bieten können."

Noch ehe der Lehrer von jener Überleitung aus in dieses Thema genauer eingehen kann, ertönt unangenehm schrill die Schulglocke und signalisiert das Ende der fünfundvierzig minütigen Unterrichtseinheit. Etwas genervt blickt der mittlerweile ergraute Mann zu den sichtlich euphorisch Aufspringenden, welche bereits im Klassenzimmer in belanglose Konversationen übergehen, welche im starken Kontrast zur emotionalen Schwere der Unterrichtsthematik stehen und darauf hindeuten, dass seine Worte im Kreidestaub des Raums erstickten, noch ehe sie das Bewusstsein der Jugendlichen erreichten. Und so bleibt ihm nichts anderes übrig, als sich desillusioniert auf seinen unbequemen Stuhl zu setzen und betrübt auf die niedergeschriebenen Notizen zu blicken, welche er in beschwerlicher Vorarbeit festhielt.

„Komplementarität vom überhöhten Selbst- und denunzierendem Fremdbild", ziert ein farbig markierter Stichpunkt die Ausarbeitung, welche abwechslungsreich mittels Grafiken untermauert wird, wie drei unterschiedlich lange, nebeneinanderstehende Linien im Zuge eines Experiments mit dem Namen Asch aus dem Jahr 1951, in welchem bewiesen wurde, dass Gruppenzwang eine Person so beeinflussen kann, dass sie eine offensichtlich falsche Aussage als richtig bewertet und demnach davon auszugehen ist, dass sich Menschen intuitiv und wenig vernünftig einem gesellschaftlichen Konsens anschließen, um nicht sozial isoliert zu sein.

„Solange nur die meisten überzeugt sind, der Himmel sei rot, werden ihnen andere folgen.", blickt der müde Lehrer nachdenklich durch das Fenster, auf die in Gruppen versammelten Jugendlichen, die wahrscheinlich über andere herziehen, um ihr eigenen Selbstwert anzuheben.

Und so war es. Mit nur genügend Wissen aus dem Bereich der Psychologie und Soziologie wäre das Individuum theoretisch in der Lage, dysfunktionalen Massenwirkungen zu widerstehen, den Fokus auf die eigene Überzeugung zu belassen, auch konfrontiert mit der Gefahr ausgeschlossen zu sein.

Doch die Wahrheit war auch, dass es schlicht und ergreifend 90 % der Menschen einfach nicht interessierte. Sei es, weil sie nicht die kognitiven Voraussetzungen erfüllten oder sei es auch nur indirekt, von den dysfunktionalen Konstrukten profitierten. Die Wenigen, die übrig blieben, vermochten zwar die Gefahren zu erkennen, doch sie waren zu wenige, um gegen die Massen anzukämpfen.

Der Mensch war von je her dafür gemacht, sich einer Autorität zu unterwerfen, in der Hoffnung, die Komplexität des Lebens und Konsequenzen aus Entscheidungen heraus auf ein anderes Individuum zu übertragen und dies möge in funktional sozialen Interaktionen durchaus positiv zu bewerten sein, doch in der Regel erheben sich die Persönlichkeiten als Führer, welche nicht das Wohl des Kollektivs im Vordergrund sahen, sondern ihr eigenes.

Eine süße Lüge schmeckte immer besser, als eine bittere Wahrheit.

„Entschuldigen Sie, Herr Becker

– ich wollte Sie nicht stören, aber ich habe mir das Buch ‚Psychologie der Massen‘ von Gustave Le Bon durchgelesen und habe ein paar Fragen zu dem Inhalt.", nähert sich eine unscheinbare Gestalt, eben jenes Buch, mit beiden Armen an den Brustkorb pressend.

Hoffnungsvoll blicken die trüben Augen zu dieser Person, einer aus tausenden, einer, welche überraschenderweise jenseits des stupiden und regulären Unterrichtsstoffs Eigeninitiative ergriff und bereit war, in die gefährlichen Gefilde des Wissens auszulaufen, die Hoffnung in sich tragend hinter dem Unbekannten Antworten zu finden.

Vorsichtig führen die unsicheren Schritte zum Tisch des Lehrers, begleitet von einer tief verborgenen Entschlossenheit, zu erkennen, was die Welt im Inneren zusammenhält.

Die Frage, die sich der ergraute Mann stellte, war, ob jene Person das erworbene Wissen anwenden würde, um der Gesellschaft eine funktionale Richtung zu weisen, oder aber, es zu missbrauchen, um im Zuge des Wissens perfider Mechanismen später einmal blinde Massen zu mobilisieren.

Nein, Wissen alleine konnte nicht der Schlüssel sein. Es gab darüber hinaus noch einen Faktor, welcher über Gewinn oder Verderb entscheiden sollte:

die zugrunde liegende Motivation.

Repetitio

„Wir sehen: Das ist nicht nur irgendeine theoretische Annahme. Wenn wir die Impfquote nicht weiter erhöhen, wenn wir nicht mit 3G- und AHA-Regeln in Herbst und Winter hineingehen, dann droht ganz konkret eine Überlastung des Gesundheitswesens. Das ist der Grund, warum wir ebendiese Vorsichtsmaßnahmen weiterhin ergreifen.

Wir erleben gerade eine Pandemie der Ungeimpften. Das ist genau der Grund, warum wir eine Verlängerung der epidemischen Lage brauchen …", spricht energisch der hochgewachsene Mann im Anzug, willensstark durch die glänzenden Gläser seiner Brille blickend.

„Ich habe es Dir doch gesagt.", fühlt sich die Frau in ihrer Meinung bestätigt, dass der Unwille sich piksen zu lassen rein gar nicht mit Patriotismus zu tun habe und gegenüber anderen Menschen beinahe schon übergriffig sei.

„Ich kann nicht verstehen, wie Du dem da glauben kannst.", entgegnet schockiert der ihr gegenübersitzende Mann, sein Besteck aus den Händen gelegt, um seine Empörung gestisch zu verstärken.

„Siehst Du denn nicht, was gerade passiert?", bricht er vorwurfsvoll hervor, der Strategie folgend, aus der Defensive in die Offensive zu gehen, auch wenn er tief im Inneren bereits weiß, dass ungeachtet fachlicher und sachlicher Argumente, jener Konflikt eskalieren wird, denn dies hat er bereits unzählige Male erleben müssen. Die Gesellschaft war tief gespalten zwischen den Assimilierten, welche hörig dem staatlichen Willen folgten und den „Querdenkern", welche der Politik nach zu viele kritische Fragen stellten und im Zuge einer Unterbindung jeder Auseinandersetzung als rechtsradikal diffamiert wurden, womit es offiziell legitim war, jene Fragen gar nicht erst zu beantworten.

Mittlerweile war jene Spaltung dermaßen ausgeprägt, dass nicht nur langjährige Freundschaften in diesem irrationalen Disput zerbrachen, sondern eben auch Beziehungen.

Die Positionen waren klar.

Seine Verlobte sah in denjenigen, die sich nicht impfen lassen wollten und Vorbehalte gegenüber der uneingeschränkten Maskenpflicht und den 2G-Regeln hatten, nichts als Denunziantentum; fahrlässige Querdenker, welche ihr eigenes Wohl, über das der Gesellschaft stellten und er sah in den nach mehr Lockdowns schreienden Massen einen Vorboten autokratischer Züge, doch anstatt sich gemeinsam an einen Tisch zu setzen und einander zuzuhören, war zu viel Emotionalität involviert, als dass eine funktionale und konstruktive Lösung möglich wäre.

Dies erkannte er, als seine Verlobte begonnen hatte, ihren Blick ihm gegenüber zu verändern. Aus Liebe wurde etwas anderes, etwas Diffuses und dennoch ersichtlich bedrohliches, begleitet von einer allgegenwärtigen unterschwelligen Aggressivität in ihren Worten, die bildhaft visualisierten, dass die Liebe einem zunehmenden Hass gewichen war.

Wie weit durfte die Regierung gehen und wie weit das Individuum?

Selbst innerlich zerrissen, fiel es ihm schwer aufgrund der teils konträren wissenschaftlichen Statements überhaupt zu wissen, was der Wahrheit entsprach und was nicht, doch bisher hatte ihm seine Intuition nie im Stich gelassen und jene schrie geradezu, dass etwas gewaltig im Argen war. Darüber hinaus konnten die offensichtlichen Widersprüche nicht verleugnet werden und von diesen gab es zu viele, um ein Zufall zu sein.

Nein, die beschleunigten Zulassungsverfahren der MRNA-Impfstoffe deuteten nicht darauf hin, dass die Wissenschaft schneller sein konnte, sofern bürokratische Barrieren entfernt wurden, sondern darauf, dass während der Entwicklung und Erprobung geschlampt worden war. Doch eigentlich ging es ihm gar nicht um AstraZeneca, Biontech, FFP-Maske oder 2G, sondern darum, wie sehr solch ein Thema die früher einheitliche Bevölkerung zerriss und der dysfunktionale Umgang mit Andersdenkenden.

Sofern der kleinste Zweifel geäußert wurde und sei jener auch noch so rational vorgetragen, war jener Kritiker sozial isoliert und vernichtet worden. Und anstatt als Supervisor und gutem Beispiel voranzugehen und jene Spaltung zu minimieren, arbeitete die Regierung perfide daran, jene Spaltung voranzutreiben und somit den ohnehin erheblichen Druck so weit zu verstärken, dass früher oder später, jeder Widerstand niedergeknüppelt wurde, wie beispielsweise Joshua Kimmich repräsentativ visualisierte.

Er war einer der wenigen „Promis", welche ihre Bedenken geäußert hatten und beinahe bezahlte er mit seiner Fußballkarriere, bis er klein beigab und sich doch impfen ließ. Er konnte einfach nicht verstehen, wie alle Menschlichkeit

– jeder angestrebte Humanismus im Zuge erfolgter Aufklärung durch Immanuel Kant binnen Tagen verloren gehen konnte.

Umso mehr traf es ihm, als er zusehen musste, wie seine Verlobte dieser Massenhypnose folgte und es nur noch eine Frage der Zeit war, bis sie ihn verlassen würde, einfach nur, weil er der Regierung kritisch gegenüberstand.

Diese Selektion, der Ausschluss aus dem öffentlichen Leben, teils aus dem Arbeitsumfeld und auch im Privaten, hatte ihn die Haare zu Berge stehen lassen, denn so hatte es damals 1933 begonnen.

Natürlich verbot es sich einen direkten Vergleich zu äußern, da der Nationalsozialismus in seiner Dimension dadurch verniedlicht wurde, doch es ließ sich einfach nicht leugnen, die gleichen Mechanismen brannten sich durch die Bevölkerung und dies deutete doch daraufhin, wie einfach es war, eine gesamte Bevölkerung gegen einen Pseudofeind zu mobilisieren.

Wie weit würde demnach die Regierung noch gehen, wenn sie begriff, zu was sie in der Lage war?

Trotz der Erfahrungen mit Adolf Hitler und der Parteidiktatur der DDR hatten die Menschen rein gar nichts gelernt. Sie wollten es nicht und so war es einfacher, einen geliebten Menschen zu verstoßen, als den Glauben daran zu verlieren, dass Politiker nicht für diejenigen regierten, die sie gewählt hatten.

Welch ein schöner Traum.

 Erbe

Trauma

Es ist ungewöhnlich still. Selbst die dumpfen Geräusche in der Entfernung abgefeuerter Artillerie und amerikanischen vollautomatischen Gewehren scheinen zum Erliegen gekommen, um der allgegenwärtigen Anspannung der Angst und Verzweiflung Raum zu geben, zur Ruhe zu finden

– zumindest für einen Augenblick.

Zuversichtlich suchen die verengten Augen einer durch die Sonne gebräunten Frau den leicht wolkigen Himmel ab, um zu erkennen, dass dort nichts Ungewöhnliches auf sie wartet. Viele Gedanken setzen sich in Gang, fantasievolle Hypothesen über die Ursache jenes friedvollen Morgens, welcher so nah am Äquator, die Sonne bereits zeitig erwachen lässt und die müden und teils hungernden Menschen aus dem kühlenden Schutz einfach aus Holz und Bambus gebauter Häuser kriechen lässt, um sich dem beschwerlichen aber notwendigen Tagwerk auf den schwülen Reisfeldern zuzuwenden.

„Mẹ?", ruft das kleine Mädchen seine vor dem Eingang im Schatten stehende Mutter zu, welche sich nervös in der Umgebung umsieht.

„Có chuyện gì vậy mẹ?", präzisiert es seine aus einer diffusen Angst heraus entstehenden Frage, müde und hungrig zur verwaschenen Silhouette dessen wichtigsten Bezugsperson blickend, als wären in jenem Augenblick die Gedanken und Gefühle unerklärlich miteinander verbunden

– eine Kommunikation ohne Worte.

Seit dessen Geburt, inmitten eines ungerechten Krieges hat dieses Mädchen gelernt, wie auch die übrigen Bewohner dieses kleinen Dorfes in der Provinz Mỹ Lai, der Intuition eine besondere Beachtung zu schenken und in teils banalen Reizen Muster zu erkennen, letztendlich um das eigene Überleben zu sichern

- nicht die Stärksten sollten dieses Vorrecht erhalten, sondern die am vorsichtigsten.

Doch an diesem Tag im Dorf Xóm Làng, oder wie die Amis es nennen Pinkville, ist jede noch so kleine Vorahnung vergeblich, denn der hereinbrechende Sturm erfolgt ohne jegliche Ankündigung und beginnt 7:25Uhr mit dem ohrenbetäubenden Getöse von UH1-Bell Hubschraubern, welche tief über die Bäume und Hütten hereinbrechen, um augenblicklich auf alles zu schießen.

„Con hãy trốn đi!", brüllt die Frau, reflektorisch ihre Arme hebend, um zu erkennen, dass die spitzen Projektile einfach durch ihr Fleisch und ihre Knochen schneiden, ehe ihr Bewusstsein gänzlich erlöscht und ihre Warnung im heißen Mündungsfeuer versiegt. Pfeifend durchschlagen Salven das Dach und die Wände und lassen das grelle Sonnenlicht hindurch, welches punktuell den Innenraum ausleuchtet und auf das verzweifelte, emotional zu einer grotesken Fratze verzerrte Gesicht des Mädchens leuchtet.

Zusammengekauert liegt sie auf dem staubigen Boden, überwältigt von den umher katapultierenden Schrapnellen und der Tatsache, dass sie ihre geliebte Mutter hat sterben sehen. Sie möchte es nicht wahrhaben, möchte diesem Moment entfliehen, als wäre es ein intensiver Albtraum, doch kein Schmerz der Welt wäre in der Lage sie zu befreien. Sie weint, sie schluchzt, sie quietscht desillusioniert und gebrochen, darauf wartend, dass auch sie jederzeit getroffen wird und ihre Mutter im Jenseits wiedersieht.

Jenseits ihres Zuhauses ertönen unzählige Schreie der übrigen Dorfbewohner, welche das gleiche Schicksal teilen und den, durch die Rotoren der Hubschrauber aufgewirbelten Boden mit kräftigem Rot tränken. Diese tödliche Symphonie erreicht ihr Finale und lässt die Maschinengewehre kurzzeitig innehalten, währenddessen sich die Bells dem Boden nähern und die 99 GIs entladen, um augenblicklich vom Boden aus, das Feuergefecht fortzusetzen, sollten die Salven von der Luft aus nicht ausgereicht haben, Charlie, den entmenschlichten Feind aus seinen Löchern zu locken und niederzumetzeln.

Mehr als zufriedenstellende Genugtuung in ihren Gesichtern, währenddessen sie all ihre Wut durch ihre Gewehre entladen, ist von der einstigen Menschlichkeit nicht geblieben.

Der Vietnamese hat seine existenzielle Berechtigung verloren

– verloren in einem Krieg, der am 01. November 1955 mit einem fingierten Angriff begann und erst 20 Jahre und 3 Millionen tote Einheimische später enden wird.

Es ist ein ungerechter Stellvertreterkrieg, ein Kriegsverbrechen, für das sich die USA bis heute nicht rechtfertigen mussten. Die glorifizierte Weltpolizei hat in ihren eigenen Werten versagt.

Doch all dies ist in diesem Moment irrelevant. In diesem Augenblick zählt alleine die tiefe Angst dieses Mädchens, das gerade seine Mutter verlor, seinen Halt, sein Zuhause und jeden Sinn an eine weltliche Gerechtigkeit.

Sie hatten doch gar nichts getan.

Sie waren einfach nur hier

– zu dieser Stunde an diesem Ort.

Ihr Verbrechen war es, Vietnamesin zu sein.

„Smoke out the hut.", hört es die ihr unverständlichen Worte der fremden Soldaten, die sich den Überresten ihrer Hütte nähern, währenddessen in der Ferne das Feuergefecht fortgesetzt wird. Zufrieden betritt ein schwitzender junger Infanterist den entstellten Raum und blickt auf das schluchzende Mädchen, dessen Augen gläsern und leer zum amerikanischen Eindringling blicken, wortlos um das Leben flehend, auch wenn es im Zuge der jüngsten Ereignisse bedeutungslos geworden ist.

Eventuell mag der Tod die bessere Alternative geworden sein.

Doch noch kann sie das nicht wissen.

Bedrohlich nähert sich seine Silhouette, währenddessen seine linke Hand seinen Hosenstall öffnet in der Intention, ein weiteres brachiales Trauma zu setzen, einem, dem Anh ihr Leben lang nicht entfliehen wird.

2. Generation

„Làm ơn đừng!", schreit eine junge Frau in die schwüle Stille der Nacht hinein. Ausgemergelt, hungernd und dehydriert sitzt sie inmitten hunderter anderer Vietnamesen auf einem seicht schunkelnden Boot, welche dicht beieinander sich gegenseitig eine Lehne bieten, zu müde und kraftlos, um auf ihr Erwachen zu reagieren, denn sie alle sind gefangen in ihren eigenen Träumen, einem Konstrukt aus erlittenen Traumata und der Hoffnung, dass jenseits des Horizonts ein besseres Leben auf sie wartet, jenseits der Grenzen Vietnams.

Vereinzelt ertönt das schmerzerfüllte Stöhnen derjenigen, deren Rücken durch die grelle Tagessonne bis auf das Fleisch verbrannt sind oder halluzinieren im Zuge eines allmählich eintretenden Todes, welcher 500.000 Selen ereilen wird.

Zitternd, blickt sie sich desorientiert um, brachial in die Realität aus Schweiß, Urin und Fäulnis katapultiert, unsicher, ob jene Hölle auf dem Meer oder ihre internale Hölle der Vergangenheit schwieriger zu ertragen sei. Der männliche Schweiß erinnert sie an die ungewollte körperliche Nähe zum Soldaten, die Enge und die Unfähigkeit, damals dem Aggressor entflohen zu sein

– Eindrücke, welche die aufblühende Angst gleich einer Napalm-Explosion expandieren lässt, den Tod zurück in ihr Leben bringt.

Sie wusste damals in Xóm Làng nicht, ob sie sterben würde und weiß es auch jetzt auf dem Biển Đông nicht, doch tief in ihr existiert etwas Destruktives, welches sie mit der Absicht überwältigt, in das Wasser zu springen, um dort dem elenden Leben ein Ende zu setzen.

Sterben um zu leben, anstatt zu leben um zu sterben

– einfach keine Furcht mehr im engen Brustkorb spüren, nicht jede Nacht weinend und schreiend aufzuwachen, die hässliche Fratze des amerikanischen Soldaten vor ihrem geistigen Auge.

Sie spürt seinen kräftigen Griff an ihren Handgelenken und den Schmerz, welcher ausgehend von ihrem Schmetterling in den gesamten Körper ausstrahlt. Nein, sie muss hier fort

– unverzüglich.

Fort, um sich selbst zu schützen und das noch ungeborene Leben in ihrem geschundenen Leib.

„Mẹ sẽ bảo vệ con Phương."

„Con đã ở đâu?", schüttelt eine junge Mutter ihre weinende Tochter, die Situation nicht nachvollziehen könnend. Sie hatte doch nur mit den anderen Kindern Fangen gespielt? Was hat sie denn falsch gemacht?

Traurig und hilflos blickt das Mädchen in die strengen, beinahe kalten Augen ihrer Mama, wissend, dass kein Flehen und keine Entschuldigung in der Lage wären, jene Situation zu deeskalieren. Zu häufig hatte sie bereits die Konsequenzen einer unachtsamen Handlung spüren müssen, die Sanktionen, welche daraus resultierten.

„Chúng tôi về nhà!", unterbricht jene Frau diesen Ausflug, innerlich zu sich selbst sprechend, dass sie es wusste

– ihre Ängste begründet waren.

Die Unfähigkeit, den Bewegungs- und Explorationstrieb ihres Mädchens zu kontrollieren, erzeugt eine hilflose Wut, denn es hätte sonst etwas passieren können und sie wäre nicht in der Lage gewesen, ihre Tochter zu beschützen, hätte nicht für sie da sein können.

„Con gái tôi biết anh ấy thực sự muốn gì?", kommentiert die Mutter die ängstliche Bestätigung ihres Mädchens, nun einen Freund zu haben, einen Mann, den sie liebe und spürt die brachial einschießende Verzweiflung jenes unschuldige Kind an einem triebgesteuerten Mann zu verlieren, einem Menschen, welcher ihr dieses Kind emotional entreißen möchte, um seine niederen Triebe zu befriedigen, jenes junge Leben zu zerstören, wie es ihr einst passierte.

„Mẹ không thể vui mừng cho con sao?", verbalisiert Phương ihre Enttäuschung und Traurigkeit, dass ihre Mutter nicht in der Lage ist, sich über die Liebe ihres Kindes zu freuen, verzweifelt an ihrer Tochter festzuhalten und das Leben mittels unsichtbarer Mauern einzuschränken, auch wenn sie weiß, dass jenes sich Erheben eine Zäsur, eine Eskalation mit sich bringen kann, doch zu lange hat sie geschwiegen, zu lange dem Martyrium ausgesetzt, hat sie keine Kraft mehr den emotionalen Schmerz herunterzuschlucken.

Sie möchte frei sein

– sich entfalten wie eine Blüte im Frühlingslicht.

Zwei Perspektiven, zwei Standpunkte, welche in ihrer konträren Beschaffenheit weder miteinander korrelieren können, noch akzeptieren. Anh, das kleine Mädchen aus dem Dorf Xóm Làng, Zeitzeugin eines der dunkelsten Geschichten der Menschheit und deren Fähigkeit zu abscheulichen Gräueltaten, eine ängstliche Mutter, welche aufgrund ihres Traumas nie gelernt hat, über das zerbrochene Mädchen hinauszuwachsen und Phương, ihre Tochter; geboren in einem westlichen Land ohne Krieg und dennoch gefangen und kontrolliert, bis sie begriffen hatte, dass Kontrolle eine Illusion ist, denn sie kann nur unter der Bedingung ausgeübt werden, wenn sie gewährt wird.

Dieser Moment, so unbedeutend er im Zeitstrahl der Menschen auch sein mag, wird das Leben jenes Mädchens verändern und sie wird sich lossagen von der Dunkelheit einer ihr unbekannten Vergangenheit, welche durch ihre Mutter unbeabsichtigt in die Gegenwart gezerrt wird.

Zwei Lebensfäden, welche auseinanderbrechen und eine Frau hinterlassen, welche sich erneut ganz alleine den Hürden des Lebens stellen muss, sowie den Ängsten, welche die Basis ihrer individuellen Realität prägen, einer Perspektive, die subjektiver nicht sein könnte. Und währenddessen die Tochter mit voller Hoffnung die Wohnung verlässt und die Tür hinter sich schließt, befindet sich Anh erneut im Dorf, in welchem sie mit der Sterblichkeit des Menschen konfrontiert wurde, ihrer eigenen Zerbrechlichkeit und der Unfähigkeit sich und andere zu schützen.

Sie wird desillusioniert und gebrochen zur geschlossenen Tür starren und beschließen, sie nie wieder zu öffnen.

3. Generation

Aus der Mutter das Kind und aus dem Kind die Mutter.

Wie sich doch das gesamte Leben ändern kann, wenn die Verantwortung nicht nur gegenüber der eigenen Existenz besteht, sondern jene über ein weiteres Individuum wachen muss und so ist es, dass viele Menschen jene adulte kognitive Entwicklung erst vollziehen können, wenn sie den Pfad beschreiten, ein Elternteil zu werden. Bis dahin waren sie nur Kinder, geführt durch die eigenen Interessen und Wünsche, doch ab diesem Zeitpunkt, wenn die naiven Blicke eines Neugeborenen die eigene Seele durchleuchten, wird der Mensch erwachsen.

Eine unbeschwerte Frau sitzt neben ihrer Freundin auf einer Bank, vor sich ein stiller Kinderwagen und unterhalten sich über dies und das, um in jener weiblichen Konversation entweder eine Bestätigung eigener Perspektive zu erhalten, oder durch das kommunikative Feedback zu spüren, wer sie selbst sind.

Ein Gespräch zwischen Frauen folgt keinem Ziel, denn der Fokus liegt auf dem Prozess. Es sind die Gespräche, welche die beiden Vietnamesinnen miteinander verbinden wird, die Freundschaft vertiefen, bis sie eines Tages einander verstehen werden, ohne ein einziges Wort auszusprechen. Und daher geht es nicht um den Inhalt jener zwanglosen Konversation, sondern dem Dialog an sich als Instrument.

„Ach weißt Du.", öffnet Phương eine kleine Tür zu ihrem Leben, „Manchmal wünschte ich Yên wäre ein bisschen mehr wie ich und nicht wie meine Mutter."

Beiläufig auf das kleine Mädchen blickend, welches unsicher zu seiner Mutter sieht, etwas ungeschickt den Sand mittels Schippe in einen Eimer schüttend, widmet sich die Mutter wieder ihrer Freundin zu.

„Ich erkenne so viel meiner Mutter in ihr. Diese unbegründete Vorsicht, dieses Introvertierte."

Ein leises Seufzen in der kühlenden Sommerbrise, begleitet von einem stillschweigenden Nicken der Freundin, ohne explizit auszudrücken, ob jene Gestik nun eine Zustimmung impliziert, oder eine zur Kenntnisnahme.

„Jedes Mal muss ich sie ermuntern, diese wunderbare Welt zu erkunden.", fügt Phương hinzu, sich daran erinnernd, welchen Preis sie vor einigen Jahren bezahlen musste, um jene Freiheit zu gewinnen, welcher sich ihre Tochter zu erwehren scheint.

„Kind, geh doch mal richtig spielen.", ruft sie beinahe vorwerfend der kleinen Yên zu, in diesem Augenblick ein wenig angewidert, dass ihre Mutter noch so viel Bedeutung in ihrem Leben hat.

Glasig erwidern die kindlichen Augen den kühlen Blick der Mutter, eine brachiale Enge im kleinen Herzen spürend, als griffen unsichtbare Hände durch den Brustkorb, um das fragile, pochende Organ zu umschließen.

Weshalb bin ich nicht richtig?

Was habe ich falsch gemacht?

Ein kleines Menschenwesen, dessen Dependenz zur Mutter und fehlende differenzierte Erfahrung in sozialer Interaktion, wird die Ursache einer atmosphärischen Störung stets bei sich selbst suchen und so spürt das kleine Mädchen die Wut über sich selbst, nicht den Ansprüchen der Mutter gerecht zu werden.

Ja, sie ist vorsichtig und hat Angst vor dem Unbekannten, vor neuen Orten und fremden Menschen und sie wünscht sich in diesem Augenblick nichts sehnlicher, als eben jener Mensch zu sein, welchen sich ihre Mutter wünscht. Und dies bedeutet, dass sie ihre eigenen Interessen und Wünsche, ihren Charakter und ihre Intuition übergehen muss, letztendlich in der Hoffnung, durch Adaption des eigenen Verhaltens Liebe durch die Mutter zu empfangen.

Sie legt die Plastikschippe in den feinen und aufgewärmten Sand neben dem Eimer und bringt sich in den Stand, um zu jener Bezugsperson zu blicken, welche ihr keinerlei Aufmerksamkeit schenkt, nicht aufpasst, keine hilfreiche Orientierung bittet, sondern kontinuierlich Anforderungen verbalisiert. Jene Frau spricht einer Freundin, vor ihr der leere Kinderwagen, welcher sie bei längeren Ausflügen trägt.

Yên spürt Angst, sie möchte nicht weggehen, möchte in einer sicheren Nähe zu ihrer Mama bleiben.

„Nun geh schon.", prallt es auffordernd auf ihr ein und sie weiß, ihre Dependenz darf nicht sein. Sie soll sich lossagen, selbstständig werden, abenteuerlustig.

Schritt um Schritt zieht sie traurig die kleinen Kinderschuhe über den feinen Sand und bringt Distanz zwischen sich und ihrem sicheren Ort, jedes alarmierende Gefühl unterdrückend, so sehr mit sich selbst beschäftigt, dass sie nicht erkennt, wie leise die Worte ihrer Mama geworden sind, welche sie nicht mehr sehen kann.

Wo haben sie ihre Füße hingetragen?

Weshalb hat sie nicht besser aufgepasst?

Weshalb hat sie vergessen, woher sie kommt und wie sie wieder dorthin findet?

Sie hat existenzielle Angst, sie nie wiederzusehen, sie zu verlieren, denn ihre Objektpermanenz ist noch instabil.

„Mama?", weint sie aufgelöst in die unbekannte Umgebung hinein, diffuse Eindrücke in sich spürend, die sie nicht richtig einzuordnen vermag.

Verschwommene Bilder eines brennenden Dorfes. Es sind laute Geräusche, Schreie und Menschen, die regungslos auf dem Boden liegen, umgeben von einem intensiven Rot. Es ist warm und schwül und dennoch läuft ihr ein eiskalter Schauder über den Rücken

– sie hat Angst um ihr Leben und weiß dennoch nicht weshalb. Zunehmend überlagern jene fragmentierten Erinnerungen die Realität und sie erkennt eine sich bedrohlich nähernde Silhouette, deren linke Hand ihren Hosenstall öffnet.

„Dừng lại!", schreit sie das erste Mal in einer Sprache, welche sie vorher nie zuvor gesprochen hat, begleitet von feuchten, im Sonnenlicht funkelnden Tränen, die ihren Weg zum staubigen Boden finden.

„Hast Du Dich verlaufen?", spricht sie eine männliche Stimme an, einen bedrohlichen Schatten in die Realität tragend.

 Bank

Nachtgespräch

Manchmal haben Farben einen erheblichen Einfluss auf die Stimmung des Menschen und manchmal ist es noch so, dass die Umgebung das Individuum mehr prägt, als der Mensch sein Umfeld. So mag es auch in diesem Augenblick sein und ich möchte an sich nicht die typischen Klischees von Romantik aus einer verstaubten Schublade holen, nur damit Du aus diesen bekannten Informationen ein geistiges Bild vor Deinen Augen hast, welches diesem Ereignis gerecht wird, als was auch immer Du Dir unter einem idyllischen Abend vorstellst, seien es durch eine untergehende Sonne ins Orange getauchte Wolken unter einem violetten Himmel, oder wunderbar funkelnde Sterne an einem ruhigen Nachthimmel

– dies ist der Ort, an welchem er mit ihr auf einer Bank sitzt

– keine schöne mit floralem Dekor, sondern betagt und unscheinbar, doch trotz ihres Alters in der Lage, die hoffnungsvollen Herzen zweier Menschen zu tragen, deren Blicke sich verlieren.

Es riecht, wie es im Sommer riecht, vereinzelte Nuancen von blühenden Blumen und einer Ahnung von Feuchtigkeit eines vielleicht bevorstehenden Gewitters, verbunden mit dem vereinzelten Zirpen paarungswilliger Insekten.

Feucht liegt die filigrane Handfläche auf dem rauen Holz der Sitzfläche und stützt den aufgeregt atmenden Körper einer jungen Frau, welche leicht zur Seite geneigt den Worten des Mannes lauscht, dessen Stimme sie sich bis dato immer vorgestellt hatte, wenn sie seine Briefe las. Sie werden getragen von einer Vertrauenserweckenden Leichtigkeit und so ist es, dass die Schwere der Vergangenheit im Hier und Jetzt einer beschwingten Schwerelosigkeit gewichen ist.

Sie ist hier und er ist hier.

Sie spürt die vorbeiziehenden Minuten in einer beinahe intensiven Ekstase und deutet dies als Lebendigkeit, überrascht davon, dass so etwas Banales wie ein Gespräch auf einer Bank eine Variable bilden kann, die allgemeine Schwere des Lebens zu neutralisieren und vielleicht mag es dieser Moment sein, von dem ihr Psychiater gesprochen hatte, als er meinte, dass es sehr wohl Gründe gäbe, am Leben zu bleiben

– zu kämpfen.

Menschliche Interaktion

– das Miteinander, existieren um sich in jener Wechselwirkung von Reiz und Reaktion selbst zu spüren, die eigenen Grenzen, die eigene Wertigkeit; zu glauben, dass unter acht Milliarden Menschen ein Individuum existiert, welches durch seine Hingabe die eigene Existenz legitimiert.

„Ich bin, weil Du mich willst. Ich möchte, dass Du mich brauchst, Du mich wahrnimmst, mich begehrst.", flüstern ihre Lippen lautlos in die einkehrende Nacht, ungesehen von dem Mann, dessen Silhouette sich im gelblichen Licht einer alten Laterne scharf vom dunklen Hintergrund abhebt. Sie sieht die feinen Bewegungen seines Mundes, den lebendigen Glanz in seinen Augen, die wiederholend nach ihren Suchen.

Gleich neben ihr sitzt er, beinahe so nah, dass sich ihre Fingerspitzen berühren und sie seine ausgestrahlte Körperwärme wahrnehmen kann, doch nicht bedrohlich oder einengend. Er ist hier, ihretwegen. All seine Aufmerksamkeit gilt ihrer Person und sie weiß, egal was käme, sie wäre seine Priorität, denn dies hatte er ihr geschrieben und sie ist froh darüber, dass jene sich Bekenntnisse nun Stück für Stück mit Lebendigkeit füllen.

Es fällt nebenbei ein Kompliment über ihr Aussehen, nicht so offensichtlich, dass dies als eine oberflächliche Plattitüde empfunden werden könnte, beispielsweise, da etliche ästhetische Faktoren genetisch vorgegeben sind und sie nicht sonderlich viel dafür getan hat, so auszusehen, wie er es als schön definiert, sondern als Ausdruck, dass sich dieser Mann mit all seinen Sinnen mit ihr beschäftigt, um elegant das angesprochene Thema weiterzuführen, noch ehe ein Anflug von Scham oder Unbehagen aufkommen könnte.

Wort um Wort füllt sich die nächtliche Stille und überträgt eine Vielzahl an Informationen, die helfen, sich ein realistisches Abbild von jenem vorher geschaffenem Bildnis aufzubauen, auch wenn der Verstand um die Wirkung von Hormonen weiß, doch es tut gut, so etwas zu hören und im Dialog eine gemeinsame Symphonie zu schreiben, deren Melodie das Fundament für alle zukünftigen Begegnungen sein wird, sofern sie sich dazu entschließen.

Und dann berühren sie sich zaghaft, die nach Nähe suchenden Fingerspitzen in der Affinität zu begreifen, die abstrakte Ebene des gesprochenen Wortes zu verlassen, um im Haptischen die Qualität und Quantität afferenter Reize zu erhöhen, als wäre alleine nur diese kleine Geste in der Lage, die Sehnsucht nach einander zu befriedigen, den inneren Schmerz der Distanz zu nehmen.

Dort spürt sie seinen Puls in der Fingerspitze, das regelmäßige Pochen in der Arterie als bassreicher Ausschlag einer seichten Welle auf der glatten See, welche das majestätische Funkeln der unzähligen Sterne am Nachthimmel reflektiert, um eine Art zweite Realität zu simulieren, eine Dimension, in welche sie und er in einem Boot über jenes Meer treiben, wissend, dass sich jenseits des leicht gekrümmten Horizontes der gemeinsame Hafen, eine gemeinsame Zukunft befinden wird.

„Ich danke Dir.", spricht sie leicht errötet zu diesem Mann, ihre Hand sicher in seine gelegt, unwillig diese Verbindung zu lösen, wohl wissend, dass dieser Abschied notwendig ist, um das Gesagte und Gefühlte zu internalisieren, in zukünftigen Begegnungen darauf aufzubauen.

Worte, die sie mitnehmen wird.

Mittagsstille

Die Demotivation jugendlicher Unzufriedenheit schleift die abgetragenen Turnschuhe über den staubigen Grund, welcher unfreiwillig das Gewicht zweier Individuen trägt, die sich zu einer gealterten Bank unter einer betagten Eiche schleppen, um in der vermuteten Kälte deren Schattens, die Hitze dieses belanglosen Sommertages ein klein wenig mehr zu ertragen.

Unbeeindruckt von der Umgebung, liegen die Augen trocken auf dem reflektierenden Bildschirm des Smartphones, welches in regelmäßigen Abständen die neuesten Threads anzeigt und die Betrachter jener belanglosen Äußerungen dazu ermuntert, in ihrem Egoismus die eigene Meinung zu teilen. Flink gleiten die Finger über das Display und hinterlassen eine kaum sichtbare Fettspur auf der glänzenden Oberfläche, welche mit weiteren hinzugefügten Hinterlassenschaften eine Art abstrakte Kunst kreiert.

„Lass mal chillen.", setzt sich der Junge auf die Rückenlehne der Bank, die Füße auf das gealterte Holz der Sitzfläche ablegend und widmet sich erneut den ungefilterten Meinungen im sozialen Netzwerk, im Zuge der geglaubten Wichtigkeit eigener subjektiver Perspektive, jenes kommunikative Potpourri sinnfrei zu ergänzen.

Genauso fokussiert sitzt das durch Kleidung und Make-up entstellte Mädchen neben dem beschäftigten Jungen, einer aufgebrachten Influencerin lauschend, welche ein singuläres Ereignis aufgreift, um daraus einen kategorischen Imperativ zu formulieren. Orientierung in einer Welt, die aufgrund ihrer digitalen Grenzenlosigkeit keine mehr bieten kann, doch das hilflose Individuum greift in jener Unsicherheit und daraus resultierenden existenziellen Angst nach jedem Strohhalm.

Eine leichte Brise bringt das grüne Blattwerk des Baumes zu einem beruhigenden Rascheln unter einem Himmel, welcher sich weigert, stillzustehen. Kontinuierlich wandern Wolkenformationen über das vertraute Blau und vergehen hinter den Dächern monoton grauer Gebäude; die starren Grashalme einer Stadtwiese, überflogen von gigantischen metallenen Wespen, welche durch ihr Dröhnen all die natürliche Geräuschkulisse überfrachten, dicht gefolgt von den unerbittlichen rollenden SUV-Ameisen auf den notdürftig geflickten Asphaltpfaden, die sich brav zwischen den verengten Räumen manövrieren, um die Insassen aus den flüchtigen

Träumen kapitalistischer Freiheit in die ausbeuterischen Arbeitslager zu transportieren.

Die Illusion ist zerbrochen, der Verstand hat dies längst zur Kenntnis genommen, doch die Angst davor zu begreifen, dass diese Welt jedem humanistischen Grundsatz zuwiderhandelt, führt zu Übertragungen und Projektionen ungelöster antinomischer Krisen, und auch wenn diese zwei Jugendlichen in ihrer juvenilen Leichtigkeit das Ziel edukativer Sozialisierung nicht überblicken können, spüren sie die Auswirkung jener dysfunktionalen Welt in ihren Herzen, welche sich zunehmend verschießen.

Die kostbare Zeit, ein Wimpernschlag im universellen Gefüge verstreicht, gemeinsam mit dem Sonnensystem, welches mit 1.331.300 Kilometer pro Stunde durch das Universum rast und so jeden Stillstand ad absurdum führt, sitzen sie beinahe regungslos auf der Bank und füllen das Internet mit ein paar mehr Kilobytes, welche mit 810.000 Kilometer pro Stunde von Punkt A zu Punkt B katapultiert werden, um unreflektiert die digitale Spiegelwelt zu vergrößern

– dort fühlen sie sich sicher, denn sie als Teil jenes Systems haben mitgewirkt es aufzubauen und empfinden sich daher als unabdingbarer Bestandteil dieser Welt.

„Ziemlich heiß heute.", wischt sich der Junge die gebildeten Schweißperlen von der Stirn, ohne seinen starren Blick vom Bildschirm zu lösen, nur um sicherzugehen, dass eine mögliche Antwort des Mädchens ihre physische Anwesenheit beweist. Beiläufig nickt sie zustimmend, kognitiv damit beschäftigt, ein provokatives Reel zu kommentieren, in welchem sich eine in etwa gleichaltrige Influencerin darüber beschwert, dass sie während der Pause eines Busfahrers nicht im klimatisierten Gefährt verbleiben durfte und nun bemüht ist, durch Mobilisierung eines digitalen Mobs ihr gekränktes Ego zu vergelten.

„Wallah, manche sind so lost.", trägt sie dazu bei, die emotional aufgeladene Stimmung am Kochen zu halten, unfähig eine multiperspektivische Betrachtung zu ermöglichen, denn den Busfahrer kennt sie nicht; die Influencerin schon und sie hat entschieden, sich mit ihr zu solidarisieren, ganz

einfach, weil es der kollektive Konsens zu sein scheint und
bereits Solomon Asch hat durch seine psychologischen Expe-
rimente den sogenannten Konformitätseffekt herausgearbei-
tet, welcher besagt, dass sich das einzelne Individuum einer
Gruppenmeinung unterordnet, so sehr sie auch von einer individuellen Realität abweicht.

So wie die Wolken, hat auch die Sonne ihren Zenit
passiert und versinkt hinter den aufgeheizten Gebäuden, welche diesen kleinen Park umranden, als wären sie eine un-
überwindbare Mauer, deren Funktion einzig darin besteht, die
Insassen an einer Flucht zu hindern.

Ein kurzer Blick auf die digitale Uhrzeit verrät, dass
die Stunden mit dem leichten Wind fortgeweht sind, überge-
gangen in eine notorisch digitale Interaktion, welche den fest
eingebauten Akku so weit belastet hat, dass jener verzweifelt
nach Aufladung schreit, um der Netzwerksucht weiterhin un-
gestört nachkommen zu können.

„Morgen zur selben Zeit?", fragt er das neben ihm sitzende Mädchen, nachdem er seine Lippen auf die ihren legt.

Und erneut nickt sie unscheinbar, den Jungen in den
wachsenden Schatten ziehen lassend, froh darüber, einen
Menschen an ihrer Seite zu haben, dem sie all ihre Sorgen und
Wünsche offenbaren kann.

Auch sie verlässt die Szene und hinterlässt eine
schweigende Bank unter einer schattenspendenden Eiche.

Morgenrufe

Eine angenehme Kühle liegt in den Morgenstunden,
welche es der in der Luft befindlichen Feuchtigkeit erlaubt,
sich als winzige Tropfen an den filigranen Halmen unberühr-
ten Grases zu heften, um dort als winzige Linsen das noch
junge eintreffende Dämmerungslicht in seine Spektren aufzubrechen und zu reflektieren

– ein Spektakel für diejenigen, welche sich die Zeit
nehmen, jene unscheinbare Ästhetik aufzusaugen.

Doch einige dieser Wasserperlen verlieren sich an einer blassen, vorbeigleitenden Haut. Müde und ausgezehrt graben sich die ungeschützten Füße durch das kühle Grün und tragen eine kachektische Frau, welche unsicher nach etwas sucht, dessen Beschaffenheit sie in diesen Stunden nicht erfassen kann, als wäre sie gefangen in einem Labyrinth aus selbstgeschaffenen Barrieren, die sie immer tiefer in das verwinkelte Konstrukt hineinziehen.

Immer wiederkehrende Echos mühsam hervorgebrachter Wortfetzen verlassen die spröden und zyanotischen Lippen, ohne jemals das Gehör eines anderen zu erreichen. Sie sind zu fragil, zu undeutlich und gehen unter in den noch seichten urbanen Hintergrundgeräuschen aus aufheulenden Motoren, Hupen und emotional ausgeworfenen Flüchen unzufriedener Menschen.

Eine einzelne Stimme, welche dazu verdammt ist, im städtischen Chaos unterzugehen. Schlaff hängen die hauchdünnen Arme zu beiden Seiten am eingefallenen Körper, als gehörten sie nicht zu diesem zerbrochenen Individuum, welches keine kognitive Kapazität aufweist, äußere Eindrücke adäquat aufzunehmen und zu interpretieren. Zu sehr quälen sie sich, zügig expandierende Gedanken, Stimmen, welche als säuselnder Wind das Bewusstsein überfrachten, als wäre die gesamte Stadt mit ihren Menschen gefangen in ihrem Verstand.

Was haben sie zu sagen, was möchten sie von ihr?

Sie weiß es nicht, kann es nicht wissen. Sie kann sie lediglich ertragen, denn selbst auf die Ohren gelegte Hände vermögen es nicht, den kognitiven Lärm zu dämpfen. Sie ist erschöpft und sie ist müde. Kraftlos sucht sich nach einem Ort des Friedens und der Ruhe, denn in sich kann sie ihn nicht finden.

Vielleicht hier?

Auf diesem Innenhof?

Dort, wo eine alte Holzbank unter einer Eiche steht und genauso deplatziert wirkt, wie sie selbst?

Verlassen

– unnütz, ein Fragment vergangener Bestimmung.

Hinsetzen, einfach hinsetzen, sich ausruhen, Kraft tanken und dann? Soweit kann sie nicht vorausplanen. Ein Schritt nach dem anderen, einfach irgendwas tun.

„Du bist fett.", „Du bist hässlich.", „Bring Dich um.", „Sie sehen Dich.", „Ich hasse Dich.", „Verrecke Du Arschloch.", „Ich finde Dich überall.", „Hilf mir doch jemand.", „Wo willst Du denn hin?"

– ungefiltert zerschmettern die Auswürfe unbewusster Prozesse und Traumata an der kühlen Realität dieses Ortes.

Kein Muster ist darin zu finden; zu abstrakt, zu chaotisch als riefen alle Menschen in einem sozialen Netzwerk nach Aufmerksamkeit, insgeheim wissend, dass niemand da sein wird, um sie zu erwidern. Alleine unter vielen, einsam unter Menschen. Welch ein Widerspruch, wo doch der Mensch ein sozialorientiertes Wesen ist, jene Interaktion benötigt, um sich selbst zu spüren. Doch es ist zu viel, zu viele kranke Seelen.

„Seid leise.", versucht sie ihre inneren Dämonen zu bändigen, sich ermattet auf das noch leicht feuchte Holz setzend, doch ihre afferenten Nerven versinken in jenem untergehenden Verstand, sodass nichts übrigbleibt, als eine abstrakte Oberfläche eines ihr unbekannten Ortes.

Sie hat Angst, sich selbst zu verlieren, obgleich dies längst geschehen ist. Nichts Weiteres als ein fahles Echo ihrer selbst, dass nur noch durch die geschundene Außenhülle zusammengehalten wird, ein in einem faulenden Corpus manifestierter Wahnsinn, welcher sich selbst zersetzt, bis auch er gänzlich verschwunden ist und mit ihm das letzte Relikt einer gebrochenen Existenz

– unbedeutend unter acht Milliarden Menschen, vergessen; vielleicht fixiert als verblassende Notiz in einer

Patientenakte, welche Jahrzehnte in einem feuchten und dunklen Keller erodieren wird.

Es fehlt an räumlichem und sozialem Raum, zu eng und gleichzeitig zu weitläufig und grenzenlos. Wer war sie damals, vor langer Zeit, als sie als kleines Mädchen ihre Reise in dieser unbeständigen Welt begann, danach trachtend, die Kausalität ihrer Existenz zu ergründen?

Wer bin ich?

Woher komme ich?

Was macht mich aus?

Und wohin führt mich dieser unerbittlich reißende Lebensfluss?

All jene Fragen, die nun irrelevant geworden sind, denn auch wenn es Individuen gab, welche durch soziales Feedback einen Hauch von notwendiger Orientierung gaben, korrelieren jene Eindrücke nicht mit ihr selbst, ihrer Definition von Bewusstsein und Persönlichkeit.

Letztendlich konnte es ihr niemand sagen, sie nicht davon überzeugen, welchen Platz sie auf dieser Welt einnimmt. Sie hat sich in sich selbst verlaufen und findet keinen rettenden Ausgang, kein regelmäßig aufblinkendes Licht eines Leuchtturms inmitten stürmischer See. Vielleicht fehlte es nie an den richtigen Worten, sondern an einer körperlichen Begrenzung, einer Umarmung, einer ihr in Freundschaft wohlwollend gereichten Hand.

Und nun greifen ihre Finger in die Leere kosmischer Unendlichkeit, zu viel und zu weitläufig, um sie zu erfassen und zu begreifen. Denn dies vermag das menschliche Bewusstsein nicht.

Es ist gefangen in seinen neurologischen Gesetzmäßigkeiten und Limitierungen.

Sie wird entschwinden, sich desintegrieren
– Staub zu Staub und Asche zu Asche.

Kämpfe nicht weiter, kleines Herz

– halte ein.

Lass Dich fallen.

Verblassend sackt der Körper in sich zusammen und ermöglicht eine Ruhe und Gelassenheit, welche dem Irdischen von je her entsagt war. Nichts bis auf einen verzweifelten Schrei, welcher sich an den grauen Gebäuden bricht

– nichts bis auf eine schwarze Katze, die in den wachsenden Schatten verschwindet.

 Kettenspiel

Dunkle Kammer

Regelmäßig schallt das einsame und vibrierende Klingen kurz aufglühender schwarzer Tropfen durch einen beengten Gang eines anthrazitfarbenen Gesteins, welcher mit merkwürdigen und unbekannten Symbolen durch die hiesige Dunkelheit führt, währenddessen vereinzelt seicht bläuliche Lichtstrahlen ein Minimum an visueller Orientierung bieten, doch niemand wäre im Stande zu erkennen, woher sie kommen

– einfach aus dem Nichts dünner Spalten der schweren Gesteinsdecke.

Es ist beengend, bedrückend, als hätte die Verzweiflung eine erfassbare Form angenommen.

Wohin sie wohl führt?

Dort am vermutlichen Ende ist kein Licht, keine hoffnungsvolle Rettung; dort wartet nur Dunkelheit auf den vorsichtigen Besucher dieses Labyrinths.

Lediglich der steinerne Grund mag darüber Ausschluss geben, dass jener Raum am Ende des Ganges ein künstlich geschaffenes Konstrukt, eine gigantische Halle oder Kammer ist. Nur dieser kalte und schwere Boden, dessen unregelmäßige Erhebungen einer natürlichen Textur vereinzelt glänzen und darüber hinaus nichts als tiefe Nacht, einem tiefen Schwarz.

Schwarz, die absolute Abwesenheit von Farbe und Licht, bedrückend und doch grenzenlos zugleich. Schwarz ist das Universum, verbunden mit den tiefen Wünschen eines in den Himmel blickenden Individuums, welches sich fragt, ob die verborgenen Wünsche irgendwo inmitten dieser Weite erfüllt werden können.

Schwarz ist die furchteinflößende Enge, als zögen unsichtbare Mauern einen unüberwindbaren Käfig.

Dunkelheit als Ursprung menschlicher Wünsche, jedoch auch tiefster Ängste.

Es ist beinahe vollkommen still inmitten dieses grenzenlosen Nichts.

Beinahe,

denn etwas Schweres liegt in der Luft.

Anfänglich in den Weiten eigener Erinnerungen suchend, um jenes Muster abzugleichen und auch wenn eine gewisse Ahnung

– eine Vorstellung bereitliegt, weigert sich zunächst das Bewusstsein, jene Wahrheit anzunehmen, bis die Qualität des Geräusches unverkennbar darauf hindeutet, dass es sich als nichts anderes handeln kann, als Metall, welches schwer über Gestein schleift; aneinander klimperndes Eisen

– Glieder einer massiven Kette, Bestandteile einer erdrückenden Last.

Als Echo durchzieht es jenen unheimlichen Ort, unfähig die Quelle zu orten, unfähig mehr als eine Ahnung in das Bewusstsein zu rücken. Zu abstrakt mag jene kognitive Visualisierung sein, oder zu stark jene kognitive Barriere, welche das zerbrechliche Ich vor einer emotionalen Exposition zu schützen versucht.

Sieh nicht hin, höre nicht hin und es wird nicht existieren.

Es ist so einfach sich umzudrehen und sich damit moralisch zu beruhigen, mit jener Sache nichts am Hut zu haben, solange nur die Illusion eigener friedvoller Existenz nicht gefährdet wird.

Wie weit geht Mitgefühl, wie weit Mitleid?

Dann, wenn jenseits dieses bedrohlichen Raschelns das leise Säuseln eines unschuldigen Schluchzens durch die Endlosigkeit weht

- ein Zeichen, dass sich hinter dieser Szene ein
Mensch befindet.

Festgekettet kauert ein kleines Mädchen auf dem
nasskalten Gestein und legt Zeugnis ab. Träne um Träne benetzt sie den Boden, verdammt dazu, ihr eigenes entstelltes
Spiegelbild zu betrachten, ein verdrecktes und eingefallenes
Gesicht, das zwei matte Augen trägt, die gebrochen jenseits
der Realität Halt in den naiven Träumen eines Kindes suchen.

So unendlich lange schon kniet sie hier in der Dunkelheit, so viel Zeit, dass sie sich selbst bereits vergessen hat

- wer sie ist, wer sie war.

Verblasst sind die einstigen Wünsche und Ziele und
jedes Gespür für sich selbst, ausgespült mit den salzigen Per-
len, die schwer niederfallen und ein ohrenbetäubendes Echo
des Aufpralls entsenden, als explosionsartige Entladungen fi-
xierter Emotionen.

Du wünschst Dir, Du hättest sie nicht gefunden, auch
wenn Du längst wusstest, dass sie hier ist. Denn Du erträgst
ihren Anblick nicht, welcher von einer brachialen Gewalt gezeichnet ist. Wut keimt in Dir auf, Zorn auf dieses zerbrechliche Wesen. Schütteln möchtest Du sie, zerrütten aufgrund ihrer Gebrechlichkeit, ihrer Menschlichkeit.

„Sei stark.", flüsterst Du in das Echo ihrer Tränen hinein, nicht als hoffnungsvoller Wunsch, sondern einem eindringlichen Appell.

„Sei still

- funktioniere!"

Jede Hautabschürfung, jeder Schnitt und jede Ent-
zündung sind ein Mahnmal, ein Schlag ins Gesicht desjenigen,
der sie hier gebrochen vorfindet und Du versuchst ihr all das
Menschliche abzuerkennen. Nein, dies darf kein unschuldiges
Kind sein, denn wäre es jenes, so fielen die schweren Ketten
augenblicklich von dessen Leib. Ein Monster

- eine Kreatur, die schluchzend niederkniet, etwas Lebensunwertes, welches diese Pein in jeglicher Hinsicht verdient.

Die Kachexie, die Zyanose, das kontinuierliche, jedoch bis in die Unendlichkeit hinausgezögerte Entweichen des Lebendigen. So muss es sein, so soll es sein; denn wäre es nicht so, so wärst Du es

- Du wärst die elende Kreatur in der ewigen Dunkelheit.

Und nun, wo Du sie gesehen hast, kannst Du Deine Augen nicht mehr schließen und das Gesehene, diese Wahrheit verdrängen, denn jenes mitleiderregende Bildnis hat sich in Dir festgebrannt und Du spürst den tiefen Schmerz dieses Loderns, welches durch Deine erkalteten Arterien zieht und damit einhergehend die Gewissheit Deiner Schuld, denn so sehr Du es Dir auch wünschst, mit jeder fallenden Träne hörst Du die unerbittliche Wahrheit:

Du warst es, der sie hier eingesperrt hat, in dieser dunklen Kammer.

Psychoanalyse

Wie schwer kann der eigene Körper auf der samtigen Oberfläche einer dunkelgrünen Couch doch sein, der ersichtlich ein Stück in die Oberfläche einsinkt und ein diffuses Gefühl von Geborgenheit vermittelt?

Müde und ausgelaugt starrst Du an die monotone weiße Decke und lauschst einer erzählenden Stimme, um zu erkennen, dass es Deine ist, welche abstrakt aneinandergereihte Worte in diese Stille entsendet, Schilderungen und Eindrücke, welche chaotisch durch Dein Bewusstsein fließen. Hier und da greifst Du nach einem dieser Gedanken, erblickst ihn, beobachtest energisch dessen Beschaffenheit, um Deine Eindrücke zu verbalisieren. Und Du hörst das regelmäßige Atmen einer weiteren Person und Du weißt, in dieser Stille ist jemand, der Deine Worte empfängt.

Du bist nicht allein.

„Das Wochenende war schwierig für mich. Ich habe
das Gefühl, dass wenn ich nichts mache, sehen mich andere
als faul an, auch wenn ich weiß, dass es egal sein sollte, was
andere über mich denken. Aber so ist es nicht.", spricht sie
sich selbst vorwerfend in die tragende Ruhe hinein, eine latente Anstrengung in ihrer Mimik, welche sogleich von jenem
Mann notiert wird, welcher sie beobachtet hinter seinen reflektierenden Brillengläsern, ohne verbal einzuschreiten und
ihre Gedanken zu lenken, denn er weiß, jede Irritation bzw.
jeder Versuch einer Manipulation führte zu einer augenblick-
lichen Anwendung psychischer Abwehrmechanismen. Aus
seiner Erfahrung heraus weiß er, dass jene in ihrer Desorientierung verzweifelte Patientin mit der Zeit allein den Weg
durch ihr psychisches Labyrinth finden wird.

„Ich möchte einfach nicht, dass irgendjemand sauer
auf mich ist, denn ich ertrage diese Schuld nicht. Es ist, als
wäre dann mein Leben verwirkt

– ja, als hätte ich keine Berechtigung mehr zu leben.",
stellt sie fest, doch es scheint in diesem Augenblick keine
gänzlich neue Erkenntnis zu sein, die in eine Überraschung
mündet, sondern vielmehr, als zöge sie eine Wahrheit aus einem dichten Nebel, von der sie wusste, dass sie sich längst
dort verbarg.

„Und daher konzentriere ich mich so sehr auf die Bedürfnisse Anderer, dass ich meine nicht mehr erkenne. Sie
sind einfach weg, verschwunden mit der Zeit. Und daher frage
ich mich unentwegt:

Wer bin ich eigentlich?"

Ein wenig lächelnd nickt der bärtige Mann jenseits
des Sichtfeldes der jungen Frau und fügt gemächlich weitere
Notizen hinzu, welche ihm helfen werden, ein differenziertes
Bild jenes Menschen zu zeichnen, auch wenn er seit ihrer ersten gemeinsamen Sitzung weiß, wohin ihre Reise gehen wird.
Er konnte es ihr nur nicht sagen, denn das ist nicht seine Aufgabe. Seine Tätigkeit liegt darin, den Menschen zu helfen, ihren Kurs zu erkennen, auch wenn jener vielleicht zum Ende
der Welt führte.

So können zuweilen Monate vergehen, bis aus einem flüchtigen und beiläufigen Gedanken eine hoffnungsvolle Erkenntnis entwächst, die in der Lage ist, das aktuelle psychopathologische Selbstbild ins Wanken zu bringen.

Zwei Faktoren sind hierbei von enormer Wichtigkeit:

Zeit und Leidensdruck.

Unzählige Individuen lagen in ihrer schwarzen Galle, doch erst als jene begann die lebensnotwendige Luft zu nehmen, gediehen kleine hoffnungsvolle Funken und jedes Mal saß er während dieser Schöpfung als Beobachter daneben und agierte als Zeuge eines neu geborenen Menschen.

„Ich bin eine funktionierende Hülle

– zumindest halbwegs.

Ich gehe die Straße entlang und die Menschen sehen einen gewöhnlichen Menschen. Sie können nicht wissen, dass ich innerlich tot bin und irgendwie macht mich das wütend.

Wieso sehen sie das nicht?

Wollen sie es nicht?"

Ein kleiner Schwenker fort von der Bearbeitung internaler Probleme als Ausdruck einer Angst vor weiteren Erkenntnissen und so scheint es, als wäre jene Frau noch nicht bereit, an dieser Stelle einen Schritt weiterzugehen. Vielleicht, denkt der stille Mann, werde sie es in der nächsten Sitzung schaffen und zu jener subjektiven Wahrheit gelangen, die ihr Leben nachhaltig prägen wird, doch kaum hat er sein Notizbuch zugeschlagen und den Stift auf einen kleinen Beistelltisch gelegt, fließen weitere Worte von ihren zittrigen Lippen, begleitet von zerbrechlichen Tränen, welche kaum Hörbar in die Atmosphäre schwingen.

„Wenn ich meine Augen schließe und mich genau zwischen dem Zustand von wach und träumend befinde, sehe ich manchmal einen merkwürdigen Ort. Er macht mir Angst, denn obwohl er so fremdartig, kalt und leblos wirkt, habe ich das Gefühl, als würde ich ihn kennen."

Angestrengt bringt sie ihren Fokus in jene vorschwebenden diffusen Bilder, um mehr Schärfe, mehr Detail hineinzubringen.

„Eine ewige Ödnis unter einem bewölkten Himmel, der bis zum Horizont reicht und dort in das triste Grau des staubigen Bodens übergeht. Dort inmitten des Nichts ist eine Treppe und sie führt tief hinab zu einer unendlich weiten Dunkelheit, die mit ihrer Schwere auf dem kalten Gestein liegt.

Es ist beengend und angsteinflößend."

Sie öffnet erschrocken ihre Augen und bringt sich zügig in den Sitz, um blass und schwer atmend zum schweigenden Mann zu blicken. Eine ganze Weile füllt eine bedrückende Stille die Sitzung

– sie weiß, dass sie ihre Gedanken sortieren muss, oder aber sich selbst Mut zusprechen, um die Kraft zu haben, die verborgene Wahrheit anzunehmen.

„Dort in dieser ewigen Dunkelheit knie ich auf dem kalten Gestein, festgekettet, hungernd und kraftlos. Mehr von meinem inneren Kind ist nicht übriggeblieben.

Gefangene Wünsche und Träume.

Ich weiß, dass wenn ich leben möchte, ich jenes kleine und schluchzende Mädchen befreien muss,

doch ich habe große Angst."

Gesprengte Ketten

„Weshalb hast Du mir das angetan?", fragt wimmernd dieses bemitleidenswerte Geschöpf, unfähig, das eingefallene Gesicht und die tiefliegenden Augen zu heben. Und obgleich Du versucht bist, Dich zu distanzieren, Dir einzureden, dass Du nicht gemeint sein kannst, weißt Du insgeheim, dass Dir jener Vorwurf gilt.

Vielleicht läuft Dir eine funkelnde Träne über die errötete Wange, vielleicht aber auch ballst Du Deine Hand zu einer Faust, bevor Du Dich zu diesem Mädchen drehst und
siehst, welche Spuren diese jahrelange Gefangenschaft hinterlassen hat, denn von dem einstigen unschuldigen Kind ist
beinahe nur noch die groteske Fratze der Verzweiflung und
Erosion übriggeblieben. Und obgleich Dich dieser Anblick anwidert und erschaudern lässt, näherst Du Dich dieser gebrochenen Seele, denn in Dir flüstert eine kaum hörbare Erkenntnis, eine Verbindung zwischen ihr und Dir.

„Um Dich zu schützen.", flüsterst Du warm und doch
reuevoll, Dich daran erinnernd, wie Du damals mit jedem Konflikt und jedem Tadel, den Deine Eltern Dich aussetzten, Du ein
Fragment Deiner Kindlichkeit in diesem Verlies verstecktest,
in der Hoffnung, dass es an der grausamen Realität nicht zerbräche und vielleicht irgendwann einmal der Tag käme, an
welchem Du sie befreien könntest.

Du schluckst schwer, denn das, was Du diesem Mädchen angetan hast, kann nicht entschuldigt werden. Du hast
Mitleid und doch hasst Du sie für das, was sie ist:

zerbrechlich, hilflos, dependent und schwach.

All die Eigenschaften, die Du während Deines Lebens
ablegtest, um letztendlich funktionieren zu können.

„Du bist nicht zurückgekommen.", schluchzt sie in ihren endlosen Qualen, zitternd versucht, nicht gänzlich zusammenzubrechen, womöglich um sich nicht die Blöße zu geben,
bemüht, die Enttäuschung nicht in blanke Wut entfachen zu
lassen. Und Du weißt, dass Dein Vorhaben Deine Wünsche und
Bedürfnisse wieder aufleben zu lassen im Laufe der Zeit verschüttet wurde, nicht weil Du es vergessen, sondern den Zugang zu Dir selbst verloren hast, denn irgendwann blicktest
Du in Dich und sahst jene Intentionen, doch sie waren nicht
Deine.

Die Anforderungen, welche Dein soziales Umfeld an
Dich stellten, waren internalisiert und ersetzten jene Teile
Deiner Persönlichkeit, die in der ewigen Dunkelheit verschwand. Und Du begannst jene internalisierten Ziele

umzusetzen, doch das lähmende Gefühl innerer Leere blieb und raubte Dir die Energie, bis die schwarze Galle vor Deiner Tür stand und klopfte und Dir nichts anderes übrigblieb, als Einlass zu gewähren.

„Ich habe mich wahrlich verlaufen.", versuchst Du Dich gegenüber dem Mädchen zu rechtfertigen, wissend, dass egal welche Entschuldigung oder Legitimation Du auch hervorbrächtest, dies nichts an den langjährigen und intensiven Qualen dieses Kindes änderte. Und Du spürst angesichts dieses zerbrochenen Menschen eine wachsende Verbindung, eine latente Ahnung von dem, was einst war, doch anstatt Freude zu empfinden, schreckst Du zurück, denn in diesem Kind lauert noch etwas anderes.

Ganz sicher kannst Du Dir nicht sein, denn es ist keine Gewissheit, sondern beruht auf einer diffusen Intuition und vielleicht möchte Dein Bewusstsein nicht jene tief verborgene Wahrheit erfahren, weil die Konsequenzen derer rein zerstörerisch wären.

„Du hast mich zu dem hier gemacht und jetzt lehnst Du Dein eigenes Werk ab?", tritt ein helles Lachen hervor, zischend zwischen den verfaulten und schwarzen Zähnen eines schmalen und fleischlosen Gesichts, dessen schwarze Augen tief in Deine Seele eindringen, all ihren Hass und Schmerz in Dich hinein tröpfeln.

„Erträgst Du Dein eigenes Spiegelbild nicht?", setzt das Mädchen kehlig nach, schmerzvolle Visionen einer visuellen Konfrontation auslösend. Eine eisige Kälte zieht über Deine Haut und stellt jedes Deiner Härchen auf, ein Schauder, welcher bis in Mark hineinfährt, Deine Atmung lähmt, die Kraft aus Deinem Leib zerrt und Dich auf die Knie fallen lässt.

„Hör auf.", winselst Du verzweifelt durch den stechenden Schmerz, das heiße Rinnen trüber Tränen spürend, doch so sehr Du auch möchtest, sie werden nicht versiegen.

„Zwölf Jahre hast Du mich in dieser Dunkelheit eingesperrt.", krächzt das sich allmählich aufrappelnde Wesen, die Augen fest auf Deine gerichtet. Ein intensiver Blick, dem Du nicht länger standhalten kannst, denn die Schuld wiegt zu schwer und drückt auf Deinen Körper, als lastete die gesamte Welt auf Deinen Schultern.

„Ich wollte Dich nur beschützen.", jammerst Du in die Dich umgreifenden Nebeltentakeln hinein, die sich von den deformierten Füßen des Mädchens zu Deinem Leib schlängeln und Deinen Thorax durchstoßen.

Ein letztes Mal wird ein Ton Deine blauen Lippen verlassen, ein letztes Mal wirst Du mit deutlicher Klarheit in Dein Inneres blicken, bis es Dir herausgerissen wird und die Leere dieser unendlichen weiten und stillen Kammer Einzug findet, Dich bindet an diesen Ort

– Ketten, welche aus Deiner eigenen Schuld heraus geformt und um Deine Arme gelegt werden, Dich hinunterziehen in eine schmerzhafte und unbequeme Körperhaltung.

Ein regeneriertes und lächelndes Mädchen steht vor der Sünderin und blickt mit Hoffnung zum Ausgang dieser Ödnis. Ein kindliches Lachen schallt in die Unendlichkeit, bricht sich hundertfach, um zurück zu seinem Ursprung zu finden.

Naiv mustert sie die zusammengekauerte Person, als wüsste sie nichts um ihre Existenz, denn der kurze Augenblick einer innigen Verbindung ist gelöst, dem Austausch zwischen dem Äußeren und dem Inneren gewichen. Befreit füllt sie ihre Lungen mit Lebendigkeit und schwindet in jener zusammenfallenden Welt, um durch die weinenden Augen einer Frau zu blicken, die erleichtert zum bärtigen Mann sieht und das erste Mal seit Jahren, bestätigend nickt, während all das Farbige zurückkehrt und eine hoffnungsvolle Zukunft verspricht.

 Uterus

Empfängnis

Es mag unlogisch vorkommen, dass helle und warme Tage, welche die Menschen auf die Straßen und in die Parks bringen, die Städte und Dörfer mit Leben füllen, dazu verleiten, in eine tiefe Dunkelheit schwarzer Galle zu gleiten, doch was wäre, wenn das external Lebendige im starken Kontrast zum internal Leblosen steht und jenes Individuum an jenem Widerspruch zerbricht?

Im Winter ist zumeist die eigene Stimmung deckungsgleich mit dem jahreszeitlichen Wetter und dem daraus resultierenden gesellschaftlichen Rückzug. Man leidet nicht alleine

– nein, die Menschen um einen herum frieren, sind müde und ausgelaugt:

Leidensgenossen als Genugtuung, dass es dem Individuum nicht alleine scheiße geht.

Doch im Sommer, wenn jenes isolierte Subjekt durch das Fenster blickt, spielende Kinder, lachende und verliebte Pärchen erspäht, bricht das schwarze Fluidum aus dem Corpus heraus und wünscht der ganzen Welt nichts als Verzweiflung.

Sechs Prozent der Bevölkerung entwickeln in den Sommermonaten eine Depression und es sind vor allem junge Frauen zwischen 20 und 40 Jahren, welche sich nichts sehnlicher wünschen, als dass die Welt mit ihnen gemeinsam leidet.

In Begleitung der Polizei fährt ein Rettungswagen vor den Eingang der Akutstation und entschleunigt bis zu einem gänzlichen Stillstand. Ein neugieriger Blick folgt aus dem Büro jener Szene, erfüllt mit einem Hauch von Respekt, denn jeder neu aufgenommene Mensch kann sowohl eine Bereicherung für den Klinikalltag darstellen, als auch eine Belastungsprobe.

Wer wird es sein?

Welches Paket bringt jene Person mit sich?

Ist sie kooperativ, fremdaggressiv, gefährlich?

All jene Entwicklung ist in diesem Moment nicht absehbar, lediglich das eindringliche Signalrot einer metallenen Hülle, welche ein gebrochenes, ein halbes Leben beinhaltet, bereit oder wenig motiviert, durch diese Pforte zu schreiten und Teil dieser Psychiatrie zu werden, vielleicht, um endlich Vollständigkeit zu erreichen, zu gedeihen und aus sich selbst heraus dem Wahnsinn zu entwachsen.

„Guten Tag, wir bringen eine dreiunddreißigjährige Frau nach einem versuchten Suizidversuch, welcher im Kontext einer stattgefundenen Krisenintervention unterbunden werden konnte. Sie beschreibt massive Lebensüberdruss-Gedanken, wenig schwingungsfähig, affektstarr, im Denken eingegrenzt. Da sie sich nicht glaubhaft von weiteren Selbsttotungsabsichten distanzieren kann, möchten wir eine Unterbringung nach PsychKG anregen.", schildert müde der Assistenzarzt, angestrengt, die flüchtig auf das Papier niedergeschriebenen Notizen inspizierend.

„Vitalwerte sind stabil, eine beginnende Kachexie sollte jedoch weiter beobachtet werden, ein latent ungepflegtes Erscheinungsbild als Indiz andauernder fehlend ausreichender Selbstversorgung." Lächelnd winkt die aufzunehmende Ärztin die Schilderungen ab, konzentriert auf den unscheinbaren aussteigenden Geist blickend, welcher barfuß den aufgeheizten Asphalt berührt, unfähig den Kopf auch nur ein wenig zu haben.

Gerne verbalisierte die Ärztin, dass sie keinesfalls unfreundlich oder desorientiert sei, sondern sie sich aus ihrer Berufserfahrung heraus entschieden hat, sich selbst ein Bild vom Menschen zu machen, ohne durch Vorabinformationen unterbewusst beeinflusst oder gar Voreingenommen zu sein, doch die beschriebene Frau steht nun kraftlos und mitleiderregend vor ihr, scheinbar kognitiv fernab dieser Situation.

„Ich begrüße Sie. Ich bin Dr. Baak, die verantwortliche Stationsärztin.", informiert die in etwa gleichaltrige Frau den blassen Geist.

„Ich nehme an, Sie möchten jetzt nicht hier sein und das verstehe ich. Aus diesem Grund möchte ich mich mit Ihnen unterhalten und gemeinsam mit Ihnen entscheiden, ob eine stationäre Aufnahme sinnvoll ist.", fügt sie hinzu und deutet auf die geöffnete Tür ihres Sprechzimmers.

„Wenn Sie einverstanden sind und uns diese Chance geben wollen, bitte ich Sie, mir zu folgen."

Ein Moment der Stille und Reglosigkeit, in welchem jene Frau intensiv über das Für und Wider nachzudenken scheint, geht über in einen sich langsam und unsicher in Bewegung setzenden Körper und es mögen jene ersten Schritte sein, welche der Ärztin signalisieren, dass tief hinter der verborgenen Verzweiflung ein hoffnungsvolles Licht nach Rettung sucht und somit ein ausreichendes Fundament für eine Therapie gegeben ist.

„Möchten Sie auch einen Tee

– Ist meine Lieblingsmischung.", lächelt Dr. Baak, das verführerisch fruchtige Aroma im kleinen Zimmer wirken lassend.

Positive Reize setzen, einen überraschenden Kontrast zur Welt jenseits der Klinik schaffen, in welchem sich die gepeinigte Seele aufgenommen und geborgen fühlt, vielleicht um zu erkennen, dass jenseits dieser Mauern inmitten von Anonymität, Urbanität und Digitalität unzählige von Verirrten auf der rauen See umhertreiben.

„Hier bist Du sicher.", bietet die Ärztin mit ihrem Ritual einen sicheren Hafen, „Hier höre ich Deinen Sorgen zu."

Die Funktion einer Mutter, die es in der realen Welt nie gegeben hat, einem Menschen, welcher ohne jegliche Ansprüche an Funktionalität und Gehorsamkeit die Legitimation zum Leben verbalisiert.

„Hier kannst Du Mensch sein.“

Sacht pustet Dr. Baak zum aromatischen Kondensat des blumigen Tees und blickt neugierig zum gesenkten Kopf der Patientin, das flüchtige Aufblitzen einer sich bildenden Träne erkennend, die bereit ist, sich schimmernd fallen zu lassen.

Entwicklung

„Sie sind wirklich gut vorangekommen.“, kommentiert der schlaksige Ergotherapeut den Fortschritt der konzentriert und fokussiert arbeitenden Frau, sich interessiert neben sie setzend, um ihre Betätigung wohlwollend in Augenschein zu nehmen.

„Ich bin froh, dass ich das hier durchgezogen habe.“, äußert sich die Patientin nebenbei, akribisch mit einem Pinsel die heitere Farbe auf das vorher geschliffene Holz setzend.

„Wenn Sie Ihre ersten Tage hier mit dem Ist-Zustand vergleichen, was hat sich für Sie verändert?“, hakt er nach, ihre verborgenen Ressourcen ins Bewusstsein schiebend, um letztendlich zu vermitteln, dass sie zu einem gewissen Teil Kontrolle über ihr Leben und den Umgang mit suboptimalen Faktoren hat, denn er weiß, es ist jene Illusion, welche Sicherheit verspricht.

Nachdenklich hält sie in ihrer Tätigkeit ein und reflektiert die letzten Wochen, die unzähligen Therapien und zwischenmenschlichen Interaktionen, Momente überraschender Freude und tiefer Traurigkeit, Situationen kurzzeitigen inneren Friedens, ausgetragenen Konflikten und einer brachialen Entschleunigung, als hätte sie jemand in einen Schleudersitz gepackt und sie herauskatapultiert aus allem, das über ihre gesamte Biografie an ihr genagt hat.

„Ich habe Menschen getroffen, die wie ich sind. Sie geben mir das Gefühl, dass ich nicht alleine bin und verstanden werde. Rücksicht und Empathie.“, setzt sie die einzelnen Bausteine zusammen.

„Daraus habe ich gelernt, dass es okay ist, ich zu sein. Ich muss nicht funktionieren."

Bestätigend nickt der Mann, sich internal über seine Raffinesse freuend, im richtigen Augenblick den richtigen Impuls gesetzt zu haben und er weiß, letztendlich unterscheidet ihn relativ wenig von den Menschen, die an ihrem Leben zerbrochen sind, weil es wie feiner Sand zwischen den Finger rann und ihm, welcher durch seine Tätigkeit die Illusion lebt, Dinge beeinflussen zu können. Dabei fehlt es zumeist nur an einem kleinen Schubs, selbst in die Abgründe tiefer Verzweiflung zu versinken, nämlich dann, wenn er keine Möglichkeit sieht, aus einem negativen Ist-Zustand heraus einen positiven Soll-Zustand zu erreichen.

Diese winzige Variable unterscheidet ihn und jene Erkenntnis ist durchaus besorgniserregend. Doch er sitzt hier und bietet seine Hilfe an, er hat entschieden anderen zu helfen, um an sich selbst nicht zu versagen und in der Verzweiflung lassen es die Patienten zu, auf die ein oder andere Weise manipuliert zu werden. Eine für ihn funktioniere Reiz-Reaktion sozialer Interaktion und das notwendige Feedback, welches ihm mit jeder gelungenen ergotherapeutischen Intervention die Gewissheit vermittelt, dass er existiert.

„Was wünschen Sie sich?", stellt er eine unerwartete Frage, eventuell, um für sich selbst eine Antwort zu finden, einen Kurs, der ihn in seiner Tätigkeit bestärkt. Und erneut hält die junge Frau in ihrer Tätigkeit ein und entschwindet in eine kognitive Reise, vorbei an den internalisierten Anforderungen, welche sich als gewaltige Kontinente auf ihrer Weltkarte manifestiert haben, um jenseits dieser massiven Länder eine unscheinbare Insel zu finden, die niemals wirklich fort, jedoch bisher in einem tiefen und undurchdringbaren Nebel verborgen, die Antwort bereithält, sofern sie denn den Mut aufbringen kann, sich auf diese beschwerliche Reise zu begeben.

„Ich wünsche mir zu leben.", lächelt sie etwas unsicher in die Situation hinein, bemerkend, dass sich die monotone Entsättigung ihrer Existenz ein wenig zurückzieht, Farbnuancen erkennen lässt. Das vor ihr ist ein sonniges Orange auf einem angenehm hellen und glatt geschliffenen

Holz, die Vorhänge wiegen in ihrem bordeauxrot schwer und rahmen den hoffnungsvoll blauen Himmel jenseits des Fensters. Farbe als Indikator innerer Stimmung und Beweis für einen naiven Realismus, der Tatsache, dass ein jedes Individuum die afferenten Reize unkritisch als Wahrheit definiert.

Die Wahrheit ist nicht objektiv, sie lässt sich nur für einen selbst finden und währenddessen ihre Sicht auf die Dinge vor ein paar Wochen noch ausschließlich durch negative Gedanken geprägt war, lichtet sich der graue Schleier und ermöglicht für ein paar flüchtige Momente, eine alternative Betrachtung zuzulassen.

Wäre es ihr ohne die Hilfe der Klinik möglich gewesen, die Sümpfe der Traurigkeit zu verlassen und wenn ja, wie?

Welche Faktoren würden Sie zukünftig unterstützen, nicht erneut in ein Loch zu fallen, stabil zu bleiben?

Sie richtet ihre Aufmerksamkeit zu den neugierig blickenden grünen Augen des neben ihr sitzenden Mannes und bewegt ihre Lippen ein wenig, noch bevor hörbare Worte sie verlassen.

„Wie schaffen Sie es eigentlich bei all dem Negativen hier nicht selbst zu erkranken?"

Überrascht schafft jener Mann unbewusst ein wenig mehr räumliche Distanz zwischen sich und ihr, überlegend, ob eine Antwort die professionelle Ebene überschreitet oder aber insofern nutzbringend sein kann, dass eben jene Frau in dieser Frage nach Skills sucht, zukünftig keine weiteren depressiven Episoden zu erleiden. Doch wenn dies so ist, wäre eine Antwort hilfreich, oder sollte es ihr gestattet sein, alleine auf die notwendigen protektiven Faktoren zu stoßen, auch wenn dies bedeutete, dass eventuell erneut unwegsame Pfade beschreitet?

Konfuzius sagte einmal:

„Sage es mir, und ich werde es vergessen. Zeige es mir, und ich werde es vielleicht behalten. Lass es mich tun, und ich werde es können."

Nein, so sehr eine einfache Antwort auch von ihr gewünscht wird und ihr imponieren könnte, dass er hilfreiches Wissen besitzt und mentale Stärke, um nicht am Leben zu zerbrechen, ist es nicht seine Aufgabe, ihr die Möglichkeit zu nehmen, durch Scheitern zu lernen.

„Was glauben Sie denn, hilft mir nicht zu erkranken?", wirft er therapeutisch die Frage zur Urheberin zurück.

Geburt

Es raschelt und poltert im Zimmer, welches für drei Monate ein sicheres Zuhause bot, eine Umgebung der Entfaltung, des Verständnisses und der Menschlichkeit, jenseits des hell belichteten Korridors der akutpsychiatrischen Station. Klagerufe und Verzweiflung schallen entlang der weißen Wände und bunten Kunstdrucke, welche Hoffnung und Erdung ausdrücken sollen, um sich mit dem Rascheln zu verbinden, etwas Neues, Diffuses zu kreieren.

Unterschiedliche Genesungsstadien repräsentieren den individuellen Fortschritt der Patienten, begonnen bei jenen, die noch ganz am Anfang stehen, affektlos ihre leeren Hüllen über den Laminatboden schleifen, jenseits dieser Wände nach Errettung suchen. Und dann diejenigen, welche ein neues Kapitel ihrer Existenz aufschlagen werden, den steinigen Pfad internaler Transformation hinter sich gebracht haben, wie auch jene junge Frau, welche demütig ihr Hab und Gut in die Reisetasche und den Koffer legt, mental verankert in vergangenen Ereignissen und Erkenntnissen.

Unzählige therapeutische Gespräche fließen als angenehm plätschernde Melodie durch ihr Bewusstsein und bahnen sich ihren Weg entlang eines steinigen Ufers, Moos behangenen Steinen und umgestürzten, längst verstorbenen Bäumen. Einzelne Regentropfen zwischenmenschlicher Interaktionen zwischen ihr und den Mitpatienten erzeugen beruhigende Wellen, welche für einen Augenblick die fluide Oberfläche glätten.

Drei Monate war sie an diesem Ort der Geborgenheit und gedieh – sie wuchs an der Nabelschnur humanistischer Plazenta, welche sie kontinuierlich mit Kongruenz, Wertschätzung und Empathie versorgte, doch nun ist es Zeit, jene Verbindung zu trennen, um eigenständig zu wachsen.

Die Gedanken an jene Autonomie erzeugen Angst

– Furcht zu versagen, ihren eigenen Ansprüchen nicht gerecht zu werden, auch wenn ein Großteil jener internalisierten Werte und Normen entspricht, die mit ihren eigenen Wünschen kollidieren, sodass sie selbst nach diesen zwölf Wochen noch immer nicht klar definieren kann, wer sie ist und sollte sie es wissen, wie wäre diese junge Frau in der Lage für ihre Ziele und Bedürfnisse einzugestehen?

Grundbedürfnisse, Sicherheit, soziale Interaktionen:

auf welcher Stufe steht sie jetzt und wird sie jene halten können?

Vorsichtig klopft es an der geöffneten Tür. Die Silhouette Frau Dr. Baaks blickt optimistisch lächelnd zur packenden Frau, zwei dampfende Tassen ihres blumigen Tees in den Händen, um nonverbal zu signalisieren, dass sie jenen letzten Gang begleiten möchte. Sie erkennt die glasigen Augen ihrer Patientin und setzt sich neben der noch geöffneten Reisetasche auf das Patientenbett, der jungen Frau einer der Tassen reichend.

Hier bin ich und erkenne, dass es Dir nicht gut geht. Hier sitze ich und gebe Dir die Möglichkeit, Dich zu öffnen.

Eine schwere Atmosphäre von Bedrücktheit lastet auf den Schultern.

„Ich weiß nicht, ob es mir gelingen wird.", flüstert das zerbrechliche Herz, ein wenig erleichtert die Trauer in Worte gefasst zu haben, denn jetzt wo es sie ausgesprochen vernimmt, scheinen sie nicht mehr ganz so schwer, so leicht, dass sie nun durch die blumige Note des filigranen Kondensats getragen werden und sich auf die Reise begeben, wohin auch immer sie der Wind tragen wird.

Denn dies ist das Leben. Es existiert keine absolute Gewissheit, lediglich die Fähigkeit, funktional auf stetig verändernde Faktoren zu reagieren, sich funktional zu adaptieren.

„Wussten Sie, dass ich während meines Studiums selbst Patientin auf einer psychiatrischen Station war?", offenbart die Fachärztin im Zuge visualisierter Menschlichkeit die Fähigkeit des Individuums, im Zuge einer Resilienz gestärkt aus Krisen hervorzugehen.

„Wurden Sie deshalb Psychiaterin?", sucht die Packende nach einer Kausalität, vorsichtig am lieblichen Tee nippend, um den Abschied mittels olfaktorischer Reize ins Langzeitgedächtnis zu fixieren.

Selbstsicher nickt die Ärztin, als wäre es keine Schande, vulnerabel zu sein.

„Und wie Sie habe ich damals genauso am Bett gestanden und war voller Angst und Zweifel.", fügt sie hinzu, die fruchtige Note nasal inhalierend.

„Doch dann bin ich hinausgegangen

– dies war meine Geburt.

Und wissen Sie, was ich dort draußen gefunden habe?"

Die dünne Frau überlegt eine Weile und schüttelt leicht ihren Kopf.

„Das Leben

– Ich habe das Leben gefunden."

Schweigend und starr steht die Doktorin am Ausgang der Klinik, halb im Schatten des Foyers verborgen, blicken ihre Augen zur im Sonnenlicht getauchte Landschaft aus Bäumen und Pflanzen, welche fest und sicher der davongehenden Frau Halt bietet, ihre Füße zum nächsten Lebensabschnitt trägt.

Unscharf werden ihre Konturen, diffus die Erinnerung an ihr vorsichtiges Lächeln und den Details ihres Gesichts, denn letztendlich ist sie eine unter beinahe eine Million Menschen, welche in Krisenzeiten diesen sicheren Uterus aufsuchen, um vielleicht neugeboren zu werden.

„Sie wird wiederkommen.", spricht nüchtern der sich an ihre Seite stellende Ergotherapeut, die erkaltete Teetasse seiner Kollegin nehmend, um die kühlen Reste zu schlucken.

„Ja, das wird sie.", antwortet Dr. Baak, ohne von der Frau wegzusehen, solange, bis sie im Chaos einer industrialisierten und auf Leistung getrimmten Welt verschwindet, wissend, dass jene in dieser Klinik schützende und behütende Atmosphäre in einem zu starken Kontrast zum wahren Leben steht.

„Wir bauen sie auf, um sich letztendlich wieder scheitern zu sehen.", wendet sie sich dysthym von der Abschiedsszene ab, sich mental auf die kommende Neuaufnahme fokussierend.

„Wäre es nicht so, hätten wir keinen Sinn.", antwortet der Mann, die restlichen Fragmente des Tees absorbierend.

 Politik

Ex pupulo

Dicke Regentropfen klatschen schreiend auf den dreckigen Asphalt und versuchen den Unrat von den Straßen zu spülen, versagen jedoch an den zusammengekauerten und frierenden Menschen, welche sich mittels Planen, Kisten und Tüten vor dem Wetter schützen, hustend in Konsequenz zugezogener Infektionserkrankungen, denn es fehlt an Geld, notwendige Nährstoffe aufzunehmen und an Motivation zu gesunden.

Wofür?

Jenseits dieser engen Gasse wartet nichts Einladendes, keine lohnenswerte Perspektive im Zuge eines Systems, das den Menschen auf seine Funktionalität reduzierte und sie überführte in ein modernes Sklaventum, welches darauf abzielt, jede Autonomie zu nehmen, jedoch die lebensnotwendige Versorgung mit Nahrung, Wohnraum etc. an eine Arbeitspflicht koppelt, ausschließlich unter inhumanen Arbeitsbedingungen.

Schufte Dich tot, um die Miete für Wohnung und Leben bezahlen zu können.

Für eine Anhäufung materiellen Reichtums reicht es nicht mehr und es ist auch nicht mehr gewollt.

Es fing mit Car-Sharing an, ging über in Abo-Modelle für Möbel und elektrische Geräte, bis hin zu mietbarer Kleidung. Dies funktionierte so lange, wie das Individuum in der Lage ist, den notwendigen Lohn zu erarbeiten. Im Fall von Krankheit oder dysfunktionaler Kompensation wird dem Menschen bis zur Unterwäsche alles genommen und sie landen als dahinvegetierende Zombies in den Stadtgebieten, die längst aufgegeben, weder die notwendige Infrastruktur bereithalten, noch die Möglichkeit, jemals wieder herauszukommen.

Dafür hat die obige Elite gesorgt.

Erschüttert läuft ein schlaksiger Mann inmitten der befremdlichen Dunkelheit und blickt auf die ausgelaugten Gesichter, welche nur noch fragmentarisch daran erinnern, dass es sich bei den Kauernden um Menschen handelt.

Er weiß, dass er in wenigen Monaten selbst zu jenen Kreaturen gehören wird, vergessen und ausgestoßen. Die Anzeichen sind eindeutig

– seine Arbeitsleistung kann das Pensum nicht mehr erfüllen. Seine Gesundheit ist im Zuge des chronifizierten Stresses angeschlagen; dabei hatte er es wirklich versucht.

Tagein, tagaus in diesem perfiden System mitzuspielen, die Hoffnung in sich tragend, durch ausreichend Leistung sozial aufzusteigen, um irgendwann einmal als "global" Player über dem alltäglichen Wahnsinn zu stehen.

Nun war er Mitte vierzig und erkannte, sofern nicht prädestiniert, gab es keine Möglichkeit zum Club zu gehören, denn die Obrigkeit wollte ihre Macht, ihren Reichtum nicht teilen. Eine Dekadenz, die sich aus der Armut und der Gefangenschaft der übrigen 99 % speiste. Und er gehörte zu dieser schier unerschöpflichen Quelle, um an diesem Ort das wahre Gesicht jener Pseudodemokratie zu erblicken, darin bestehend, alle fünf Jahre vorher festgelegte Repräsentanten zu wählen, um letztendlich schulterzuckend zur Kenntnis zu nehmen, dass kein Kandidat seine Versprechen hielt und letztendlich als Teil der Elitären jene Neo-Sklaverei unterstützte.

Wie sollten sie auch etwas verändern wollen, wenn sie niemals jene dunklen Orte aufsuchen, mit den Menschen sprechen, die ihr Leben für die Annehmlichkeiten anderer geben und sich darauf besinnen, woher ihr Reichtum, woher ihre Macht entspringt?

Nein, der größte Feind dieser Erde war und ist nicht eine fremde invasive Spezies, sondern die Obrigkeit, welche ihre eigene Bevölkerung leersaugt.

Problematischer jedoch ist die Tatsache, dass 50 % der Menschen an dieses inhumane System glauben, 45 % die

Wahrheit kennen, doch aufgrund der Furcht vor persönlichen Repressalien schweigt und 4 %, derjenigen, die kämpfen wollen, so sehr mit sich selbst beschäftigt sind, dass ihnen jede Kraft fehlt, über ihr eigenes Schicksal hinweg zu agieren.

Als der schlaksige Mann dies erkennt und in die schmutzigen und eingefallenen Gesichter der Obdachlosen und Kranken blickt, trifft er eine Entscheidung. Eine Änderung muss herbeigeführt werden.

Denn jede Korrektur innerhalb dieses dysfunktionalen Mechanismus wäre ebenfalls dysfunktional, daher muss jenes alte marode Fundament vollkommen abgetragen werden, um etwas Neues, etwas Besseres entstehen zu lassen:

Eine Welt, in der jeder Mensch im Kontext seiner Bedürfnisse existieren kann.

Kostenfreier Wohnraum, kostenfreie Nahrung und soziale Teilhabe.

Eine neue Art Mensch, ein Homo Sozialis, nicht als unabhängiger und isolierter Bestandteil, welcher in seinem Kleingeist gefangen, seine individuellen Bedürfnisse vor das kollektive Wohl stellt, sondern ein homogener Gleichklang einer Welt, in der ein jeder Mensch den gleichen Zugang zu Ressourcen erhält.

Diese weinenden und sterbenden Kinder in den Gassen dürfen nicht länger sein. Das große und gemeinsame Ziel, der kollektive Imperativ muss darin bestehen, dass die Spezies in einem tief verankerten sozialen Gebilde gemeinsam gedeiht und wächst.

„Wie fändet ihr es,", ruft der Mann motiviert in die Dunkelheit hinein, „wenn wir endlich frei wären?"

Seine Gedanken rasen und bauen Stein um Stein ein Konstrukt, welches als Leitfaden seine zukünftigen Handlungen diktiert. Und jenes Diktat ist der Wunsch eines jeden Individuums gleichermaßen ohne hierarchische Abstufungen.

„Was, wenn wir gemeinsam diese Welt verändern könnten?", fügt er kraftvoll hinzu und blickt in die trüben und leeren Augen der halbtoten Zuhörer, wissend, dass wenn es ihnen selbst nicht gelingt, diesen hoffnungsvollen Funken zu entzünden, er für sie das lodernde Feuer sein wird.

Ex idea

„Geehrtes Volk, Brüder und Schwestern, Eltern und Kinder.", steht stolz und erhaben der schlanke Mann in einem abgetragenen Anzug auf einer provisorisch errichteten Tribüne und blickt sicher in die müden Augen der vereinzelten Zuschauer.

„Wie lange wollen Sie diesem Treiben noch zusehen? Wie sehr müssen Ihre Kinder noch leiden, bis Sie sich erheben und gegen dieses System ankämpfen, welches Ihnen jede Lebensexistenz entreißt?

Ihr gesamtes Leben schuften Sie für den Wohlstand der dekadenten Obrigkeit und stärken mit Ihrer investierten Zeit, mit Ihrem gesamten Leben ein System, in welchem weniger als 1 % der Bevölkerung über 99 % der Menschen herrscht.

Doch das muss nicht sein. Ihre Dekadenz kann gebrochen werden, Ihre Macht entrissen, wenn Sie sich als ein vereintes Volk gegen diese Sklaverei stellen.", sprudelt es emotional aus dem Mund des Mannes hervor, als wäre er die Quelle zur Erkenntnis, zum Leben selbst.

„Kontrolle ist eine Illusion! Sie kann nur erfolgen, wenn sie gewährt wird.

Und ich sage Ihnen, dass hier und jetzt Schluss mit dieser Tyrannei ist.

Schluss mit der Dekadenz, Schluss mit der Korruption.

Schließen Sie sich mir an. Haben Sie den Mut aufzustehen und gemeinsam gegen diese manifestierte

Ungerechtigkeit zu kämpfen. Wir wollen nicht länger repräsentiert werden.

Wir wollen direkt und unmittelbar das politische Geschehen lenken. Wir wollen, dass jeder Mensch in Würde leben kann und sich entfalten

– nicht als Portmonee für den Reichtum der da oben!", er wendet sich und deutet mit seinem ausgestreckten Arm zu einem angsteinflößenden Gebäude, welches sich diffus vom nebligen Hintergrund abhebt. Gigantische Säulen lassen jeden Betrachter winzig klein und unbedeutend erscheinen, angelehnt an die klassizistische Architektur des Nationalsozialismus.

„Werdet Ihr euch erheben und diese ketzerischen Gemäuer mit mir einreißen?", fragt er fordernd den Pöbel, von welchem sich bereits einige der Zuschauer desinteressiert und gebrochen abwenden, um mit gesenktem Kopf in der feuchten Dunkelheit zu verschwinden.

So kühlen die hitzigen Worte in einer desillusionierten Welt ab, noch bevor sie das Bewusstsein jener geschundenen Bevölkerung erreichen. Zu exorbitant ist konditionierte Hilflosigkeit und Stagnation

– es fehlt am Glauben eine Veränderung herbeizuführen, denn wenn die Vergangenheit eines aufgezeigt hat, dann dass ein dysfunktionales Herrschaftssystem durch ein alternatives korruptes System ersetzt wurde.

Von daher fällt es der hiesigen Masse äußerst schwer, den manipulierenden Worten des Mannes Glauben zu schenken. Es sind die Taten, welche Aufschluss über das Individuum geben, nicht dessen Worte.

Enttäuscht blicken die glasigen Augen des Vortragenden über die schmuddeligen und gebrechlichen Menschen, erkennend, dass es an jeglicher Resonanz fehlt und er wieder einmal für nichts aus den Schatten getreten ist, sich in Gefahr gebracht hat, denn solange der Großteil jener versklavten Menschen nicht hinter ihm stehen, wäre sein Verschwinden nichts Weiteres als eine belanglose Fußnote.

Und es stellt sich die Frage, ob es für ihn sinnvoll ist, sich weiterhin zu exponieren, oder aber, ob eine alternative Möglichkeit besteht, jenes knechtende Herrschaftssystem zu stürzen.

„Vielen Dank.", spricht er gebrochen in das teils erodierte Mikrofon und wendet sich ab, beschäftigt mit seinen aufkommenden Gefühlen und Gedanken, welche in einem uferlosen Hass übergehen. Doch diesmal gilt jenes zerstörerische Feuer nicht der Obrigkeit, sondern den Menschen, die ihm nicht zuhören.

„Es wäre so einfach.", zischt er flüsternd durch seine fast geschlossenen Lippen, ihre Schwäche aufs Schärfste verurteilend, denn letztendlich ist es ihr Unwille, der ihn mit hinunter in den endlosen Abgrund zieht. Und so paart sich das ursprüngliche Feindbild mit einem Neuem und schafft einen kolossalen Kontrahenten:

die gesamte Welt und ihr dysfunktionales System, welches sich nun bis in die tiefsten und verborgensten Lokalisationen menschlicher Existenz gefressen hat.

Innerlich brennend blickt er zum wolkenverhangenen Himmel und spürt die kühlenden feinen Tropfen auf seinem müden Gesicht, sich ein wenig Klarheit in der Hitze seiner Affekte wünschend und sei es lediglich ein einziger Keimling, welcher zu einer Idee heranwächst, vom staubigen und mit Fäkalien übersäten Boden bis ins Parlament zu kommen.

Stundenlang streckt er seinen Hals und verliert sich in den ineinanderlaufenden und vorbeiziehenden Wolkenformationen, welche noch immer nicht aufgehört haben, ihre schwere fluide Last abzuwerfen. Bild um Bild resümiert er das Geschehene, betrachtet in seinem Geiste beinahe jedes einzelne Gesicht der temporär versammelten Meute und kombiniert seine subjektiven Eindrücke mit den täglichen Nachrichten, welche fragmentarisch auf unzähligen gigantischen Bildschirmen, stehend auf den teils eingefallenen Dächern dieses Slums flimmern und dem Pöbel die Illusion einflößt, dass das Leben in diesem Land nie besser gewesen sei.

„Ist es eine Frage der Intensität, oder der Kontinui-
tät?", fragt er sich, ein wenig benommen von der pathologischen Körperhaltung, seinen Kopf senkend, um rationaler zu
den zusammengekauerten und frierenden Menschen zu blicken.

In unmittelbarer Nähe hustet eine ältere Frau blu-
tend einen Teil ihrer Vitalität aus und wischt jene pulsierenden
Partikel zittrig von ihren spröden Lippen. Schräg dahinter
sucht ein kachektischer Junge in einem Haufen stinkenden
Abfalls mit seinen geschundenen Händen nach jeglicher Art
von Nahrung. Ein halb auseinandergerissener und ausge-
schlachteter Kadaver eines unbekannten Tieres lockt eine Familie Ratten an.

„Weder noch – es ist wesentlich fundamentaler.", erkennt er, „Es ist eine Frage existenzieller Angst."

Ex ego

„Dann müssen wir sie halt zwingen!", schreit ein auf-
gedunsener Mann aufgebracht zu einem seiner politischen
Mitstreiter, den dampfenden Kaffee beinahe verschüttend.

Zähflüssige Partikel verlassen seine Lippen und ver-
streuen sich in der stickigen Luft, welche beinahe jede Bewegung schwerfällig werden lässt, sofern es nicht am exorbi-
tanten Gewicht des fleischigen Körpers liegt. Zitternd unter
Spannung blicken die winzigen Augen im Zuge unbeherrsch-
ter Wut zum armen schlanken Mann, welcher die schicksals-
hafte und undankbare Aufgabe innehat, aktuelle politische
Begebenheiten zu melden und somit zu einer schutzlosen
Projektionsfläche gegenüber seines Übergestellten wird.

Außerhalb der gewaltigen Fenster spült der Regen
den Dreck von den Straßen, bindet den Gestank von Armut
und Verzweiflung, welche in diesen Räumen keine Bedeutung
hat, auch wenn es nur wenige Meter sind, welche die desas-
trösen Zustände von der hier innewohnenden Dekadenz
trennt, denn es ist nicht die räumliche Distanz, welche einen
Schutz bietet und in Gleichgültigkeit übergeht, sondern die soziale Position.

„Wie? Sie haben nichts, was wir ihnen noch nehmen
können.", entgegnet vorsichtig der Angestellte, seine Worte
bereuend, noch ehe er sie ausgesprochen hat, sich wünschend, jene so leise geflüstert zu haben, dass sie den fetten
Mann nicht erreichten, doch es ist bereits zu spät.

„Findet einen Weg. Es ist mir egal wie.", wendet sich
der erzürnte Dicke von jenem überforderten Mann ab und
widmet sich seinem ausgiebigen Frühstück zu, um den inneren Frust mittels Würstchen, Rührei und Speck hinunterzu-
würgen.

Noch immer konnte er nicht verstehen, wie sehr sich
die Menschen unterjochen ließen, ohne über eine kaum merkliche Unmutsbekundung hinaus die Kraft aufzubringen, jenes
System zu stürzen, dessen Teil er mittlerweile geworden war,
denn wenn er eines verstanden hatte, dann, dass es effektiv
war, eine Weile am Spiel der Großen mitzuwirken, vorzugau-
keln, jene dysfunktionale Herrschaft zu unterstützen, bis der
richtige Augenblick gekommen war, auszubrechen und das
Fundament von Innen heraus zum Einsturz zu bringen.

Doch alleine konnte er dies nicht bewerkstelligen. In
dieser Situation benötigte er den bürgerlichen Druck auf die
Politik, doch genau daran fehlte es. Aus diesem Grund hatte
er die letzten Monate daran gearbeitet, die Zustände der unteren Bevölkerung drastisch zu verschlimmern, die Ärmsten
noch weiter zu drangsalieren, sie mit offensichtlicher politischer Dekadenz so weit zu provozieren, dass sie laut auf-
schrien.

Doch sie begehrten nicht auf, im Glauben, dass es
nicht noch schlimmer werden könne.

Waren sie so weit gebrochen, dass jeder Keim von
Auflehnung verdorrt war, noch bevor er aufkeimen konnte?

Eine weitere Eskalationsstufe bestand nun darin, ge-
kaufte Bürger in die Slums zu entsenden, um mit deren Hilfe
Demonstrationen auszulösen, die Menschen unentwegt sozial
zu manipulieren, auf die Schreckensherrschaft hinzuweisen
und darauf, dass es ein Politiker gab, welcher mit ihrer Hilfe
die Politik auf den Kopf stellen würde.

So war der Plan.

In wenigen Stunden würde er auf der Tribüne stehen und öffentlich gegen das System hetzen, vor einem aufgewiegelten Mob stehen und mit diesem die schweren Metalltore aufbrechen, um jeden Minister aufzuknüpfen, Gerechtigkeit walten zu lassen und die direkte Demokratie auszurufen.

Ein Staat, welcher den Reichtum der obigen 1 % nahm und sie gerecht unter allen verteilte und zukünftige Entscheidungen nur durch korrupte Repräsentanten zu leiten, sondern durch jeden Bürger selbst. Es würde Jahre dauern, bis sie die ihnen neu herangetragene Kompetenz wahrnähmen und zu mündigen Menschen heranwuchsen. Eben diese Übergangszeit müsste er begleiten und dafür sorgen, dass alle etwaigen Störfaktoren augenblicklich und unerbittlich niedergeschlagen würden.

Eine Diktatur als Übergang.

„Ich danke euch und ich möchte nicht sagen, dass ihr mir vertrauen könnt, denn wer um Vertrauen bittet, verdient es in der Regel nicht. Ich bin ein Mensch und demnach kann ich mir selbst nicht gänzlich vertrauen. Ich möchte jedoch behaupten, aus gutem Grund so gehandelt zu haben, wie ich es tat. Ich ertrug den Anblick nicht mehr von Menschen, die aufgehört hatten zu leben und nur noch als atrophierte Geldquellen in diesem Land wandelten.

Diese Ungerechtigkeit musste aufhören.

Ich möchte eine Welt, in der sich jeder von euch gleichberechtigt entfalten kann und im Kontext seiner Ressourcen dazu beiträgt, dass unsere Zivilisation gedeiht. Es darf keine übergestellten Menschen geben

– niemand hat das Recht, sich über andere zu erheben und für die Gemeinschaft zu sprechen.

Nein, ab heute spricht jeder von euch für sich selbst."

Ehrenvoll war sein Vorhaben, humanistisch seine Welt- und Menschensicht, kritisch der Blick auf das aktuelle System, welches skrupellos niedergebrannt wurde.

Keiner der vorherigen dekadenten Bürger hatte diese Evolution überlebt

– es waren abschreckende Exekutionen durchgeführt worden, das pseudodemokratische Parlament aufgelöst und die einstige Verfassung verbrannt.

Er hatte jedes Hindernis überwunden, jeden Gegner durch den aufgebrachten und manipulierten Mob beseitigt und stand nun als Galionsfigur an der Spitze einer neuen gerechteren Bewegung als Mensch, als Vertreter der Masse, dem ein jeder vertraute, wahrscheinlich, weil niemand wusste, was er alles angestellt hatte, um diesen Umbruch zu initiieren.

Im tosenden Applaus jener hoffnungsvollen Menschen badete er in dieser Aufmerksamkeit und Macht, die sie ihm gegeben hatten. Und ein winziger Teil in seinem Herzen wusste bereits, dass er sie nicht mehr abgäbe.

 Fenster

Eine Wand

Und plötzlich war es da

– ein Fenster.

Unscheinbar erschuf es die Illusion, meine Küche wäre über Nacht größer geworden.

Was ein simples Loch in einer Ziegelwand doch ausmacht.

Doch lange währte die Freude nicht, denn der erhoffte Ausblick auf die Skyline dieser lebendigen Stadt war versperrt. Eine gewaltige, teils unverputzte, öde Hauswand stellte sich jener Sicht in etwa fünf Metern Entfernung entgegen und schuf somit ein noch beklemmendes Gefühl von Enge.

Wenn ich mich weit hinauslehnte und zur Seite blickte, war es mir möglich, ein paar vorbeilaufende Passanten und Autos zu erkennen; mehr mochte mir dieses neue Fenster nicht gönnen und ich fragte mich, weshalb sie es dann nicht entlang der Straßenseite angebracht hatten?

War es Kalkül, die Freude darüber, die bisschen verbliebene Hoffnung gänzlich zu zerstören, indem ich nun gezwungen war, beim Frühstück immer auf das ewige Grau zu blicken?

Ein dichter Nebel entfaltet sich, baut sich als unüberwindbares Hindernis vor mir auf, geschaffen, um mich vom Leben jenseits dieser Mauern zu trennen, zu isolieren, als wäre ich eine Gefahr für die Allgemeinheit, als dürften meine Gedanken nicht mehr Platz einnehmen, als diese verwahrloste Zweizimmerwohnung.

Meine Existenz gefährdet das Leben anderer

– so suggerieren es die Medien.

Doch wodurch definiert sich Leben, wenn nicht durch eine Auseinandersetzung mit der materiellen und sozialen Umwelt?

Was ist Leben, wenn nicht auch die Vergänglichkeit durch den Tod, um dem Neuen, dem besser angepassten Individuum die Möglichkeit zu geben, zu erblühen?

Ich verstehe es nicht. Weshalb werde ich bestraft?

Seit Monaten kauere ich in diesen einengenden Wänden und erhalte lediglich durch dramatisierende Berichterstattung einen manipulierten Einblick in die Welt dort draußen. Leere Straßen, kaum vorbeiziehende Metallkolosse, versiegtes Kinderlachen, lediglich vereinzelt das Bellen eines Hundes, nur aus dem Grund flüchtig angeschafft, um eine Legitimation zu haben, für ein paar Minuten diese Enge zu verlassen
– ein anderes Lebewesen als instrumentalisierte Freiheit.

Und ich?

Ich blicke auf diese bedürftig verputzte Ziegelwand und verliere mich in den abstrakten Mustern, die meine Fantasie auf den Unebenheiten zeichnet, als wäre jene Mauer meine persönliche Leinwand. Mir fehlt es an Utensilien, an Farbe und an Kreativität; ich bin kein Lebenskünstler.

Ich möchte mich von diesem Symbol meiner Gefangenschaft abwenden und doch kann ich es nicht. Ich bestrafe mich selbst durch die kontinuierliche Vergegenwärtigung meiner Situation mit den damit verbundenen Gefühlen von Trauer und endloser Leere.

Tagein, tagaus warte ich sehnsüchtig auf den einen sozialen Kontakt, welcher hinter einer weißen Maske versteckt mein Mittagessen bringt. Mehr als ein flüchtiges „Hallo" ist mir nicht gegönnt. Aus einer maximal möglichen Distanz heraus streckt er seine Arme aus und überreicht das erkaltete Essen, um sich wenige Sekunden später wieder auf den Weg zu machen, weiteren Isolierten den Magen zu füllen.

Jedes Mal überlege ich, ob ich Neid empfinde, da er seine Wohnung verlassen und die Straßen betreten darf, doch letztendlich ist es eine moderne Form der Sklaverei. Arbeiten darf der Mensch, wenn er seine kostbare Zeit in einem systemrelevanten Beruf opfert, doch leben darf er nicht. Keine kulturellen Veranstaltungen, keine Freunde treffen, nicht einmal kurz auf einen Spaziergang. Welch ein Hohn, welche eine Schikane, die sich jeder vernünftigen Argumentation und Wissenschaft entzieht.

Und dennoch, in der hiesigen internalisierten Angst gebunden, fügen sich die Menschen und siechen in ihren eigenen vier Wänden dahin, darauf hoffend, dass der Tag kommen wird, an welchem die Regierung das genommene Leben zurückgibt.

Auch ich gehöre unter ihnen.

Ich möchte nicht, dass jemand meinetwegen stirbt. Dies ist das Dilemma dieser Situation. Eigentlich weiß ich es besser, eigentlich müsste ich es besser wissen und doch habe ich Angst.

Ich habe Angst, mich zu infizieren und andere anzustecken, Angst vor dem Kontakt mit anderen Menschen, denn ständig liegen mir die emotionalen Bilder in Plastiksäcken eingewickelter Leichen vor dem geistigen Auge, verbunden mit den stündlichen neuen Todesfällen.

Wieder ein Mensch, der es nicht geschafft hat, wieder eine Seele, die einsam unter der Beatmungsmaschine aufhörte zu existieren.

Sie ging in Einsamkeit, keine warme haltende Hand und Worte des Trostes. Ich möchte so nicht sterben, doch leben möchte ich so auch nicht.

Wofür bin ich noch hier?

Wofür stehe ich jeden Morgen auf, wenn mir die Perspektive fehlt, diesem Gefängnis zu entkommen, da mir die Selbstwirksamkeit entrissen wurde, irgendetwas zu verändern?

Das warme und lebendige Knistern der Verpackung, welche mir ein wenig Widerstand bietet, währenddessen meine bleichen Finger versuchen den Knoten der Plastiktüte zu öffnen, ähnlich dem erfrischenden Rauschen tosender Wellen, welche sich am weißen Strand brechen, um Neuigkeiten jenseits des Horizonts an mich heranzutragen.

Neuigkeiten in Form von exotischen Gewürzen und Aromen, die mir für einen Augenblick das Gefühl geben, nicht gänzlich desintegriert zu sein. Kaum geöffnet, werde ich überflutet von diesen olfaktorischen Sinneseindrücken und nehme betört die Styroporschale, um mich an meinen Lieblingsplatz zu begeben

– die leere Fensterbank mit Ausblick auf diese monotone Mauer.

Nur heute ist etwas anders.

Ein Fenster

Irritierend funkelt reflektierend die glatte Glasfläche eines einzigen Fensters inmitten dieser öden Wand mir gegenüber und lässt ein paar erhellende und wärmende Lichtstrahlen in mein Gesicht werfen, welches irritiert auf diese unvorhergesehene Veränderung reagiert.

Wieso bemerke ich es erst jetzt?

Es wirkt nicht, als wäre es erst kürzlich eingebaut worden, sondern fügt sich harmonisch den verwitterten Backsteinen hinzu; nein, es muss schon immer dort gewesen sein, nur ich habe es nicht gesehen.

Ich bin so fasziniert und erregt, dass mir mein asiatisches Essen vollkommen vergesse und erkalten lasse, bevor ich mich von diesem himmlischen Anblick abwenden kann, gefüllt mit mir unzähligen Fragen.

Denn vorher war dies einfach nur eine beengende und Sicht nehmende Mauer, jetzt ist sie Bestandteil der Wände einer mir gegenüberliegenden Wohnung und demnach ist die Wahrscheinlichkeit hoch, dass dort jemand lebt.

Wer ist es?

Und was macht diese Person dort?

Was zeichnet sie aus?

Ist sie genauso eingesperrt wie ich?

Trägt auch sie das tiefe Gefühl einer bedrückenden Einsamkeit in sich?

Ich habe so unendlich viele Fragen und beschließe den restlichen Tag das gegenüberliegende Fenster zu beobachten und das Geheimnis dessen Existenz aufzuklären.

Allemal ist es sinnvoller, als sich mit den destruktiven Nachrichten auseinander zu setzen, in welchen der Gesundheitsminister weitreichende Grundrechtseinschränkungen propagandiert und die breite gehirngewaschene Masse zustimmend applaudiert und dies, obgleich sie unter den exzessiven Maßnahmen leidet, sich in ihrer moralischen Überlegenheit jedoch dazu entschließt, wie Jesus Christus das Leid auf sich zu nehmen, um diese Welt ein Stück besser zu machen.

Ich schüttle diese Gedanken ab und blicke aus der Dunkelheit meiner Wohnung durch mein Fenster, in der Hoffnung hinter dem reflektierenden Glas eine Person zu erkennen.

Angestrengt durchdringt mein Blick die hinter der reflektierenden Fläche herrschende Dunkelheit und tastet kaum merkliche Veränderungen in den Helligkeitsstufen ab, um aus diesen abstrakten Formen heraus zu erahnen, welche Objekte die geheimnisvolle Wohnung schmücken.

Mag dies leichte Abdunklung an der unteren rechten Ecke das Fragment eines Schrankes sein und der leicht aufgehellte Fleck oben die Andeutungen einer Lampe?

Ich weiß es nicht, doch mein Verstand schmückt diesen Ort mit jedem notwendigen Utensil aus, bis ich eine gesamte Pseudovorstellung von diesem Raum habe und mental hindurchschreiten kann. Verschwommen zeichnen sich die Möbel, die Bilder an der Wand und die spärlichen Pflanzen ab, als befände ich mich in einem Aquarell. Währenddessen mein Geist dieses dreidimensionale Werk beschreitet, fließt die Zeit davon und lässt die abstrakten Schatten organisch wandern, bis auch sie in der Dunkelheit gänzlich verschwinden und nichts als ein monotones Schwarz übrigbleibt, in welchem ich drohe mich zu verlieren.

Erschrocken ziehe ich mein Bewusstsein aus dieser Astralreise und wende meine müden Augen von dieser hässlichen Backsteinwand ab, erschöpft nach Sauerstoff und Ruhe hechelnd, welche mir nicht gegönnt wird, denn die Enge meiner eigenen vier Wände, gekoppelt mit dem Pandemiegeschehen reißt mir den Boden unter den Füßen weg und lässt mich emotional tief fallen.

Ich möchte das nicht mehr.

Ich möchte frei sein, möchte meine Wohnung verlassen, einfach nur, um ziellos die Straße entlangzuspazieren und die Menschen dabei zu beobachten, wie sie ihre irrelevante Existenz in Banalitäten verschwenden, sei es durch triviale oder oberflächliche Gespräche, welche dazu dienen andere zu diskreditieren oder das Fundament ihrer Persönlichkeit mittels Alkohols fortzuspülen.

Noch vor Monaten habe ich mich an diesen erbärmlichen Individuen abgearbeitet und sie gehasst für das, was sie sind. Heute jedoch vermisse ich sie.

Ich vermisse diese menschliche Dummheit und Leichtigkeit einfach nur zu sein auf Kosten der Umwelt.

Denn wenn wir schon untergehen, so bitte im Zuge einer ausufernden Party. So sterben wir alle eingesperrt in unseren Wohnungen, welche ursprünglich ein Gefühl von Heimeligkeit versprühten und jetzt gleich einem Gefängnis klaustrophobische Zustände triggern.

Die Freiheit bedenkenlos zu leben, ja sogar seine eigene Existenz zu gefährden ist uns genommen und wir prallen mit voller Wucht an eine Wand der Ernsthaftigkeit, welche mit jedem Atemzug verdeutlicht, mit welchen Konsequenzen Handlungen verbunden sind.

Ich blicke noch einmal zu diesem schwarzen Fenster, seufze ermattet in die Nacht hinein, denn ich habe meine Hoffnung verloren. Dort wartet kein kleines Abenteuer auf mich, kein Einblick in ein anderes Leben, an welchem ich mich satt sehen kann.

Es ist einfach nur dunkel und leer.

So stehe ich in der bedrückenden Stille dieses Zimmers, welches durch das spärliche Mondlicht jede aufheiternde Sättigung verloren hat und die Objekte als graue Gebilde in ein Vanitas-Stillleben transformiert und mein ausgemergelter Körper als Sinnbild für die menschliche Vergänglichkeit darin gefangen ist.

Diese Ungewissheit, dass selbst die Pseudoexperten keine Prognose abgeben können, wann mit einem Freedom Day zu rechnen ist. Stattdessen sind sie bemüht sich in ihren teils apokalyptischen Szenarien zu überbieten und debattieren über weitere Grundrechtseinschränkungen, beispielsweise kritisch über diese Regierung in den sozialen Netzwerken zu argumentieren.

Es wird nicht besser, seit zwei Jahren schon nicht.

Und sollte es ein völkisches Tosen geben, oder den Hauch eines Grummelns, jeder Widerstand würde erstickt, noch eher er beginnen würde. Und so haben wir, habe ich aufgegeben, mein rettendes Licht verloren, welches ich hoffte in diesem Fenster inmitten der Backsteine zu finden.

Ein Licht

Der nächste Morgen ist trist und lebensfeindlich wie jeder andere auch, unfähig sich durch etwas Außergewöhnliches, sei es noch so klein, irgendwie von den anderen Tagen abzuheben, als durchlebte ich einen Tag immer wieder aufs Neue, nur dass mir nicht die Möglichkeit gegeben ist, manipulierend darauf einzuwirken.

Ich kann lediglich zusagen, wie sich die Zeit an meinem Leib bricht und etwas aufgewirbelt weiterzieht. Lustlos
sitze ich vor meiner Schüssel Knusper-Schoko-Flocken und
zwinge mir die klebrige und zähflüssige Masse hinein, weil
mir die Kraft fehlt, gegen den Hunger anzukämpfen. Ich esse,
um überhaupt etwas zu fühlen und sei es das beschwerliche
Sättigungsgefühl in meinem Magen, welches mich in wenigen
Minuten dazu zwingen wird, mit Magenkrämpfen zur Toilette
zu rennen.

Schmerzen als Zeichen des Lebendigen.

Noch immer zischt die Klospülung, als ich das unauf-
geräumte Wohnzimmer betrete und glaube, im Augenwinkel
eine Bewegung erhascht zu haben.

War sie wirklich da?

Habe ich mich auch nicht geirrt?

Ich haste zu meinem Fenster und blicke zur gegenüberliegenden Mauer, um dort eine Person zu erspähen, welche wohl tanzend an ihrem Fenster vorbeihüpft.

So merkwürdig dies auch sein mag

– ich liebe es.

Ich beneide diese erhaltene Leichtigkeit und lächle
diesem Spektakel zu

– nein, einer kleinen Revolution, sich aufzulehnen
gegen die Tristesse des auferlegten Lockdowns.

All die Schwere der Einsamkeit und Enge fehlt in den
leichten Bewegungen, welche grazil ein Ballett vollziehen.
Mental füge ich eine mir beschwingte Melodie hinzu, begleitet
von einer lieblichen Stimme, welche ungebrochen klar von
Freiheit und Freude singt.

Wer ist diese Person?

Gespannt stehe ich hinter meinem geschlossenen Fenster und verliere mich in diesem erheiternden Sog, ohne genau zu wissen, wer sie ist, denn die diffundierte Silhouette vermag es lediglich, etwas Zweidimensionales hineinzuinterpretieren. Ich muss warten

– nein, ich werde warten, solange bis ich etwas mehr erkennen kann und vielleicht den Schlüssel erblicke, welcher es dieser Person ermöglicht zu leben.

Gemeinsam mit jener wundervollen Melodie fließt die Zeit und lässt die beschwerlichen Morgenstunden verfliegen, als seien sie reisende Wolken, welche neugierig danach trachten, Abenteuer jenseits des Horizonts zu erleben.

Lächelnd nehme ich das eingepackte Mittagessen des Lieferdienstes entgegen und erhalte eine irritierte Reaktion hinter der weißen Maske, als wäre meine Freude in dieser Pandemie unangebracht. Weshalb sollte ich auch glücklich sein, wenn die Nachrichten von einer ungebremst steigenden Inzidenz berichten, neue Bilder von Verstorbenen zeigen und verbale Auswürfe von zufällig befragten Passanten, welche von der gesamten Menschheit fordern, sich freiwillig zu isolieren, um niemanden umzubringen?

Auf dieser endlosen Beerdigung habe ich dennoch meinen Frieden gefunden, bin nicht zerbrochen und vielleicht mag es diese Stärke sein, welche mein anonymes Gegenüber verärgert. Jener Mann mag im Echo seiner Schritte das Treppenhaus hinabsteigen und die nächsten Hungernden aufsuchen; ich jedoch bleibe hier in meiner Wohnung und genieße jene Oper.

Mediterrane Dämpfe steigen aus der geöffneten Plastiktüte und erinnern mich daran, dass ich passend zu diesem Fenstertheater etwas Italienisches bestellt habe. Glücklicherweise finde ich noch etwas Rotwein und begebe mich so auf eine kulinarische Reise als stiller Beobachter des Lebens eines anderen Menschen.

Selten hat mir ein Mittagessen so sehr gefallen, so intensiv meine olfaktorischen, gustatorischen und visuellen Nerven geschmeichelt.

Ein perfekter Moment, ein Lichtblick meines einsamen Daseins und obgleich jene Person es nicht wissen kann, sind wir miteinander verbunden und nicht mehr allein.

Allmählich ziehen die Schatten über das Mauerwerk und deuten darauf hin, dass die Sonne die Skyline passiert und diese Stadt allmählich zur Ruhe bettet, auch wenn es keinen merklichen Unterschied zum Tagwerk einläutet, denn seit zwei Jahren sind die Straßen beinahe wie ausgestorben.

Und auch mein persönliches Spektakel scheint eine unerfreuliche Pause eingelegt zu haben, denn die fließenden Bewegungen jener, mir, fremden Person spielen sich nun jenseits dieses kleinen Einblicks ab. Vielleicht schläft sie ermattet vom Tanz und überlegt in ihren Träumen, von welcher Gestalt ihr nächster Auftritt sein wird und sei es lediglich ein kurzes Vorbeigehen. Hauptsache ich weiß, dass sie noch da ist und mit mir gemeinsam die Isolation bezwingt.

Der Rotwein wirkt nachhaltig und lässt die Umgebung etwas verschwimmen und sich drehen

– betäubt sind meine Sinne, bis auf das stetig wachsende Gefühl von Verlust.

Ich möchte ihr die Ruhe gönnen, ein Leben jenseits ihres Fensters, doch warum versteht sie nicht, dass ich sie brauche?

Nicht ein einziges Mal stand sie gedankenversunken hinter dem spiegelnden Glas, um neugierig hinauszublicken und zu erkennen, dass sie einen verzweifelten Zuschauer hat.

„Bitte geh nicht.", wimmere ich leise in die hinunter fließenden Tränen, starr und gebrochen hinüber blickend,

„Bitte geh nicht."

Aus einem Seufzen wird ein hörbarer Ruf, ein Todesschrei der einkehrenden Ohnmacht. Verzerrt schallt jener aus meinem Fenster und bricht sich wiederholt an dem verwitterten Gemäuer, bis aus der Dunkelheit heraus das Licht angeht und ich erstmalig einen detaillierten Einblick in die Wohnung der anderen Person erhalte.

Und es dauert eine Weile, bis ich unbestreitbare Ähnlichkeiten zu meinem Zimmer feststelle. Und dann steht sie vor dem Fenster und öffnet das reflektierende Glas, mich mit einem wahnsinnigen Lachen anstarrend.

Es ist mein eigenes Gesicht.

Diese Kurzgeschichte ist all jenen zerbrochenen Individuen gewidmet, welche ihr Leben und ihre Freiheit im Zuge der Lockdowns im Kontext der Covid-19-Pandemie und damit einhergehenden menschenunwürdigen Isolation verloren haben.

#wirvergessennicht

 Tomate

Frühling

Geben Sie mir Zeit, ich muss mich besinn'

– denn wie sollte ich wohl am besten beginn'?

Nicht einfach ist der Anfang geschrieben, auch wenn bereits Stunden liegen geblieben. Die Bilder habe ich doch vor mein' geistig' Aug', doch wie transformieren, dass mir geglaubt? So beginne ich einfach typisch schlicht, in Reimform, dieses Fabelgedicht:

Es war einmal eine Tomate klein und wie sollte es auch anders sein

– war ihr Leben beschwerlich gar, da sie schlicht nicht angepasst war.

Klein und unscheinbar in der Hand, als Samen sie ihren Anfang fand. Neben Brüdern und Schwestern gelegen, wurde sie beinahe übersehen. Die übrigen fanden nur gehässige Worte, leider waren sie von dieser Sorte. Lachen und Jauchzen, Brüllen und Schrei'n, wollte die kleine Tomate wein'.

Doch erstmal ging es in die Erde hinein, abgedeckt ein neues Heim. Dunkelheit und Stille waren, die kleinen Tomaten rein gar nichts sahen. Ganze zwei Wochen sollte es dauern, bis sie sich zu erheben trauten. Geschützt vor Wetter, Regen und Wind, gedieh ein jedes Tomatenkind.

Bis auf Thomas, der Samen klein, wollte sie nicht recht kräftig sein.

„Was ist nur los, was stimmt nicht mit mir?", wimmerte sie leise im Erdreich viel. Zweifel und Trauer, den Tränen nah, die anderen waren ihrem Ziel sehr nah.

„Du bist so mickrig, erbärmlich und schwach.", erneut das große Gelächter ausbrach.

Es war so einfach, auf Thomas zu schimpfen, die Nase zu heben und etwas zu rümpfen. Fühlten sich besser, wenn Thomas stagnierte, unentwickelt im Erdreich krepierte.

Stunde um Stunde strengte sie sich an:

„Ich weiß es; ich doch wachsen kann."

Mit aller Kraft Stück für Stück, doch enthielt sich ihr die Freude und das Glück. Die Brüder und Schwestern hatten durchstoßen, die Erde und die Sonne genossen.

Wärme und Licht

– eine Pflanze strebt und ihr Haupt zum Himmel hebt.

Sprießen ihre Wurzeln durch den Grund, wirkten kräftig und gesund. Nährstoffe zogen sie aus dem Reich, der lockeren Erde nährstoffreich. Gierig absorbierten sie unentwegt, all das Leben aus dem Beet.

Und Thomas dachte, nein, wusste genau, geplatzt die Blase, der schöne Traum. Niemals nie nicht kräftig rot, vor dem Leben bereits vergessen und tot. All die Hoffnung fortgespült, in Selbstzweifel und Trauer sich gesuhlt.

„Ich bin mickrig, sie haben recht. An mir ist's anders, ich bin schlecht."

Und so lag der Keimling gebrochen, vernarbt, kein Lebenswille an diesem Tag. Wäre nicht plötzlich eine helfende Hand, denn Regen kehrte in das Land. Aus großer Höhe im freien Fall, erst ein einziger Regenstrahl; folgten Tropfen und fielen gewiss, Krater um Krater in die Erde bis, genau über Thomas schwaches Haupt, der Aufprall, die schwere Decke laut, katapultierte grollend und tosend leicht, und die Tomate sah den Himmel so gleich.

Sie war befreit von der schweren Last, hatte jedoch den Anschluss verpasst. Die anderen waren gewachsen bereits, die Frieda, Gustav und Karl-Heinz.

„Da bist Du ja und ordentlich spät, ich glaube nicht, dass noch etwas geht." Denn je größer eine Pflanze ist, desto mehr sie notwendige Nährstoffe frisst. Der Boden so bereits ausgelaugt, beinahe das Leben aus Thomas gesaugt, musste sich das Pflänzchen bedienen, von den Resten, bereits versiegten.

Hämisch grinsend auf hohem Ross, Spott und Tadel

– der arme Spross.

„Ihr habt recht, ich werde vergehen, niemals die Sonne scheinen sehen.", weinte das unscheinbar mickrige Kind, im kühlen Regen, dem seichten Wind.

Und als die Hoffnung gänzlich verschwand, berührte sie zart altbekannte Hand.

„O meine Kleine was ist mit Dir los? Weshalb wirst Du mir nicht stark und groß?" Blickte gebrochen der Gärtner hinab, in das scheinbare Pflanzengrab. So klein und winzig zwischen prächtigen Pflanzen, ein furchtbarer Anblick im Großen und Ganzen. Und so ratterte des Gärtners fachkundig Verstand, suchte nach Lösungen bis er sie fand.

Über Thomas Haupt war ein bedrohlicher Schatten, Finger gewaltig seine Wurzel im Griff hatten.

„Jetzt ist's aus, ich werde vergehen

– mich leblos auf dem Kompost sehen."

Aus der Höhe weinend er sah, das gesamte Beet und gewaltig es war. Tausende Pflanzen in Reih und Glied, marschierend zu einem Kriegslustlied. Erschreckend die Farben aus Rot und Grün, gewaltige Früchte und Blüten, die blüh'n. Kaum sahen sie das Pflänzchen schwach, ertönte ein hämisch lachend' Krach. Alle auf das Pflänzchen zeigten, die Stängel hoben und sich nach oben neigten. Denn er selbst war mickrig und furchtbar klein, nicht eine Frucht sollte an ihm sein.

Im hohen Bogen und schwerelos:
„Was hat er vor, was möchte er bloß?"

Ging es in neue Erde weich, ein eigener Topf

– ein eigenes Reich.

Überrascht über menschliches Mitleid gezeigt, hat sich Thomas dankbar verneigt. Noch nie zuvor war ihm Güte geschenkt, nie in Freundschaft der Fokus gelenkt. Ein neues Gefühl, merkwürdig und fremd, beinahe eng und emotional beklemmt.

So brauchte es Zeit, um zu verstehen, das neue Leben anzunehmen. Stand sein Topf auf dem Fensterbrett, dicht, ausreichend Wärme und ausreichend Licht. Täglich war jener Gärtner da, beobachtete und analysierend sah. Die Zeit dazwischen, die tragende Stille, ruhte das Pflänzchen, fokussierte den Willen.

Sommer

An dieser Stelle könnte sie zu Ende sein, dies' Fabel mit eingebundener Moral gar klein. Doch dieses Abenteuer erst beginnt, da der Autor noch weiterspinnt.

So haben wir eine kleine Tomate nun, zierlich, mager und ziemlich dysthym. War sie dem Groll und Hass ausgesetzt, wurde emotional traumatisiert, verletzt. Die Rettung kam durch des Gärtners Hand, welcher ein neues Zuhause fand. In einem Blumentopf ans Fenster gestellt, wurde die Perspektive ein wenig erhellt. Dennoch blieb die Trauer nah, da Thomas die anderen Tomaten sah. Wie sie gediehen, prächtig und fein, im Gegensatz zu ihm angeschlagen und klein.

„Wieso nur möchte ich nicht recht sprießen? Weshalb funkelnd Tränen bei mir fließen? Was nur mag bei mir nicht stimmen? Werde ich später einmal erklimmen

– des Himmels blaues Zelt?"

Es ließ sich nicht leugnen, er genoss die Ruhe, die Wärme und Strahlen der Sonnenflur. Doch Einsamkeit war ein hoher Preis, allein sein von Kopf bis Steiß. Lediglich aufmunternde Worte gesagt, konnten retten den stillen Tag. Jedes Mal zur gleichen Zeit, und Thomas wusste, es ist so weit, strichen

die Finger des Gärtners sacht, über die Blätter vor jeder
Nacht.

„Hier hast Du Ruhe, gedeihe, mein Kind. Die anderen
nicht Deiner würdig sind. Bist Du besonders auf Deiner Art,
auf Deinem kämpfend beschwerlichen Pfad. Doch warte nur
und lass die Sonne lachen, das Wasser die Erde fruchtbar machen. Ein wenig Dünger und Pflege hier, sei Dir sicher, ich ver-
spreche Dir; wirst auch Du auch eines Tages tragen, rote Tomaten und keine Plagen.“

Unter dem silbern' Mondenlicht, das Pflänzlein ruhte,
träumend Sicht. Gingen die Worte im Verstand, schufen ein
kognitiv fruchtbares Land. Stück um Stück gedieh der Trieb,
was anderes Thomas nicht übrigblieb. Dies war seine Bestimmung, sein einzig' Ziel, rote Früchte, kräftiger Stiel.

Und wenn er schlief, so war er das auch, eine majestätische Pflanze, geliebt und gebraucht. Blickten zu ihm gänzlich ohne Hass und Hohn, die übrigen Pflanzen zu ihrem Sohn.

„Wunderschön die roten Früchte, es waren also
wahr, die hiesigen Gerüchte. Bist Du wie wir reichlich geseg-
net, wird Dir die Zukunft sogleich geebnet. Nun komm und ge-
deih' mein Kind, zusammen wir Tomaten sind.“

Gerührt von jener Freundlichkeit, gleichgeschalteter
Herzlichkeit, war die Freude überschwänglich, dependent und
sozial anhänglich. Gemeinsam in Reih und Glied dicht stehen,
zusammen der Sonne entgegensehen, vereint sich als Tomate
definieren, andere Pflanzen selektieren. So einfach, wenn die
Gleichheit obsiegt, propagandierten Dogmen erliegt. Wenn
Abstand zur Materie fehlt, unkritisch den sozialen Konsens
wählt, ist das Leben ohne Widerstand, einfach in diesem Tomatenland.

Der nächste Morgen im goldenen Licht, der Sonne
Wärme aufheiternd spricht; öffnete das Pflänzchen klein,
seine Augen in brachialer Pein. Denn die Realität hatte ihn ein-
geholt, die Erkenntnis seinen Hintern versohlt. War der Kontrast zum Traume gewiss, ein tiefer Spalt, eine Zäsur, ein Riss.

Eine leichte Schwere hing an ihm, unglaublich, doch wie es schien, war eine Frucht an seinem Leib und so waren sie nun endlich zu zweit.

„Ich grüße Dich, mein kleines Kind. Meine Liebe, Dir freundlich gesinnt. Ich werde Dich nähren und halten fest, bin Dir Mutter, Vater, das Nest."

Freudig liefen Tränen im mystisch' Glanz, der Sonne funkelnd perfekt gar und ganz. Ein Erbe war der Pflanze geschenkt, das Schicksal in die richtige Richtung gelenkt. Jetzt war klar, sie lebte nicht für sich, die kleine Pflanze fragil

– zerbrechlich.

Ein neues Ziel für die Frucht zu leben, trotz widriger Umstände nicht aufzugeben. All die Pein aus der Vergangenheit, Dogmen von Überlegenheit; hatte Thomas ein Wunder vollbracht, sich losgelöst kollektiver Macht. Auch der Gärtner war in Freude gebracht, berührte das Pflänzchen in Liebe sacht.

„Du hast es geschafft mein kleiner Freund, jeden Zweifel ausgeräumt. Trage ich Stolz in meinem Leib, weil ihr jetzt zusammen seid."

Natürlich verbreitete sich dies' Neuigkeit, entfachte Neid

– einen neuen Streit.

„Klein und grün wird sie bleiben, die Frucht des Thomas, ich kann ihn nicht leiden. Wie kann eine Pflanze mickrig, fragil, nur erreichen dies fernes Ziel? Nein, bin mir sicher, denn ich weiß, das Scheitern folgt auf Sohlen leis'. Sieh, Thomas unsere Kinder nur, großartig rot von Perfektion nur. Ändert Dein Kind rein gar nichts gewiss, schafft keine Zäsur, eine Spaltung, einen Riss."

Erneut wurde ein Feuer entbrannt, aus Hass und Neid im Tomatenland. War das Schimpfen, der Hohn und der Spott, noch zu hören am Fensterort. Und wenn das Pflänzchen es gekonnt, es wäre fort, hätte sich woanders gesonnt.

Zu schützen das Leben der kleinen Frucht, vor der Intoleranz tiefen Schlucht.

„Egal was sie sagen, denke immer daran, nur wir zwei, wir sind zusammen. Du bist perfekt, so glaube an Dich, ob grün oder rot, ob farbig an sich."

Ein Lächeln ging von Thomas aus, hoffnungsvoll, warm und innig vertraut. Saß im Topf am Fenster zur Nacht, die kleine Pflanze in neuer Tracht.

Funkelnd die Sterne, silbern der Mond, bläuliches Leuchten, am Himmel er thront. Sacht gefallen, im Schlafe tief, das Pflänzchen Thomas ein wenig schief. Zwischen ihr und den anderen Tomaten, unter künstlich' Licht, im künstlich' Garten, wippte das Gras in seichter Brise, einer flauschig flachen Wiese. Wenige Meter zwischen ihm und ihnen, sollten schon bald die Wochen verfliegen.

Aus klein war groß, doch grün blieb grün, das Kind sich kein neues Kleid anziehen. War die Frucht in der Farbe gleich, lediglich in Masse etwas ungleich. Vielleicht nicht viel, ein wenig nur, so unterschiedlich waren die Dinge, unergründliche Natur.

Herbst

Noch immer hat diese Fabel kein Ende gefunden, Sie Leser an jene Seiten gebunden. Wort um Wort eine Geschichte erzählt, von einer Pflanze auserwählt. Nicht von mir dem Schreiber nein, es sollte die Tomate eines Gärtners sein. Seit Monaten nun unter seiner Hand, ein Gewächshaus auf dem Land.

Die Blätter einst grün im Wechsel der Farben, die Vögel am Ziehen gen Süden waren. Denn die Natur unterliegt einem steten Wandel, geben und nehmen, ein Lebenshandel.

Eine Veränderung auch Thomas betraf, eine Zäsur, die Mut bedarf. Der Gärtner erkannte in ihm Potenzial und traf eine folgenschwere Wahl. So sollte die Pflanze ins Gewächshaus zurück, exponiert internales Unglück. Denn wie sollte sie ihre Frucht beschützen, eine physiologische Entwicklung stützen? Gerne hätte sie erzählt ihrem Kind, eine Lüge, dass alles gut werden wird; doch die Wahrheit war brachial ungeschminkt, eine schwere Zeit hämisch lächelnd winkt. Die Empörung der anderen war gewaltig laut, wie es sein könne, dass sie sich traut. Zurück zur Elite, den perfekten Tomaten, in diesem gleichgeschalteten Tomatengarten.

So war der Tag gekommen bald, eingezogen das Wetter kalt; nahm der Gärtner das Pflänzchen fort, von dem Fenster, dem harmonischen Ort. Und setzte sie in das Gewächshaus ein, neben den Stauden auf einen Tisch

– das neue Heim.

So war es ihr gegeben im künstlich' Licht, zu wachsen, gedeihen bis sie entspricht, den großen Pflanzen prall gefüllt, in einem roten Kleid gehüllt.

„Ach seht, wer uns heute beehrt; der Thomas noch immer unterernährt. Nur eine Frucht ist ihm gegönnt, es fehlt an Kraft diesem Nichtdiligent."

Und zum ersten Mal sah das Kind schockiert, wie gehässig die eigene Spezies reagiert. Spott und Hass seinem Vater entgegen, mit dem Ziel ihm emotional zu treten. Doch wie sollte das Kind dies nur verhindern, den emotionalen Schmerz rasch lindern? Klein und jung, noch grün hinterm Ohr, auch das Kind die Hoffnung verlor.

Unangenehm das Leben ist, die Zeit abrupt zu fließen vergisst. Sekunden zu Stunden werden gezerrt, ein erlösendes Ende hartnäckig verwehrt. Und dennoch wollte Thomas nicht brechen, aufmunternde Worte zum Kinde sprechen.

„Lass sie nur schreien, höre nur meiner Stimme; fokussiere Deine kindlich' Sinne. Wir werden wachsen, leben, gedeihen, wir werden besonders sein. Es zählt alleine, wie Du Dich siehst, ob Du mit Dir selbst zufrieden bist. Bist Du es, so sei es jetzt gut, leg ab des Hasses erodierend Wut."

So bemühte sich die grüne Frucht, zu besinnen, jenseits von Eifersucht. Aus Grün ward Orange

– im kräftigen Ton, Thomas war jetzt dreißig Zentimeter schon. Stolz blickte er auf sein einziges Kind, keinen Makel an ihm find'.

Und eines Tages plötzlich nun, gänzlich ohne sein Tun; kam durch die Tür die Zäsur und Wende, der Gärtner mit Scheren in seinen Händen.

Blickte er ernst zu den gewaltigen Stauden, um sie zu ernten, die Früchte zu klauben. Funkelnd glänzte der Schere Schneide, packte der Gärtner die Früchte in Eile. Und trennte die roten Kinder ab, legte sie in Körbe zum Sterben ins Grab. Schreie vor Schmerzen erfüllten dies' Ort, ein Gemetzel, ein Völkermord.

„Eine gute Ernte dieses Jahr.", kommentierte der Mann, die Tomaten sah. Stück für Stück wurden die Stauden kahl, sie mussten's erdulden, hatten keine Wahl. Erschrocken blickte Thomas zum grausamen Spiel, der Anblick wahrlich nicht leichtfiel. Er hätte können mittels Karma Genugtuung finden, sich an Schadenfreude binden; doch so war es Mitleid, das er in sich fühlte, Trauer und Verzweiflung ihn aufwühlte.

All die Pein, die er musste ertragen, war gerecht an diesen Tagen. Reihe um Reihe, Glied um Glied, nur leeres Gewächs stehen blieb. In ihrer Scham verstummten sie, schwiegen und äußerten sich niemals mehr nie.

Und als der Gärtner die Ernte beendet, sich der fragilen Pflanze zugewendet. Die Tomate glaubte, nun sei es so weit, auch sie würde von ihrem Kind befreit. Eine einzige Frucht, orange gemalt, schuf sie eine begrenzte Vielfalt. Und mitleidig sah der Mann sie an, die Schere noch immer in seiner Hand. Doch hielt er inne und verharrte lang, emotional exponiert, versiegtes Verlang'.

Nein, er konnte ihr nicht das Kindlein nehm', sie sollte letztendlich wieder am Fenster steh'n.

„Du wirst niemals wie die anderen sein, so zierlich, fragil, zerbrechlich und klein. Hast Du Dich gekämpft durch das Leben gebissen, nicht vereinbar mit meinem Gewissen. Hier gehst Du unter

- unbemerkt, Dich hier zu lassen wäre verkehrt.

Doch bei mir zu Hause bist Du wunderschön, so möchte ich Dich jetzt zu mir nehm'."

Und so stand Thomas für den Rest seiner Zeit, wieder am Fenster ohne Kummer und Leid. Der Winter war gekommen und wieder vergangen, die Blumen gänzlich Blüten behangen. Die Vergangenheit war in Vergessenheit geraten, neue Pflanzen wuchsen im Garten. Auch Tomaten noch winzig klein, genossen den herrlichen Sonnenschein.

Und da sie wussten, wie ihre Zukunft aussah, unvermeidlich und glasklar, trugen sie alle einen Wunsch nur in sich, zu sein wie Thomas, fragil und zierlich.

Als dann noch eine Flasche Ketchup, rot intensiv, auf dem Tisch ins Haus geriet und die kleine Pflanze sie wiedererkannte, die einstigen Tomaten im Gewächshaus standen, war sie glücklich über ihr Schicksal eigen, selbst für das jahrelange emotionale Leiden.

In ihrem Makel war letztendlich Stärke gebunden, hatte sie inneren Frieden gefunden. Und jedes Jahr wuchs ein weiteres Kind, bis heute noch der Gärtner ihr wohlgesinnt.

Dies war die Fabel der Tomate klein, möge sie auf ewig in diesem Heim, sich ihrer eigenen Stärke bewusst, in Freude und in Lebenslust, denn Schwäche ist zuweilen Gewinn, im unergründlich' Lebenssinn.

 Nuke

Vorgeplänkel

Es ist angenehm still. Eine seichte Brise streicht über die Wiesen und lässt die an Bäumen haftenden Blätter leise sprechen. Ein beinahe vollkommener blauer Himmel steht über der Stadt und erzeugt die Illusion von Freiheit und Grenzenlosigkeit, lediglich vereinzelt mit Anhäufungen von Cirrocumulie unterbrochen.

Sonntag.

Am frühen Morgen liegt noch ein Großteil der Menschen in ihren Träumen, um vor der Realität zu fliehen, zumindest in jenen abstrakten und episodischen Erzählungen von Bedeutung zu sein. Lange und scharfe Schatten zeichnen sich über den grauen Asphalt und werden temporäre Heimat von allem Getier, das ein wenig nach Abkühlung sucht.

Ein normaler Tag am 24. August 2025, sofern jenem persönlichen Empfinden Glauben geschenkt werden kann, denn die hiesige Presse zeichnet eine andere Realität, eine brachiale Wahrheit, die bisher erfolgreich verdrängt oder geleugnet werden konnte.

Der Nah-Ost-Konflikt zwischen Russland und der Ukraine hat sich signifikant zugespitzt, als der Bundeskanzler der Lieferung von Langstreckenraketen des Typs Taurus zustimmte und Deutschland so eine bedeutsame Bedrohung wurde. Ein Großteil der Bevölkerung hatte jenem hinter verschlossenen Türen getroffenen Deal nicht befürwortet und für Friedensverhandlungen demonstriert.

Als „Russensympathisanten" wurden sie diffamiert und ihre Perspektive ins Reich der Bedeutungslosigkeit gebombt.

Die nächste rote Linie wurde überschritten, dabei hieß es Anfang Februar 2022 noch seitens der Nato-Staaten, ihre Hilfe für die Ukraine ausschließlich in humanitärer Form zu gewähren. Wenig später waren es Kriegshelme, dann

Munition und letztendlich Kriegsgerät wie Panzer und Kampf-
flugzeuge. Die Regierungen verneinten Friedensverhandlungen, da sie argumentierten, Russland habe kein Interesse daran und wolle den Konflikt zunehmend eskalieren lassen.

Der Gegner selbst sah in der grenzenlosen Involvie-
rung der westlichen Staaten die Botschaft, es ginge dem Wes-
ten ausschließlich darum, die russischen Weltvorstellungen
auszumerzen und Stück für Stück die ehemaligen Ost-Block-
Staaten in die Nato zu integrieren, um Russland politisch und
wirtschaftlich zu isolieren.

Argumente wurden sich gegenseitig an die Köpfe geworfen, ohne miteinander zu reden, Missstände aufzuklären
und den Frieden wiederherzustellen, solange bis niemand
mehr jenen erwünschten Zustand in Aussicht stellte, da sich
hochrangige politische Aktionäre in die Kriegswirtschaft ein-
gekauft hatten und mit jedem abgefeuerten Projektil und jeder
abgeworfenen Bombe Geld an Dividenden erhielten.

Und so bestand die einzige Option auf Frieden nun
darin, dass eine der beiden Seiten vollends ausgelöscht werden würde.

Die Kriegsmüdigkeit der Bevölkerung wurde aus
dem Winterschlaf gerissen, Debatten über Mobilmachung und
Wehrpflicht wurden in den Bundestag getragen. Im Zuge jener
Kriegseintrittsvorbereitungen drohte der Osten damit, strate-
gische Ziele unterstützender Nato-Staaten mittels ballistischer Nuklearwaffen in Visier zu nehmen, wobei die vermeintlichen Experten westlicher Presse fest davon ausging,
dass Russland niemals jenen Pfad beschreiten würde, da dieser unweigerlich zu nuklearen Vergeltungsmaßnahmen
führte und die Zivilisation auslöschen würde.

Niemandem wäre damit geholfen, wenn der gesamte
Planet sich in einem nuklearen Winter befand, Böden und
Pflanzen atomar verseucht wären und es keine Menschen
mehr gäbe, welche weiterhin Krieg führen könnten. Und dennoch, die Angst, den ABC-Alarm aus unzähligen Lautspre-
chersystemen auf den Dächern zu hören, lähmte die Gesellschaft und zersetzte den menschlichen Verstand.

Angst war ein kollektives Symptom geworden, einhergehend mit irrationalem, affektiv instabilem Verhalten, welches sich beinahe stündlich in eskalierenden Streitigkeiten auf den Straßen entlud und die Kapazitäten der Rettungsstellen und psychiatrischer Hilfe sprengten.

Systemrelevante Prozesse versanken im Zuge allgemeiner Angst im Chaos und führten zu einer dysfunktionalen Spirale, welche zunehmend mehr Menschen auf die Straßen brachte, wimmernd und schluchzend darum flehend, jene Entwicklungen augenblicklich zu beenden. Doch der Großteil sah das Erreichen dieses Ziels darin, dass die Nato-Staaten nun aktiv in das Kriegsgeschehen eingreifen sollten, um den Aggressor Russland von den Landkarten zu tilgen.

Jene Entscheidung soll an diesem Tag in Brüssel getroffen werden.

Die Westmächte sind sich siegessicher und ein latenter Anflug von Erleichterung überkommt die Menschen, welche erschöpft zu Hause in ihren Betten liegen, um Energie zu tanken.

Kraft für die kommende Mobilmachung.

Gespannt sitzen sie am Nachmittag vor ihren Smartphones und Fernsehgeräten und lauschen interessiert den Worten der Präsidentin der Europäischen Kommission, als sähen sie einen fiktiven Actionfilm. Mit strenger Miene betritt die betagte Frau das Podium und legt entfaltet ihre manipulativ aufs Papier niedergeschriebene Rede vor sich, um vor Beginn ihrer Rede noch einmal tief Luft zu holen und die Gedanken zu sortieren.

Die Atmosphäre ist so dicht, als läge ein unüberwindbarer Nebel im Presseraum Brüssels. Pausenlos erhellen Blitzlichter die markanten Züge dieses leicht maskulinen Gesichts, dessen stechende helle Augen ernst in die Objektive der Filmkameras blicken.

„Sehr geehrte Bürgerinnen und Bürger der Europäischen Union. Nach langem Ringen und Verhandlungen haben

die Staaten der Europäischen Union heute eine Entscheidung
getroffen ..."

Alarm

Noch währenddessen ihre rationalen Worte in kalter
Berechenbarkeit ihre Lippen verlassen, ertönen abrupt lan-
desweit die Sirenen des ABC-Alarms und überschatten die
Bedeutung dieser Rede, welcher kein einziger Mensch mehr
Aufmerksamkeit schenkt, denn das Worstcase-Szenario ist
eingetreten und bestätigt die pessimistischen Prognosen
ängstlicher Wissenschaftler, welcher bereits vor Monaten vor
den Konsequenzen eines Kriegseintritts der EU gewarnt hatten, jedoch in der Presse keinen Platz erhielten, ihren Stand-
punkt differenziert zu verdeutlichen, so wie es bereits seit
2015 im Zuge der Flüchtlingspolitik und der Corona-Pandemie
2020 bis 2023 geschah.

Doch nun ist es zu spät, ihren Worten Glauben zu
schenken. Zu spät auf irgendeine Weise deeskalierend auf die
Konflikte einzuwirken, zu spät als EU von der Kriegstreiberei
zu lassen.

„Wir werden alle sterben!", springt Haare raufend der
zermürbte und nervöse Mann vor dem Bildschirm auf und
versucht die afferenten Töne der Sirenen durch magisches
Wunschdenken in die Fantasie zurückzudrängen, doch so
sehr er sich auch Erzeugnisse einer akustischen Halluzina-
tion wünscht, entspringt der angsteinflößende und bedrohliche Ton nicht seinem Verstand, sondern beschallt sämtliche
Städte.

Und wie jener emotional ungehaltene Mann reagiert
eine Vielzahl der Menschen auf die Konsequenzen ihres
Schweigens in Bezug auf den Nahost-Konflikt.

„Zieht euch sofort an. Wir müssen zur nächsten U-
Bahnstation.", schreit er die in ihren Gedanken und Gefühlen
überwältigten Anwesenden, welchen es schwerfällt, im Zuge
aufkommender Existenzangst überhaupt zu reagieren, zu
agieren.

„Die beispiellose Aggression Russlands kann nicht länger mittels Appeasement-Politik beantwortet werden. Dies hat in den 1930er Jahren nicht funktioniert und das wird es auch aktuell nicht. Der Einfall Russlands 2014 auf der ukrainischen Halbinsel Krim mit daraus resultierender Annexion der Krim ist und bleibt völkerrechtswidrig.", spricht inmitten des schrillen und lähmenden Alarms nüchtern die Stimme der Frau, welche in Vertretung von 450 Millionen Einwohner entschieden hat, Aggression mittels Aggression zu beantworten.

„Der Einfall Russlands 2022 in eine Vielzahl ukrainischer Gebiete kann nur als Intention gewertet werden, die freiheitlich demokratischen Staaten zu destabilisieren. Wir können nicht länger zusehen, wie unsere Werte kontinuierlich geschändet werden.", wird die betagte Frau etwas emotionaler.

„Ich wusste es, diese Russenschweine!", flucht der Vater in seiner aufgeheizten Stimmung. „Jetzt wollen sie ganz Europa!", baut er sich ein imaginäres Feindbild auf, hasserfüllt zum grell leuchtenden OLED-Screen starrend. Noch ehe er sich weiteren verbalen Auswürfen ergeben kann, wird der Bildschirm schlagartig blau.

„Nationaler Notstand!", ziert eine fettgedruckte Überschrift.

„Wahrscheinlicher Atomschlag", zentriert sich in der Mitte, währenddessen weitere Anweisungen, die Ruhe zu bewahren und wenn möglich, Sicherheit in unterirdischen Räumen zu suchen, Handlungsempfehlungen geben. Simultan vibrieren sämtliche Smartphones im Haus und zeigen als Push-Nachrichten ähnliche Informationen wie der Fernsehbildschirm.

„Das ist keine Übung!", schreit der Mann seine Familie an, in emotionaler Überladung nach einer funktionalen Lösung suchend.

„Wir sollen in den Keller!", fügt seine Frau hektisch hinzu, sich schwerfällig aus ihrer Sitzhaltung lösend, um ihren adipösen Körper Richtung Korridor zu beschleunigen.

„Hast Du es nicht verstanden!“, schreit ihr Mann die nervlich aufgelöste Frau an, „Wenn Atombomben fallen, müssen wir tiefer als in unseren Keller!“

Beide anwesenden Kinder weinen bitterlich und heizen die angespannte Situation weiter an, auch wenn sie die Tragweite der Situation nicht einmal ansatzweise internalisieren können. Sie sehen lediglich zwei sich anschreiende Menschen, die vollkommen die Kontrolle über ihre Gefühle verlieren.

„Ja, wir müssen zur U-Bahn!“, wiederholt der Vater seine letzten Gedanken, zu den schreienden Kinder blickend.

„Und ihr seid jetzt leise! Ihr werdet euch sofort anziehen. Jonas, Nele, habt ihr das verstanden?“

Tränenüberströmt nicken sie jenen Appell ab und begeben sich schluchzend zum Flur.

„Aber wir können doch nicht einfach lospreschen. Wir hätten dort keine Verpflegung.“, entgegnet die überforderte Mutter, sehnsüchtig zur anliegenden Küche schmachtend.

„Wir haben keine Zeit, Du fette Kuh! Wenn wir nicht sofort losgehen, ist es egal, ob wir Verpflegung haben oder nicht. Dann werden wir tot sein!“, bricht es aus ihm heraus, die Bedürfnisse seiner Partnerin in dieser Situation nicht nachvollziehen könnend. Erneut übergeben sich die zwei Kinder in einem ohrenbetäubenden Heulen, nur mühselig die Kleidung über ihren Körper streifend.

„Reißt euch zusammen!“

In emotional schwerfälliger Eile bekleidet sich diese Familie, diesen einstigen Ort des Schutzes und medialer Beschallung verlassend, nicht wissend, ob sie jene Räumlichkeiten je wiedersehen werden. Die Zukunft ist ungewiss, entzieht sich der Kontrolle des einzelnen Individuums, welches lediglich hilflos das Kommende abwarten kann, nicht erkennend, dass sie durchaus in den letzten Jahren die Möglichkeit gehabt hätten, eine Eskalation zu vermeiden, wenn die Affinität den Feind zu vernichten, Friedensbemühungen nicht sabotiert hätte.

Unerschütterlich verneigten sie sich den monoperspektivischen Berichterstattungen und glaubten jenen politischen Vertretern, welche die Schuld alleine in einem nur einseitig erfassbaren Land sahen.

Frieden durch Waffenlieferungen.

Ausblick

Als die Familie die Haustür öffnet, erblicken sie eine dem Wahnsinn verfallende Gesellschaft, welche chaotisch und unkoordiniert im Sinne eines „Survival of the fittest" versucht, das eigene Leben auf jede erdenkliche Art und Weise zu sichern.

Hier und da werden Schwächere zu Boden gerissen und schonungslos niedergetrampelt. Überall stehen aufgelöste Kinder und erfüllen die panische Atmosphäre mit schrillen Klagerufen, sofern sie nicht lieblos hinter den Erwachsenen hergezogen werden, nicht begreifend, dass ein einziger Warnton ausreicht, liebevolle Eltern zu egoistischen Monstern zu transformieren.

Jeder Hinweis von Güte und Wärme ist aus den weit aufgerissenen Augen verschwunden und tiefen Schatten einer animalischen Aggressivität gewichen. Dies ist die neue Realität und sie mag nicht gefallen, so überzeugend sie auch ist. Verwirrt blickt eine durch die Massen schleichende Katze, den Trubel und die schwer erträgliche Geräuschkulisse inspizierend. Sie kann nicht wissen, dass sich Tausende von Menschen auf ihre Art und Weise auf den Tod vorbereiten, auch wenn ein Teil ihres narzisstischen Verstandes versucht, dem Unvermeidlichen zu entfliehen.

„Kommt, wir müssen uns beeilen.", diktiert der Vater, innerlich die kürzeste Strecke zwischen diesem Wohnhaus und der nächstgelegenen U-Bahnstation abrufend. An sich kein weiter oder sonderlich komplizierter Weg. Erschwerend ist lediglich der reißende menschliche Fluss, welcher sich durch die Straßen zwängt und Autofahrern jede Möglichkeit nimmt, auch nur einen Meter vorwärtszukommen, sofern denn die körperliche Unversehrtheit eines anderen Individuums von Bedeutung ist.

Abrupt rast ein SUV durch die Menschen und schleudert die getroffenen Leiber seitwärts oder unter die drei Tonnen schwere Karosserie. Schreie der genommenen Leben erfüllen die Luft, Verletzte stöhnen ihren Schmerz heraus, auch wenn die höheren kognitiven Funktionen durch die Verletzungen in eine friedvolle Somnolenz gleiten.

Den Kindern ist jenes Schauspiel zu viel. Erneut in ein unkontrollierbares Schluchzen gefangen, werden sie durch die kräftige Hand ihres Vaters dicht an der Häuserwand neben umherirrende Menschen gezerrt.

„Guckt nicht hin.", versucht die schwerfällige Mutter die emotionalen Traumata zu vermeiden.

„Hat ihr Haus einen Zugang zum Dach?", fragt ein schlaksiger Mann ruhig und besonnen, in seiner Hand einen Klappstuhl tragend, in der anderen eine Kühlbox.

Verwundert blickt die fliehende Familie zum Fragenden, als wäre sie im Zuge jener Situation vollkommen abwegig.

„Was?", fragt der Vater und schüttelt fassungslos seinen Kopf.

„Komme ich durch ihre Haustür zum Dach? Sie haben doch eines, oder?", wiederholt der Fremde inmitten des Lärms und deutet mit seinem Kopf in die Höhe.

„Ja, natürlich. Einfach die Treppen hinauf.", antwortet der Familienvater knapp und zerrt seine Kinder weiter, um sich im reißenden Fluss zu verlieren.

Plötzlich ertönt eine überaus unangenehme schrillende weibliche Stimme, mit ihrem Zeigefinger inmitten des leicht gesprenkelten Himmels zeigend. In etwa fünfzehn Kilometer Höhe reißen unzählige gradlinige Kondensstreifen den Himmel auf, sich, beinahe über der Stadt befindend.

Unscheinbar ziehen kaum erkennbare Flugzeuge jene weißen Streifen hinter sich her, erzeugen jedoch aufgrund der Höhe keinen hörbaren Lärm, sofern er in diesem urbanen Chaos überhaupt wahrnehmbar wäre.

„Sie kommen!", brüllt irgendein Mensch inmitten des reißenden Flusses, augenblicklich eine panikartige Fluchtbewegung aller Bewohner auslösend. Und was unmöglich schien, erfüllt nun dieses Stadtbild.

„Schneller!", kommandiert der verängstigte Vater und schubst im Weg stehende Passanten zur Seite, um das erhoffte Ziel zu erreichen, bevor die Bomben fallen.

„Harald, ich komme nicht weiter.", beschwert sich seine korpulente Frau, auf taube Ohren stoßend.

Denn wichtiger als sie sind seine Kinder, sein genetisches Erbe, welches um jeden Preis überleben muss

– die Frau hat ihre Funktion bereits erfüllt und sollte sie in den Massen zurückbleiben, ist dies momentan das geringste Problem. Reaktionslos kämpft er sich durch das aufgescheuchte Volk, sein Herz bis zum Hals klopfen spürend. Seine Hände sind schwitzig und verlieren den Halt zu den zierlichen Fingern seiner Kinder, welche entschieden haben, ihre Mutter nicht zurückzulassen. Bockig stehen sie inmitten des Treibens und weinen demonstrativ.

„Ach fickt euch.", kotzt er heraus und macht sich selbstständig auf den Weg zum unterirdischen Bahnhof, „Ich kann auch neue machen."

Oberhalb der Straßen erreichen die Rufe, die Schreie und das Gejammere lediglich gebrochen das Ohr des Mannes, welcher vor wenigen Momenten nach dem Zugang zum Dach gefragt hatte. Ruhig und gesittet klappt er seinen Stuhl auf, stellt die Kühlbox neben sich und lässt sich entspannt hineinfallen, um mit gehobenem Blick die unzähligen russischen Flugzeuge zu inspizieren, währenddessen seine rechte Hand ein kühles Bier aus der Box hervorholt.
Ein angenehmes Zischen erfüllt die Szene und lässt ein wenig Schaum aus der Öffnung treten.

„Perfekt.", brummt er zufrieden, an der kühlen und goldenen Flüssigkeit nippend.

„Miau.", macht sich neben ihm eine kleine, schwarze Katze bemerkbar und sieht vertrauenerweckend zum Trinkenden.

„Willst Du mit mir den Untergang genießen?", fragt er einladend und lässt das Raubtier auf seinem Schoß Platz nehmen.

Gemeinsam blicken sie über die Dächer dieser Stadt und warten auf das grelle,

alles verschlingende Licht.

 Besuch

Willkommen

„Euch Zweien auch einen schönen Abend.", lächle ich den Angetrunkenen zu und schließe etwas unbeholfen die Wohnungstür, um die vollzogene Party nun offiziell zu beenden, denn ich bin ermattet, auch wenn ich meine innere Freude kaum verbergen kann, dass dieses Zusammentreffen eine wahrliche Bereicherung war und ich meine Freunde gerne um mich habe, um einfach mal vom Alltag abzuschalten und sich der Völlerei und Lust hinzugeben

– die Lust am Leben.

Lange habe ich mich dagegen gewehrt, meine Existenz auf die einfachen und banalen Dinge zu reduzieren, die Ernsthaftigkeit kognitiver Konstrukte und Vorstellungen abzulegen, um einfach nur zu sein und keine höher geordnete Funktion zu erfüllen. Quatschen, trinken, essen und spielen. Wie leicht es doch sein kann.

Ich wende mich dem fabrizierten Chaos zu, welches jene Stunden Spaß hinterlassen haben:

leere Flaschen, Verpackungsmaterial, Krümel, klebrige Flächen und benutztes Geschirr.

Der Eindruck entsteht, dreizehn Zwerge seien unverhofft aufgetaucht und hätten in einem unangekündigten Fressgelage nicht nur die gesamten Nahrungsreserven aufgebraucht, sondern auch das komplette Mobiliar auf den Kopf gestellt.

Wo nur sind die Zauberer, wenn man sie braucht?

Ich seufze kurz und beginne damit, diesen Tatort zu reinigen, währenddessen die letzten alkoholischen Reste ihre wohlverdiente Ruhe in meiner Kehle finden. Mir ist ein wenig schummrig, doch gepaart mit dem Endorphin sozialer Integration bin ich bereit, dieses Opfer zu bringen und mich auf das nächste Zusammentreffen zu freuen, sofern mich der morgige Kater diese Party nicht bereuen lässt.

Währenddessen meine leicht zittrigen Hände den Müll in eine übergroße Tüte stopfen, durchlebe ich gedanklich noch einmal die vergangenen Stunden und lächle, denn sie war dabei.

Ist es der Alkohol oder die Gedanken an ihre rotbraunen Haare, welche eine wohlige Wärme in mir aufsteigen lassen?

Es muss die Erinnerung an sie sein, von dieser Frau, welche ich erstmalig in der Tagesklinik kennengelernt habe. Unscheinbar saß sie zusammengekauert in einer Ecke, sich ihren Gefühlen ergebend, welche funkelnde Tränen in ihr Gesicht zeichneten. Und ich wusste, dass ich nie zuvor etwas Schöneres gesehen hatte. Es war die Offenheit, mit ihrer Vulnerabilität umzugehen, ungeachtet möglicher negativer sozialer Reaktionen, für ihre Wünsche, Interessen und ihre Gefühle einzustehen. Und so setzte ich mich neben sie und fragte, wie ich ihr helfen könne. Der Beginn einer soliden Freundschaft, auch wenn mein Herz bereits damals wusste, dass ich sie begehre.

Die Übrigen waren ebenfalls Teilnehmer der Tagesklinik, eine bunt durchmischte Peergroup, welche beschlossen hatte, sich durch konstruktive Interaktion zu definieren, füreinander da zu sein und die Sorgen und Nöte des Gegenübers als wahr anzunehmen. Viele Freundschaften oder Beziehungen zerbrechen nach der Klinikzeit und verlaufen sich im Strudel des grausamen Alltags, doch wir halten durch verbindliche und regelmäßig stattfindende Treffen diesen kleinen Kreis Menschlichkeit am Leben.

Ich bin dankbar dafür, weil wir nun gemeinsam wachsen können, ohne dem alltäglichen Wahnsinn zu verfallen, welcher durch die sozialen Medien unzählige Individuen infizierte und sie aus vermeintlichem Selbstschutz zu einer Existenz in Isolierung, Misstrauen und Narzissmus verdammte.

Einfach nur Mensch sein, die Grundbedürfnisse erkennen und befriedigen.

Das gelingt mir mittlerweile ganz gut, lediglich bei
Elli versage ich, denn die Angst unerwiderter Liebe nagt an
meinem Mut und die Angst davor, dass sie die Innigkeit unserer Beziehung lediglich als Instrument ansieht, letztendlich
mit ihr zu schlafen. Merkwürdige Gedanken, die in mir aufkommen.

Sie erinnern mich an die Zeit vor der Klinik.

Beziehungserleben und Angst als stete Begleiter.
Doch noch ehe ich jene Kognition weiterspinnen kann, klingelt
es an meiner Wohnungstür. Und auch wenn es vollkommen
abwegig ist, hoffe ich für einen Bruchteil, dass es eben jene
Frau ist, welche vor der Tür steht, um mir ihre Liebe zu ge-
stehen.

Ich blicke durch den Türspion und erfasse eine allumfassende Dunkelheit, die es verhindert, die hinter der Tür
stehenden Person zu identifizieren. Mein Herz klopft ganz
schnell, als ich meine Hand zum Türknauf führe und ihn entgegen dem Uhrzeigersinn drehe.

Ein wachsender Spalt entsteht und ermöglicht mir,
den Besucher visuell zu erfassen, doch so merkwürdig es
auch klingen mag, bin ich nicht so recht in der Lage, ihn zu
identifizieren, auch wenn mir seine Gestalt bekannt vor-
kommt.

Ein fluider Schatten von kachektischer Statur
schwebt, mich mit seinen kleinen weißen Augen anstarrend,
eindringlich vor mir. Schwarze Materie tropft von seinen
Beinstummeln auf den Boden und erzeugt unappetitlich blub-
bernde Pfützen, die sich organisch in mein Wohnzimmer hin-
einfressen. Es neigt seinen Kopf ein wenig zur Seite und wartet, währenddessen sich dessen sichtbarer Brustkorb rhythmisch hebt und senkt.

Ein Augenblick dichter Stille, in welcher mein Verstand nach einer Verbindung zwischen ihm und mir sucht,

nach einer Kausalität, dass jenes Wesen hier und jetzt vor meiner Tür steht.

Ist diese Gestalt ein ungebetener Gast?

Eigentlich nicht.

Ich weiß nicht, weshalb, jedoch kann ich sie fühlen, ich weiß, dass sie mir sehr nahesteht. Und dann wird es mir bewusst:

„Willkommen. Wie lange möchtest Du diesmal bleiben?"

Freund

Wortlos folgt sie meinem tapsenden Schritt und schiebt vorsichtig die Wohnungstür hinter sich zu, sodass wir nun beide alleine im halb aufgeräumten Wohnzimmer stehen und nicht so recht wissen, was als Nächstes zu tun ist. Verunsichert blicke ich zu dieser mageren schwarzen Masse und deute auf die Couch.

„Möchtest Du ein Bier?", frage ich beiläufig, nach Betreten der Küche im Kühlschrank nach etwas Verwertbaren suchend. Doch jener Besucher sitzt einfach still auf dem halb durchgesessenen Stoff des Sofas und folgt mit seinen kleinen leuchtenden Augen meinen Bewegungen.

„Ich hätte nicht gedacht, dass ich Dich so schnell wiedersehe.", kommentiere ich dessen Anwesenheit halb an der Flaschenöffnung des austretenden erfrischenden Hopfen-Malz-Gemischs vorbei, die restliche Vernunft in mich hinunterspülend.

Es muss ungefähr ein halbes Jahr her sein, seitdem ich ihn gesehen habe, Zugang in mein Leben gewährte.

Sechs Monate.

„Wie lange wirst Du diesmal bleiben.", setze ich die halbleere Flasche auf die verklebte Tischfläche und lasse mich kraftlos und müde neben ihm auf die Couch fallen, auf eine Reaktion wartend, auch wenn ich bereits weiß, dass dieser Freund sein Schweigen nicht brechen, mir seine Intention nicht verraten wird.

Er lässt mich im Ungewissen, als hätte ich jene stille Bestrafung verdient. Und dieser Vertraulichkeit liegt sogleich eine gewisse Fremdheit, Déjà-vu und Jamais-vu als konträre, jedoch simultan existierende Faktoren.

Ich komme nicht umhin, meinen Kopf zu drehen und seine Gestalt zu inspizieren. Grotesk und abstoßend wirkt jenes abstrakte und scheinbar konturlose Gebilde, und dennoch spüre ich eine unerklärliche Zuneigung, jenen alten Freund in meinem einsamen Leben zu wissen.

Jahrelang begleitete er mich durch schwierige Zeiten der Isolation, sozialen Extraktion, der Selbstzweifel und des Selbsthasses. Wenn jeder mich alleine ließ, mir vor den Kopf stieß, dann war er für mich da und umzog meine geschundene Seele mit einer stabilisierenden Hülle.

Nein, wie könnte ich ihm nur böse sein?

In den unsteten Variablen des Lebens war jener Kauz die durchgängige rote Linie.

Ein letztes Mal lächle ich, bevor ich kraftlos meine Augen schließe und mich den irritierenden Träumen hingebe, welche als abstrakte Vorahnung des Kommenden assoziiert werden können. Ich nehme sie an, lasse es zu, denn dies ist der Nenner meines Daseins.

„Gute Nacht, alter Freund.", formen meine blassen Lippen und folgen meiner gesamten entspannten Gesichtsmuskulatur. Hinein in das dunkle Ungewisse, um den nächsten Morgen erschlagen aufzuwachen.

Grell scheint die Sonne durch meine Fenster und verkündet, dass ich einen halben Tag in der Horizontalen verbracht habe. All die verschwendete Zeit, denn ich bin und bleibe müde, als wäre während des Schlafs meine Energie aus jeder Pore heraus getropft.

Wo ist sie nur hin?

Neben mir liegt der schwarze Schatten und blickt mir intensiv in die Augen, durchdringt meinen Verstand. Er weiß, dass sich mein Körper unendlich schwer anfühlt und ich am liebsten liegenbleiben möchte.

Welcher Tag ist heute?

Ich versuche, mich zu erinnern. Aber eigentlich ist das auch irrelevant. So vieles ist unwichtig, denn ich muss mich um jenen Freund kümmern, welcher als stummes Gebilde erneut in mein Leben getreten ist.

„Möchtest Du Frühstück?", frage ich rhetorisch, denn mir ist bereits bewusst, dass er weder antworten wird, noch ein Interesse daran hat, Nahrung aufzunehmen. Ich versuche herauszufinden, ob ich etwas essen möchte, doch es fällt mir schwer. Im Zuge irdischer und kognitiver Gravitation möchte sich mein verkaterter Körper nur mit erheblichem Widerstand aus dem Bett erheben und ich bin mir nicht sicher, ob ich jene Kraft aufwenden kann, ihn zu brechen.

Vielleicht ein wenig später.

Mein Smartphone vibriert und deutet auf eine neue Nachricht hin:

„Hast Du den gestrigen Abend gut überstanden?", fragt Elli unverhofft und lässt mich für einen kurzen Augenblick lächeln, bis ich die Barriere in mir spüre, darauf zu antworten, denn ich habe das Gefühl, dass es irrelevant ist, was ich schreibe

– die Anforderungen in dieser enthaltenen Frage bringen mich zum Grübeln und ich blicke fragend zum stummen Besucher, vielleicht hat er ja eine Antwort.

Erneutes Schweigen.

Angestrengt starre ich auf den grellen Bildschirm und lasse die Zeit an mir vorbeilaufen, bis ich bemerke, dass der Tag bereits größtenteils vergangen ist. Ich lag einfach nur da, unfähig, irgendetwas zu bewerkstelligen. Habe weder gegessen noch mich gewaschen, sondern kuschelte mich an diesen mysteriösen Freund, um darüber zu sinnen, welche Antwort die richtige wäre.

Ich weiß es nach all den Stunden immer noch nicht. Ich habe Angst, doch eigentlich fühle ich rein gar nichts. Es ist eine betäubende und schwere Leere, welche mein Inneres eingenommen hat und lediglich durch die blasse Haut zusammengehalten wird. Ich fühle mich alleine und unverstanden, bis auf diese Kreatur, welche mir mit jeder weiteren Stunde mehr ans Herz wächst. Sie ist es, welche mir in diesem internal emotionalen und kognitiven Vakuum Halt und Geborgenheit vermittelt.

Als es bereits wieder dunkel ist, stehe ich auf und suche im Chaos dieser unaufgeräumten Wohnung nach verwertbarem Essen, auch wenn ich nicht wirklich Lust habe. Lediglich ein progredient verstummendes Flüstern mahnt mich, nicht gänzlich auf Nahrung zu verzichten.

Und so stopfe ich mir die Reste einer angebrochenen Chipstüte in den trockenen Mund, mich mit den aufkommenden Schuldgefühlen herumplagend, welche daraus resultieren, dass ich Elli nicht geantwortet habe:

Ich habe versagt und nun ist es zu spät, dieses fatale Fehlverhalten zu korrigieren.

Ich habe sie enttäuscht, bin eine Belastung für sie. Anderweitig hätte sie meine Liebe angenommen, doch wie sollte sie auch?

An mir findet sich nichts Liebenswertes.

Abschied

Letztendlich kreisten meine Gedanken die gesamte Nacht in meinem Verstand herum, sodass ich keinen Schlaf fand, wie auch dieser Besucher, welcher unermüdlich seine stechend weißen Augen vertrauensvoll zu mir richtete.

„Danke, mein Freund.", weiß ich seine Anwesenheit zu schätzen.

Doch noch ehe ich mich weiter mit ihm befassen kann, vibriert erneut mein Smartphone und lässt mich angsterfüllt aufschrecken. Ich bin mir nicht sicher, ob ich überhaupt wissen möchte, wer mir geschrieben hat, auch wenn meine Gedanken mich davon überzeugen, dass es vorwurfsvolle Worte jener Frau sein werden, deren Frage ich bis jetzt unbeantwortet ließ.

Je mehr Zeit vergeht, desto sicherer bin ich, dass ich nur noch falsch reagieren kann und es daher besser ist, mich in Schweigen zu hüllen. Ich habe sie verloren, wie auch all die anderen, welche besser ohne meine Fehlerhaftigkeit auskommen, einen Mann, welcher unfähig ist, das Bett zu verlassen, seine Wohnung aufzuräumen.

All die Fortschritte der letzten Monate sind dahin und die Lebendigkeit aus meinem Leib gerissen.

„Du verstehst, wie ich mich fühle.", flüstere ich zum diffusen, mir vertrauten Schatten, mich daran erinnernd, dass ich ihm vor Jahren das erste Mal begegnet bin, er mir auf dem Bürgersteig entgegenkam.

Ich entgegnete seinem traurigen Blick, doch konnte ihn nicht weiter deuten und ging weiter, ließ ihn alleine inmitten der Menschen.

Ein paar Tage später sah ich ihn erneut während des Einkaufens, als er plötzlich vor mir stand, hilflos und einsam, sodass ich ein wenig Mitgefühl erbrachte und ihm zulächelte.

Was sollte ich auch mehr tun?

Ich kannte ihn ja nicht und noch schien mich seine latente Fremdartigkeit abstoßen, sodass ich weiterging und ihn erneut seiner Einsamkeit überließ.

In den nächsten Tagen traf ich ihn jedoch immer häufiger.

In einer Bar saß er verborgen in einer dunklen Ecke und blickte zu mir, als wollte er sagen, dass er sich darüber freute, wenn ich ihn einlud, unserer lustigen Gesellschaft beizuwohnen.

Später setzte sich jene Kreatur neben mir auf eine Parkbank und blickte mit mir gemeinsam auf das fluide Funkeln leicht unruhigen Wassers eines kleinen Sees.

Dies war das erste Mal, dass wir ins Gespräch kamen, womit ich meine, dass er mir geduldig zuhörte, interessiert meinen Gedanken und Sorgen lauschte. Dies war der Moment, in welchem ich begriff, dass er der Einzige war, der mich wirklich verstand

– das Gefühl der Leere und Einsamkeit, die Gedanken von Verzweiflung und Trauer.

Und dann zog er bei mir ein

– einfach so.

Jenes Wesen wurde mein Vertrauter, mein bester Freund, ein diffuses Gefühl von Fülle in einem endlosen Vakuum. Auch damals ging es mir schlecht, doch dieses Wesen begleitete mich, solange, bis ich in die Tagesklinik kam und Elli kennenlernte.

Anfänglich bemerkte ich gar nicht, wie ich Stück für Stück die Nähe zu diesem stummen Besucher verlor, ihn für diese Frau im Stich ließ, doch letztendlich war es mir egal.

Ich wollte leben und vielleicht ihn nie wieder sehen, denn er erinnerte mich an eine schwer beschreibbare Lebensschwere.

Jetzt, wo er wieder da ist, bereue ich die Entscheidung, ihn verraten zu haben, all die negativen Gedanken und Gefühle, die mich so lange begleitet haben; so lange, dass sie zu meiner Realität wurden, assoziiert mit dem Eindruck von Heimeligkeit.

„Es tut mir so wahnsinnig leid.", versuche ich mich
bei ihm zu entschuldigen, bin mir jedoch gewiss, dass die gesetzte emotionale Verletzung langfristige Narben hinterlassen hat

– so wie es jedes Mal bei Zurückweisungen ist.

Ich möchte weinen, um ihm zu zeigen, wie sehr es
mich schmerzt, doch ich kann nicht, versage selbst bei so etwas Einfachem, wie einer simplen Gefühlsäußerung, die ich
ihm vorenthalte. Denn den schweren Gefühlen der Trauer,
Einsamkeit und Schuld folgt jenes füllende Vakuum, welches
meinen Brustkorb verengt, das Herz umklammert, den Verstand vernebelt, sodass ich die Orientierung in dieser gewaltigen Welt verliere.

„Hilf mir.", flehe ich um seine Unterstützung, spürend,
dass ewig schwarzes Wasser aufsteigt und droht mich gänzlich zu verschlucken. Es ist die Flüssigkeit, welche aus der
Verzweiflung meiner Seele tropft und Erinnerungen an ein
längst vergessenes Leben in sich trägt.

Biografische Fragmente flackern in mir auf und deuten auf einen zähflüssigen schwarzen Faden, welcher begonnen bei meiner Geburt, sich bis zum Hier und Jetzt erstreckt
und die damit aufkommenden Bilder in eintönige Graustufen
kleidet.

Dort sind meine Eltern, welche mit ihren Anforderungen und Autorität, Spott und Tadel auskotzen und so Partikel um Partikel jenes Gebilde erschaffen, welches ich in
meiner Verzweiflung fest umklammere. Ich spüre, wie mich
die verachtenden Worte von Klassenkameraden schneiden
und unsichtbare Wunden hinterlassen, deren austretendes
Sekret ebenfalls Bestandteil meines stillen Freundes werden.
Situation um Situation, Erfahrung um Erfahrung lösten sich
stumme Schreie zugezogener Verletzungen, welche sich als
klebrige und fluide Materie über mein Herz legten und es ver-
stummen ließen.

Ohrenbetäubend laut schallt die Klingel der Wohnungstür und reißt meine Gedanken partiell aus jenen alb-
traumhaften Szenen, doch das bedrohliche Gefühl eines

unstillbaren Vakuums verbleibt und absorbiert die Sättigung aus meiner unmittelbaren Umgebung.

„Daniel? Bist Du da?", höre ich ihre weiche Stimme, welche mir verdeutlicht, dass ich sie dazu gezwungen habe, mich aufzusuchen. Es sind meine schlechten Bedürfnisse, die andere Menschen verletzen.

In diesem brachialen Sog meiner Schuld drohe ich den Halt zu verlieren und klammere mich noch ein wenig fester an meinen tiefen Schatten, dieses ewig schweigende Wesen und spüre, wie sämtliches Leben aus mir herausgerissen wird.

Leb wohl, mein treuer Freund.

 Transformation

Erstes Treffen

Unscheinbar schleppt sich eine schlaffe, in ihren Affekten starre Person durch die geöffnete Metalltür, den Blick ausdruckslos auf den monoton dreckigen Boden gerichtet, um ihre Demotivation zum Ausdruck zu bringen, die Beschaffenheit der Umgebung zu erfassen, als sei dies in jeder Hinsicht irrelevant. Die schweren Ketten ziehen an den herabhängenden Armen und zwingen jenes Wesen in eine leicht pathologische Haltung, welche den Eindruck verstärkt, dass dieser Mann ein armes Geschöpf, ein Gefangener seines Selbst ist.

Kachektisch und ungepflegt steht seine Erscheinung im offensichtlichen Kontrast zu den ihr vorliegenden Berichten, welche von einer aggressiven, empathielosen Bestie sprechen.

„Nein, das kann nicht stimmen.", denkt sich die bereits sitzende Psychologin, welche jedes Detail seiner Mimik und Gestik erfasst, letztendlich um einschätzen zu können, ob jenes visuelle Statement des Patienten lediglich das Ergebnis eines gekonnten Schauspiels ist, oder aber der Wahnsinn in ihm verortet ist.

Kraftlos lässt er sich auf den unbequemen und betagten Holzstuhl fallen und erfüllt die angespannte Atmosphäre mit der Schwere klimpernden Metalls, welches an seinen Handgelenken gelegt, abrupt eintretende Impulse von Fremdaggressivität verhindern soll, doch so schmächtig und eingefallen, wie dieser Mann auf dem Stuhl kauert, scheint offensichtlich keine Gefahr von ihm auszugehen, so sehr er es auch wollte.

Unterdurchschnittlich in Größe und Gewicht, markant zeichnen sich knöcherne Strukturen nicht nur durch die Haut, sondern auch durch die verdreckte und zerschlissene Kleidung ab. Dieser Mann ist dem eigenen Tod näher, als es potenzielle Opfer je sein könnten.

„Das kann er nicht sein.", fügt sie sich gedanklich hinzu, erste Notizen auf ihren Block festhaltend um anschließend der Stille den notwendigen Raum zu geben, sich vollends zu entfalten, bis jenes unangenehme Schweigen dermaßen brachial auf das interagierende Wesen einschlägt, sodass es freiwillig jede gestellte Frage beantwortend, nun um nicht erneut im Nichts zu versinken.

Die Zeit fließt, wie jener ihr gegenübersitzende Körper, dessen Gesicht tief unter den fettig strähnigen Haaren verborgen, nach wie vor nach keiner Offenbarung verlangt, als hätte jene kindlich naive Vorstellung noch Gültigkeit, nicht gesehen zu werden, wenn man selbst der Blindheit erliegt. Leise, kaum hörbare Stimmen flüstern energisch durcheinander.

„Daniel? Können Sie mich bitte ansehen?", bricht ungeduldig die Psychologin die Leere, ihren Blick auf den armen Tropf gerichtet, welcher leicht rhythmisch nach vorne und hinten schaukelnd eine gewisse Unruhe visualisiert und ihr damit unfreiwillig die Möglichkeit bietet, den Anfang des Gesprächsfadens zu ergreifen.

„Ich kann mir vorstellen, dass dieser Raum und diese Situation für Sie unangenehm sind.", fügt sie reflektierend hinzu, „Ich fühle genauso."

Er beendet die Jaktation, Anspannung in seine Rumpfmuskulatur bringend.

„Das tun Sie nicht.", antwortet er ihr schwach, wobei eine gewisse Verachtung und Aggressivität im Subtext mitschwingt, „Ich empfinde Mitleid mit Ihnen, Sophie."

Kurz erschrocken ist sie bemüht, die Kontrolle über dieses Gespräch nicht zu verlieren:

„Was erzeugt in Ihnen Mitleid?"

Nein, sie geht nicht auf seine Provokation ein, ungeachtet der Tatsache, dass er ihren Vornamen genannt hat, ein gut gehütetes Geheimnis.

„Sie sehen auf meine schweren Ketten und die Freiheit, die man mir genommen hat.", beginnt er flüsternd seine Ausführung, „Doch es ist so, dass während ich seit drei Tagen Gefangener dieses Systems bin, sind Sie es bereits ihr gesamtes Leben."

Er hebt seinen Kopf und ermöglicht ihr Einblick in sein groteskes und vernarbtes Gesicht, dessen stechend grüne Augen ihren Blick durchbohren, als wären sie materialisierte Dolche seiner Intention, dieses Gespräch mittels Gewalt zu beenden.

„Sie möchten mich verstehen, um zu erkennen, ob ich eine Gefahr bin, doch Ihnen geht es nicht darum, diese verkommene Welt aus meiner Perspektive zu betrachten und damit sind Sie Teil des Problems.", fügt er hinzu, seinen Kopf wieder gesenkt, um erneut körperlich zu erschlaffen und den Fortgang dieser ausgetauschten Monologe in seinem Verstand zu simulieren.

Worte, die gesprochen werden, jedoch aneinander vorbeifliegen, nicht aufeinander Bezug nehmend.

Die restliche Zeit wird er sich in Schweigen hüllen, verlaufend in seiner herbei fantasierten Welt, in jener die junge Frau keinen Zutritt erhält

– nicht, weil er sie aussperrt, sondern sie nicht bereit ist, die Tür zu öffnen und sie zu betreten.

Nachdenklich sitzt Sophie am Abend an ihrem LERHAMN Tisch in der verwaisten Küche, welche Zuflucht für unzählige Rotweine bietet und reflektiert die Worte jenes Patienten im Maßregelvollzug.

Zehn Semester studierte sie unzählige psychologische Modelle und Perspektiven, wälzte sich durch Wahrscheinlichkeiten von korrelierenden psychischen Störungen und Symptomen, befasste sich simultan intensiv mit sich selbst im Zuge durchgeführter Psychoanalyse, um vorbereitet zu sein; vorbereitet für Patienten wie jenen Mann, welcher heute vor ihr saß. Und doch muss sie sich eingestehen, dass von seiner Erscheinung und seinen Worten eine gewisse

Macht ausgeht, gleich einem diffusen Nebel, den es zu durchdringen gilt.

In der Tat weiß jener Patient um das Bedürfnis des Menschen um Kontrolle durch Erkenntnis. Die Frage, die sie sich stellt, ist, ob sie seine Einladung annimmt, mit der Gefahr, sich in ihm zu verlieren, oder aber an dieser Stelle eine Grenze zieht.

Zweites Treffen

„Ich habe mir Gedanken über Sie gemacht.", sind ihre ersten Worte, als er sich schlaff auf den unbequemen Stuhl fallen lässt, seinen Kopf wie üblich gesenkt, unwillig mit jener Person zu interagieren. Zu negativ sind seine Erfahrungen sozialer Interaktion.

„Ich möchte Ihre Perspektive verstehen

– ich möchte Sie verstehen.", beginnt sie ihre Entscheidung zu verbalisieren, gewillt ein Stück weit dem Pfad des kachektischen Mannes zu folgen,

„Zeigen Sie mir Ihre Welt."

Eine verbale Einladung, ein Appell an einen Mann, welcher scheinbar bisher lediglich auf Ignoranz stieß. Sie möchte das ändern, auch wenn sie um das zweischneidige Schwert jenes Ansatzes weiß, doch ihre Arbeitsbiografie hat gezeigt, dass Worte wie „Sie sind nicht einsam. Ich bin bei Ihnen.", keine leeren Phrasen sein dürfen, wenn jene nicht das letzte bisschen Hoffnung zerstören sollen.

„Hoffnung, Fräulein Sophie, ist ein Pfad der Stagnation, darauf zu warten, dass ein Deus ex Machina aus dem Nichts erscheint und helfend in das eigene Schicksal eingreift.", greift der Patient in ihre kognitiven Prozesse ein, so passend formuliert, dass für einen Augenblick der Eindruck entsteht, er wisse um ihre Gedanken, präsentiert auf einem Buffet, um sich eigenmächtig daran zu bedienen.

„Ich möchte Ihnen keine Hoffnung schenken, sondern die Möglichkeit, gemeinsam Ihre Perspektive einzunehmen.", erwidert sie etwas harsch im Zuge schützender Vulnerabilität.

„Und was dann? Werden Sie Ihre unsichtbaren Ketten abnehmen?", lässt er seinen Blick auf die monotone Tischfläche verharren, keinerlei emotionale Schwingung in seinen Worten.

„Zeigen Sie mir diese Ketten auf.", appelliert die Psychologin an jenes fest gekettete Individuum, ihren Stift auf den halbleeren Notizblock ablegend, als Zeichen ihre Aufmerksamkeit vollends seiner Geschichte zu widmen.

„Es war einmal eine Stadt, in der es jeden Tag regnete und ein obdachloser Mann, welcher als beständiger Faktor im reißenden Fluss dieser Stadt mit deutlicher Schwere im Gesicht jenen emsig fließenden Passanten bei ihrem Wahnsinn zusieht ...", beginnt die kachektische Kreatur ihre Schilderung und lässt die Umgebung dieses sterilen Raumes mit den zu langgezogenen Fäden fallenden Tropfen gleich einem zu nassen Aquarell verlaufen, bis sich die junge Frau und der Erzähler inmitten dieses Wahnsinns wiederfinden.

Die Sättigung ist reduziert, lässt jedoch ausreichend Indizien für eine kaltblaue Grundfarbigkeit übrig, welche die gesamte Atmosphäre internal aufkeimender Bilder überlagert und zusammen mit den auf das Haupt einschlagenden Wasseransammlungen eine brachiale Ungemütlichkeit erzeugt, den Wunsch, dieser Szene zu entfliehen.

„Täglich reißt dieser Fluss jede Freude und Lebendigkeit davon, spült sie in die unzähligen sterilen und gewaltigen Stalagmiten dieser Stadt

– alles ist in Bewegung, bis auf diesen alten Mann, welcher geduldig vor seinem oxidierten Becher sitzt und darauf hofft, dass irgendein Individuum genügend Empathie aufweist, ihm Aufmerksamkeit zu schenken.", spricht der Erzähler, währenddessen sie dieses Treiben aus der Ferne beobachten.

Nicht ein einziger hastender Mensch sieht sich in der Pflicht, eine Münze zusammen mit dem Regen fallen zu lassen.

„Für wem empfinden Sie Mitleid?", fragt der Patient die anwesende Frau, „Für den Mann, oder die Menschen, welche in ihren eigens erschaffenen Gefängnissen eine Illusion leben, durch Produktivität dem festen Griff des kapitalistischen Sklaventums zu entfliehen?"

Irritiert beobachtet und inspiziert die Psychologin das Geschehen und erkennt eine fundamentale Gemeinsamkeit. Sowohl der Obdachlose als auch die Passanten tragen eine gleiche ausdruckslose, ja nahezu verzweifelte Mimik, als wäre jede Menschlichkeit zu einer hässlichen Fratze von Trauer, Stress und Einsamkeit geformt.

„Für den Mann, wie auch den Menschen.", antwortet sie unsicher flüsternd.

„Kommen Sie.", geht er auf den unter einer erodierten Plane hockenden alten Mittellosen zu, um eine glänzende Münze in das betagte Gefäß zu legen.

„Was macht Sie so traurig?", fragt ihr Patient und lässt jene Antwort auf die junge Frau wirken.

„Jeden Tag sehe ich tausende Sklaven an mir vorbeiziehen, gefangen in ihrer selbst geschaffenen Welt aus Produktivität und Perfektion. Ob es schneit, ob es stürmt, regnet oder die kalte Luft in den Lungen brennt, sie schleppen sich hinter der Maske ihrer illusorischen Freiheit zu den leblosen Gebäuden der Mächtigen und lassen sich ausbeuten, damit diese noch mächtiger werden. Sie glauben, Freude in sich zu tragen, doch es ist Leere. Ihre Körper sind ausgemergelter, als es meiner je sein könnte."

Irritiert folgen ihre Augen dieser Schilderung und erkennen, dass jener alte Mann nicht aufgrund seiner Obdachlosigkeit in Verzweiflung liegt, sondern aufgrund des in sich tragenden Weltschmerzes. Und seine Freiheit darin besteht, sich diesem System zu entziehen, indem er seine Bedürfnisse auf das Wesentliche reduziert

– überleben.

Noch ehe sie ihren Eindruck verbalisieren kann, setzt sich der Patient neben den alten Mann und blickt von unten in die Fratzen vorbeiziehender Menschen, der Psychologin signalisierend, es ihm gleichzutun. Sie ist nass, ihr ist kalt, doch noch versteht sie nicht das gesamte Spektrum dieser Geschichte. Und so setzt sie sich unter die löchrige Plane und verliert sich in den unausgesprochenen Geschichten der vorbeilaufenden Schatten.

„Wie würden Sie diesen Menschen helfen?", schallt es in ihren Verstand, bevor sich die Umgebung erneut transformiert und sie zurück in das sterile Zimmer wirft.

„Wie würden Sie diesen Menschen helfen?", hallt kontinuierlich wiederholend seine Frage in ihrem Verstand, währenddessen ihre Finger damit beschäftigt sind, ein Etikett von einer angebrochenen Weinflasche zu pulen, die leblos auf dem LERHAMN-Tisch steht.

Drittes Treffen

„Ich kann all diesen Menschen nicht helfen.", ist ihre Antwort auf seine Frage, als sie sich zur nächsten Sitzung wiedersehen. Sie lässt eine gedankliche Pause und reflektiert ihre Gedanken:

„Ich kann jedoch denen helfen, die an diesem System erkranken." Sekunden schwerer Stille füllen die Pause zwischen ihrem Statement und seiner Antwort.

„Und deshalb unterstützen sie diese dysfunktionale Gesellschaft. Sie therapieren die Indikatoren der Unmenschlichkeit, doch dies ist rein symptomatisch.", schüttelt er defensiv seinen Kopf, um sich mental zurück in seine Welt zu begeben, dort wo seine Gedanken die Freiheit erblühen lassen, dort wo seine Logik jenes Vorgehen legitimiert, das ihn in diese Situation gebracht hat.

„Bitte warten Sie.", greift die Psychologin nach seiner Hand, augenblicklich die Dissoziation ihres Verstandes spürend, welcher sich binnen Bruchteilen von ihrem Körper löst, um jenem Mann zu folgen, dessen Perspektive sie geschworen hat zu verstehen, um letztendlich für das Gericht aufklären zu können, inwieweit jener Täter für sein Verbrechen belangt werden kann.

Es fehlt an kostbarer Zeit, einen differenzierten Einblick zu erhalten und daraus ein unanfechtbares Gutachten zu erstellen. Wenn sie ihm jetzt nicht folgt, wird sie nicht in der Lage sein, überhaupt etwas über jenen Mann berichten zu können, außer, dass er an dieser Welt zerbrochen ist, woraus sich eine fundamentale Frage ergibt:

Weshalb sind es nicht die anderen dieser Gesellschaft?

Weil sie weniger vulnerabel sind, ein höheres Maß an Resilienz haben, oder sich so weit an das System adaptiert haben, dass sie ohne jegliche kognitive Dissonanz ihre Funktion ausführen können?

„Sie hätten nicht herkommen dürfen.“, spricht der kachektische Patient zu jener unsicheren Frau, die sich überwältigt umsieht und erkennen muss, dass jener Ort ein vollends fragmentiertes und desintegriertes Abbild der Realität widerspiegelt.

„Realität ist eine Illusion. Der Mensch glaubt in seinem naiven Realismus, dass jene afferenten Reize, welche in seinem subjektiven Verstand interpretiert werden, der objektiven Wahrheit entsprechen.“, kommentiert er ihre Gedanken und Gefühle von aufkommender Verzweiflung, Trauer und Leere. „

Nur die Summation heterogener subjektiver Wahrheiten kann eine Ahnung von Wirklichkeit replizieren und dies, was sie hier sehen, ist die Wahrheit derjenigen, die an der Wirklichkeit zerbrochen sind.“, fügt er seiner Erörterung zu, sich sicher auf den schwebenden Rauminseln bewegend, welche unermüdlich ihre räumlichen Positionen verändern, kollidieren, voneinander abdriften.

„Diese Welt ist ein Resultat meiner Arbeit?“, möchte die Psychologin ganz sicher gehen.

Er nickt und läuft weiter.

„Es sind nicht die Zerbrochenen, welche eine Therapie benötigen. Es ist diese Welt.", offenbart er seine Erkenntnis, sich zunehmenden Schreien und Klagerufen verdammter Seelen nähernd.

Ohrenbetäubend laut greifen sie nach der mentalen Schutzbarriere der Besucherin, welche mit jeder Berührung Fragmente jener tragischen Schicksale vor ihrem geistigen Auge vorbeiziehen sieht.

„Aufhören, das ist zu viel.", fällt sie überwältigt auf ihre Knie zusammen, die palmare Seite ihrer Hände auf ihre Ohren drückend. Schmerz durchzieht ihre Seele, frisst sich durch das neurologische Konstrukt, das sie bisher als Verstand definierte. Der Patient greift nach einer ihrer Hände und zieht sie von ihrem Kopf:

„Lass es zu Sophie. Lass es zu …"

Dem Grauen dieser omnipräsenten Verzweiflung zieht jenes Fräulein in einen dunklen Abgrund und führt zu einer unvermeidlichen und tiefen Somnolenz.

Einige Wochen später beobachtet er von seinem Platz aus, das Geschehen im Gerichtssaal. Unscheinbar und unbeholfen schreitet die Frau in den Zeugenstand, ihren Kopf gesenkt, hängt ein Teil ihrer Aufmerksamkeit in jener Welt, in welche sie ihm gefolgt ist.

„Können Sie uns Ihre Einschätzung bzgl. des geistigen Zustands des Angeklagten geben?", bittet die Richterin um Rapport, ein latenter Anflug von Verwirrung aufgrund des Erscheinungsbildes jener renommierten Psychologin, welche kaum in der Lage scheint, überhaupt etwas sagen zu können. Ungepflegt und blass kauert sie auf dem Stuhl und sucht nach den richtigen Worten. Vom einstigen Fremdbild dieser Person ist bis auf die zerknitterte Kleidung nichts mehr übrig.

„Das kann doch nicht ihr Ernst sein, geehrte Richterin.", demonstriert der Staatsanwalt, „Sie könnte genauso auch Patientin sein."

Gelächter und Raunen füllt den Gerichtssaal, verliert sich jedoch wieder in belangloser Stille.

Zitternd sieht Sophie auf ihre Handgelenke und spürt die Schwere der gesellschaftlichen Ketten, welche sie fest umschließen und tief in die poröse Haut schneiden.

„Ihr Gutachten, Frau Psychologin.", wird sie ermahnt, währenddessen unzählige verständnislose Blicke der adaptierten Anwesenden sie durchbohren. Tränen gleiten über ihr fahles Gesicht und verlieren sich in der Unendlichkeit des weltlichen Chaos, um vorher ein letztes Mal rebellisch aufzuglühen.

„Frau Psychologin!", wird der soziale Druck erhöht und zwingt ihren Kopf sich zu heben.

„Ich habe ausgeprägte Symptome von Narzissmus und einer fluiden Psychose erkennen können, von einer schwerwiegenden Erkrankung, welche es verhindert, in sozial angemessener Art und Weise zu interagieren. Der beinahe fanatische Versuch Kontrolle auf andere auszuüben geht mit erheblicher Fremdaggressivität einher und ist daher als hochgradig gefährlich zu klassifizieren.", poltert es aus ihr heraus und stößt auf helle Begeisterung seitens der Auditoren, welche sich in ihrer Meinung bestätigt sehen, dass jene zerbrochenen Wesen weggesperrt werden müssen.

„Meiner professionellen Meinung nach ist daher Herr Daniel Weissberg augenblicklich freizusprechen und diese kranke Gesellschaft und Regierung im Zuge des Schutzes der Menschen wegzusperren.", fügt sie hinzu

und verfällt

in ein wahnsinniges Lachen.

 Café

Ein stilles Café

Angestrengt und müde versuche ich die hiesige von Lebendigkeit durchzogene Atmosphäre auszublenden, all jene Geräusche, als Kompendium von Schmatzen, Atmen, Schnattern und Interaktion, welche meinen Gehörgang passieren, um über das Trommelfell, die damit verbundenen Gehörknöchelchen in Schwingung zu versetzen, um jenen Schall bis tief hinein in meine Cochlea zu treiben und von dort als afferenter Reiz in meinem Hirnstamm zu schießen. Chaotisch und überlagernd kann ich jene Sinneseindrücke nicht selektieren, keine sinnvollen Nuancen herausfiltern und frage mich mit jeder weiteren Minute, weshalb zum Teufel ich diesen beschissenen Ort aufgesucht habe?

Ach richtig, ein Stromausfall in meiner Wohnung, welcher mir die Lebensgrundlage in Form emsig fließender Elektronen entrissen hat, mich dazu genötigt, mich zu einem Ort zu begeben, welcher kostenfreien Strom für mein Notebook und W-LAN für meine Recherchen zur Verfügung stellt, sofern ich als zahlender Kunde, meine mühselig verdienten Kröten in überteuerten Hippie-Kaffee investiere. Ich wollte lediglich stinknormalen schwarzen Kaffee, Junge

– keinen Caffè Misto, Flat White, Caramel Macchiato, White Chocolate Mocha, mit oder ohne Soja-, Mandel- oder Hafermilch.

Zumindest bekam ich am Morgen meine Ruhe, als die sich auf Turkey befindenden Zombies still zum Tresen schleppten, und ihren Kaffeewunsch beißend durch die Zähne grummelten, um das existenzielle Gesöff unverzüglich in sich hineinzuschütten.

Doch jetzt ist jenes Café besetzt von jungen politisch links orientierten Individualisten, welche kaum Schamhaare an ihrem Sack oder ihren Lippen, annehmen, das große Weltgeschehen zu überblicken, natürlich mit ihnen selbst im Zentrum. Demonstrativ und unterschwellig aggressiv kotzen sie ihre belanglose Weltsicht heraus und reagieren ungehalten, sofern man jene nicht teilt.

Eine metastasierende soziale Entwicklung, welcher ich bisher gekonnt aus dem Weg gehen konnte, indem ich meine heile Welt in meinem Verstand aufrechterhielt, doch hier an diesem belebten Ort, obgleich durch Soziale-Network-Zombies durchseucht, exponiert meine Frustrationstoleranz und zwingt mich dazu, meine Konzentration und Aufmerksamkeit zu überstrapazieren.

Nur ich und das grelle Display meines Notebooks, auf dessen digitalen Blatt Papier die ersten Worte das gähnend leere Weiß brechen und mit jedem weiteren Buchstaben eine alternative Perspektive auf die Geschehnisse der Erde erschaffen.

Ich bin ihr Schöpfer.

Im Zuge psychischer Sublimation manipuliere ich die Dinge, welche sich in der Realität meiner Selbstwirksamkeit entziehen. In Wahrheit sitze ich angespannt und überfordert an einem viel zu niedrigen Designtisch, welcher vollkommen überteuert ein Symbol für den Kapitalismus ist, denn jene Wirtschafts- und Gesellschaftsordnung versteht es, nicht einfach nur ein unnötiges Produkt zu verkaufen, sondern jenes zu einem Life-Style-Produkt zu krönen, mit welchen sich der zukünftige und äußerst dämliche Käufer emotional identifizieren kann. Und so wird ein einst rein funktionales Einrichtungsdesign zu einem sozialen und politischen Statement, welches die Individualisten wie Licht die Insekten anzieht, sie in eine Falle lockt, aus jener sie nicht mehr herauskommen.

Game Over, ihr Trottel.

Doch mit meinen niedergeschriebenen Worten verändere ich dieses Café, die Einrichtung, die Menschen, den geschichtlichen Rahmen, bis aus etwas artifiziell assimilierten eine nutzbringende Szene wird.

Es ist ruhig, denn das heimelige blaue Licht des Mondes stößt die Produktion von Melatonin an und zwingt die hyperaktiven Menschen dazu, sich biologischen

Notwendigkeiten zu ergeben, eines der noch wenigen Indikatoren dafür, dass der Homo sapiens tatsächlich natürlichen Ursprungs ist, auch wenn die Woke-Bewegung in ihrem Geltungsdrang alles daran setzt, sämtliche Naturgesetze auf den Kopf zu stellen, so weit, dass nun empfindliche Strafen drohen, wenn der gesichert wissenschaftliche Beweis zu Tage befördert wird, dass biologisch gesehen nur Mann und Frau existieren.

Jene Verbindung ist es, welche das Fortleben der Spezies Mensch ermöglicht und dennoch arbeiten die geistig verwirrten LGBTQ-Aktivisten daran, diese Tatsache zu vernichten. Das einzig positive Resultat dieser Bewegung ist, dass sie sich durch eine stetig sinkende Geburtenrate selbst dezimiert.

Wo war ich stehen geblieben?

Ach richtig, das Café unter dem blauen Mondlicht.

Eine gewaltige und langgezogene Fensterfront trennt das angsteinflößende Dunkle von der sterilen Stille im Inneren des Lokals. Lediglich drei Gäste sitzen am Nussbaumwurzelholztresen und hüllen sich trotz ihrer räumlichen Nähe in eine angenehme soziale Distanz zueinander, als wäre jede soziale Interaktion eine existenzielle Gefahr für Leib und Leben.

Dies ist die gewollte Anonymität in einer überlaufenen Großstadt, in welcher jedes Individuum alleine auf dem Weg zur Arbeit tausende fremde Menschen trifft, ohne auch nur eine Sekunde einen Gedanken daran zu verschwenden, welche banale Biografie sie an diesem Ort geknechtet hat.

So gleichgültig wie sie in das Leben schreiten, werden sie auch wieder hinauskatapultiert, was bleibt, ist lediglich ein diffus unangenehmes Gefühl von ungewollter sozialer Nähe.

Einer dieser schweigenden und in ihrer Einsamkeit und Anonymität gefangenen Gäste möchte ich sein.

Ein stilles Gespräch

Während mir ungewollt ein seichtes Lächeln auf den Lippen liegt, im Zuge dieser wunderbaren Vorstellung, scheint mein ungezügelter Anflug eine soziale Sympathie auszustrahlen, denn inmitten dieses Zirkus verspüre ich den kalten Schauer eines neugierigen Blickes, welcher einer visuell äußerst unästhetischen Person entspringt und damit meine ich nicht ihre Physiologie, sondern das monströs transformierte Potenzial, in Form von Selbstkasteiung durch Tunnel in den Ohren, Nasenpiercing, groteske Tätowierungen, welche nach Feminismus und kultureller Vielfalt schreien, jedoch durch die getragene Kufiya jede Glaubwürdigkeit vermissen lässt

– eine offensichtliche Autonomie, welche das gehirngewaschene Individuum zu verleugnen weiß.

Ich hasse solch eine nötigende Zurschaustellung kultureller und politischer Anschauung, als wären wir im Neomittelalter und jeder zweite Gestörte agierte im Auftrag zersetzender Kirche, um zukünftig erkennen zu müssen, dass die eingetrichterte Weltanschauung zum eigenen Untergang führt. Wer dermaßen vom Pfad der Vernunft abgekommen ist und sein neues Dasein damit legitimiert, andere zu missionieren, hat meinen Respekt verloren.

Aus diesem Grund wende ich meinen Blick zügig ab und konzentriere mich auf den mittlerweile erkalteten Kaffee, dessen absolute Existenz ein wahrlicher Segen in einer Welt ist, in der sich jeder in Orientierungslosigkeit verliert.

Jedoch nicht dieser Kaffee

– er ist schwarz, nicht durchmischt oder verwässert, sondern das, was er sein muss.

Wäre doch der Mensch genauso bodenständig und verbliebe bei der biologischen Wahrheit von Mann und Frau, diese Welt wäre eine bessere.

Nachdem ich einen kräftigen Schluck genommen habe, lege ich meine betagten Hände auf die offensichtlich abgenutzte Tastatur und arbeite weiter an jener idyllischen

Kaffeeszene in einer industrialisierten Großstadt mit Menschen, welche den Zugang zueinander verloren haben, sich immer weiter von dem animalischen Ursprung entfernen, nur um behaupten zu können, besser als die Fauna zu sein, eine Legitimation andere Lebewesen in Konzentrationslagern einzusperren und abzuschlachten.

Offensichtlich sind zwei der Anwesenden, ein Mann und eine Frau, ein Pärchen, d.h. sie verkehren sexuell miteinander, doch darüber hinaus scheint keine bedeutungsvolle Interaktion vorzuliegen, denn sie schweigen und bewegen sich ausschließlich in ihren eigens geschaffenen Welten, währenddessen der Kellner jene Stille begrüßt, denn er hat es satt, eine belanglose Konversation zu führen, nur damit sich die Gäste weniger einsam fühlen. Er kann sich so auf seine eigentliche Funktion konzentrieren, dem Servieren und Aufbrühen heißen schwarzen Kaffees.

„Entschuldige, Du bist mir aufgefallen.", überfällt mich diese unangenehme Kreatur, dessen Geschlecht sie partout nicht kategorisieren lassen möchte, aus dem Narzissmus heraus, etwas Besonderes zu sein.

Ich versuche meinen Blick auf dem grellen Bildschirm zu halten, doch ihre obszöne Fresse verleitet meinen masochistischen Verstand, mich erneut diesem grotesken Bildnis hinzugeben. Zu einer Fratze verzogen, lächelt ihr artifiziell gealtertes Gesicht und zeigt mir die durch Mate-Tee verfärbten Biozähne

– ich wollte, ich könnte kotzen.

Doch anderweitig reagiere ich nicht auf ihre soziale Invasion, sondern schweige, da es die einzige Möglichkeit ist, ihr keine Anhaltspunkte für eine Konversation zu geben, keine Angriffsfläche, mich für meine Normalität zu kritisieren, wenn für sie nicht meine bloße Existenz ausreicht.

„Ich habe gemerkt, dass Du seit einer Weile an Deinem Rechner schreibst. Bist Du Schriftsteller?", übergeht sie jeden sozialen Anstand, indem sie mich duzt und uns beide auf eine gleiche Hierarchie zerrt, nur um die Illusion zu leben, sie sei mir kognitiv ebenbürtig.

Erneut starre ich sie stumm an und bemühe mich, meine hervortretende Vena superficialis temporalis nicht explodieren zu lassen. Ich bin sichtlich angespannt, denn ich hasse es, wenn Kreaturen von sich aus auf die wahnsinnige Idee kommen, Kontakt aufzunehmen.

„Ich habe ja auch mal versucht zu schreiben, aber gemerkt, dass mir die Beharrlichkeit fehlt und na ja, so verstauben nun die Texte in der Schublade.", beginnt sie ihren unangemessenen, mich langweilenden Monolog.

„Deshalb möchte ich meinen Respekt aussprechen, dass Du die Willensstärke hast, Deine Geschichten festzuhalten."

Sie versucht, einen Blick auf mein digitales Blatt Papier zu werfen und zwingt mich dazu, den Bildschirm augenblicklich herunterzuklappen.

Was bildet sich diese Fotze ein, meine Privatsphäre zu missachten?

Ich kontere ihren Versuch mit einem strengen Blick. Doch anstatt sie ihr Verhalten reflektiert, scheint sich eine in ihr angestaute Aggression zu entladen, welche ihre Kuhzunge in Schwingung versetzt.

„Was bist Du denn für ein ekelhafter Typ?", schreit sie mich ungehalten an, als wäre ich derjenige, welcher die sozialen Normen verletzt hätte und provoziert mich beinahe so weit, dass ich meinen Mund öffne und sie niederbrülle, doch mit viel Kraft und Ruhe halte ich mich im defensiven Schweigen, diesem stillen und einseitigen Gespräch.

„Wenn Du keine Menschen treffen willst, solltest Du kein Café aufsuchen.", zweifelt sie nun mein gesamtes Existenzrecht im öffentlichen Raum an.

„Echt, Typen wie Du gehören echt weggesperrt.", redet sie sich in Rage, da ich ihr noch immer keinen Anhaltspunkt für eine Konversation gebe, sondern stattdessen beginne, kognitiv jene Szene umzuschreiben.

Ich schließe meine Augen und fokussiere mich auf die wundervolle Leere meiner Gedanken, welche indessen bereit sind, von mir mittels eines imaginären Pinsels bemalt zu werden.

Ein stiller Kaffee

„Ignoriere mich nicht, Du Arschloch.", höre ich ganz dumpf im Hintergrund und setze die Wände, die Fenster, die Tür, den Tresen und die Tische.

Nach und nach füllt sich jener leere Raum, bis eine solide kognitive Kopie der Wirklichkeit entstanden ist, in welcher diese ekelhafte Frau vor mir steht und mich anschreit. Es genügt ein winziges Lächeln meinerseits und ein protziger SUV prescht durch die Glasfront, um mit seiner Wucht jene Frau zumindest körperlich zu zerschmettern. Mit einem Gefühl rigoroser Genugtuung erkenne ich ihre durch die Haut stechenden fragmentierten Knochen und hervortretendes Blut, welches sich gemütlich in die feinen Rillen des Parkettbodens setzt. Eine hervorragende Addition zur urbanen Cafészene, in welcher die drei anonymen und schweigenden Gäste jenes Ereignis nicht einmal zur Kenntnis nehmen, denn letztendlich ist dies die fundamentalste Wahrheit:

Die Existenz eines Individuums in einem Kollektiv von über acht Milliarden Menschen ist bedeutungslos und daraus resultierend auch ihr Dahinscheiden.

„Hey

– ich rede mit Dir!", zerrt mich die aufgebrachte linke Lesbe aus diesem wunderschönen Traum, an meiner Schulter zerrend, als wäre ich ein Biotampon, den sie aus ihrer missmutigen Fotze herauszerrt.

Zu viel für meine Frustrationstoleranz, zu viel für jeden Anstand. Ich erhebe mich und blicke auf diesen Zwerg hinab.

„Seht ihr, genau das habe ich gemeint. Das männliche Patriarchat, welches sich über das Weibliche erhebt, welches es für minderwertig hält.", spuckt sie mir beinahe ins Gesicht.

Doch ich stehe einfach nur da und betrachte dieses hilflose und kontrolllose Wesen, welches seine Unzufriedenheit auf eine abstrakte externale Problematik projiziert, in der Hoffnung nicht weniger zu leiden, sondern andere mit in den tiefen Sumpf eigener Bedeutungslosigkeit zu ziehen.

Schockiert blicken die verstummten Gäste zu uns beiden und noch weiß ich nicht genau, wem der Hass in deren Blicken gilt.

„Sir, würden Sie sich bitte beruhigen.", appelliert der Kellner an meine Person, welche scheinbar alleine aufgrund meines Geschlechts zu einem Schuldigen verurteilt wird. Mir reicht es in dieser auf dem Kopf gestellten Welt, denn all meine Befürchtungen, all meine negativen Gedanken über die aktuelle dysfunktionale Sozialisierung haben in dieser Szene ihre Bestätigung erhalten. Sollen sie sich doch gegenseitig abschlachten, ich jedoch werde aus der Ferne diesem Zirkus beiwohnen und Inspiration für meine Texte erhalten, welche in ferner Zukunft den Lesern einen Schauer über den Rücken laufen lassen.

Das bin ich und das war ich von je her

– ein Indikator dieser verkackten Welt.

Ich erahne, welche Eskalation in dieser dysfunktionalen sozialen Interaktion verborgen liegt und sich seit ihren ersten Worten ankündigte, denn so sehr ich es auch wollte, jede meiner Handlungen führte zu einer unweigerlichen Bestätigung ihres toxischen Weltbildes.

In dieser transformierten Gesellschaft

– in dieser Realität entzieht sich meiner Selbstwirksamkeit einer annehmbaren Lösung.

„Sei ein Fels im reißenden Fluss.", spreche ich mir eine Perspektive zu und klappe mein Notebook auf, um ein neues, leeres Dokument zu öffnen. Verheißungsvoll verlangt die weiße Oberfläche nach Fülle und ich bin geneigt, jenes Verlangen zu befriedigen.

Irritiert blickt jene kachektische Frau durch die entspiegelten Gläser ihrer weiß gerahmten Designbrille, denn nun sitze ich an jenem Bildschirm und deute gestisch an, sie solle ihrer grenzüberschreitenden Neugier frönen, einen Blick erhaschen.

Als sich ihre Augen in jener Leere verlieren, setze ich meine alten und knochigen Finger auf die abgegriffene Tastatur und setze die Überschrift einer neuen Geschichte an den Anfang des Dokuments:

„Café"

Unscheinbar und dennoch voller assoziativer Möglichkeiten. Ein Absatz folgt und versetzt den blinkenden Cursor an den Anfang einer neuen Zeile. Gierig möchte der expandierende Verstand jener unangenehmen Frau das Weiß ersetzen und so beginne ich diese Geschichte:

„Unscheinbar sitzt sie inmitten des regen sozialen Treibens ihr einst bekannter Menschen und starrt gedankenlos an die kunstvoll verputzte Wand, welche mit einer banalen Lebensweisheit einen Hauch von Geborgenheit in die Atmosphäre tragen möchte, unfähig jene Botschaft auf ihr eigenes Leben zu übertragen, denn mehr als eine zweidimensionale Hülle ist nicht geblieben

– nicht seit jenem Tag, welcher ihr austauschbares Dasein vollkommen auf den Kopf stellte. Ein unangenehmes Gefühl von Unbehaglichkeit, Enge und Desintegration metastasiert in ihr, lässt die Haut als beengenden Sarkophag interpretieren, in welchem sie gefangen ist, unfähig, jenen auch nur einen Spalt zu öffnen, denn dies bedeutete die Möglichkeit potenziellen Invasoren Zugang zu gewähren.

Doch genau dies darf nicht passieren.

Nicht noch einmal. Damals vor einer unbestimmten Zeit, war es jene kurzzeitige Schwäche, welche den Täter dazu verleitete, unter all den 1,92 Millionen Frauen ausgerechnet sie auszuwählen, seine Kontrolllosigkeit in animalischer Aggressivität zu kompensieren."

Mit jedem weiteren in das digitale Dokument gesetzte Wort ziehe ich die Gegenwart aus ihren Erinnerungen
und ersetzte die Vergangenheit, mit einer alternativen Biografie.

Schwarze diffuse Fäden greifen vom niedergeschriebenen Text zu den neugierig aufgerissenen Augen, welche mit
jedem gelesenen Buchstaben an Glanz und Lebendigkeit verlieren, bis jene Frau exakt der Beschreibung meiner Protagonistin gleicht und sie als leere Hülle schweigend und ausdruckslos neben mir sitzt, unfähig aufgrund ihrer erlittenen
Erfahrung sozial auch nur einen Millimeter nach außen zu interagieren.

Ich schließe mein Notebook und verlasse dieses gebrochene Geschöpf, vor einem dampfenden schwarzen Kaffee
kauernd, welcher still sein Aroma in die nähere Umgebung
trägt.

 Traumläufer

Somnolenz

Ungelöst physikalischer Gesetzmäßigkeiten bewege ich mich durch unzählige Raum- und Zeitdimensionen, Ereignisse, welche simultan unterschiedliche Handlungsstränge und Ereignisse aufzeigen, als wäre jener Ort das Sammelsurium aller Möglichkeiten.

Dort ist eine gigantische schlafende Schildkröte, uralt, bewachsen mit der Vielfalt floraler Formen und etwas weiter durchstreift eine schwarze Katze die einsamen und längst vergessenen Gassen einer namenlosen Großstadt.

„Was ist hier nur los?", frage ich mich überwältigt von den afferenten Reizen, unterschiedlichste und fremdartige Gerüche inhalierend, währenddessen mein Geist nicht weiß, ob er frieren oder schwitzen, fallen oder fliegen soll. Unkontrollierbar werde ich von einer Szene in die nächste katapultiert, scheinbar unverbunden und willkürlich prasseln die Eindrücke auf mich ein, als wären sie dicke Regentropfen, welche kurz vor dem Auftreffen aufglühen, um ihre Geschichte hinauszuschreien. Wieder und wieder treffen sie auf mich und hinterlassen ihre Botschaft, bis es meinen Verstand gänzlich zerreißt und mich der kognitive Schmerz zurück in die Realität wirft.

Schwitzend und nach Luft schnappend reiße ich mich aus der Horizontalen und betrachte das unscharfe durch meine Fenster projizierte Schattenspiel auf der Wand gegenüber meines Bettes, erst nach dem langgezogenem Ticken der Uhr realisierend, dass ich mich wieder in der Realität befinde und den Traumtesserakt verlassen habe.

„Wieder ein Albtraum?", fragt mich müde die neben mir liegende Frau, sich noch halb im Schlaf befindend. Ich nicke schweigend und verlasse diesen Ort des Zugangs zu einer unwirklichen Welt, um das innere Vakuum mit kühlem Wasser zu füllen. Funkelnd sprudelt es in das leere Glas und erschafft eine verzerrte Kopie der Umgebung, währenddessen eintreffende Lichtstrahlen gebrochen an der Oberfläche ein beinahe spirituelles Farbspiel schaffen

– so intensiv, dass ich mich beinahe darin verlieren könnte, nur um nicht mehr daran zu denken, wohin mich mein ruhender Verstand gezerrt hat.

Die Uhr tickt dröhnend im Sekundentakt und verlangsamt den Fluss der Zeit. Angestrengt blicken meine müden Augen zur Decke und kämpfen gegen meine Motivation, dem Schlaf zu entfliehen.

„Nur nicht träumen.", presse ich flüsternd meine Zähne aufeinander, einen progredienten Sog an mir spürend. Als die feinen Staubpartikel in der Luft aufhören, in einer scheinbaren Schwerelosigkeit zu tanzen, sondern stillstehen, als seien sie fest ins Nichts gemeißelt, fallen meine Augenlider zu und betten mich in ein Meer allumfassender Dunkelheit und Stille. Ich lächle, denn alles ist mir lieber als ein Traum und seien es allgegenwärtige Schatten, die meinen Verstand auf unsichtbaren Händen tragen.

Seit Wochen sind meine Träume nun bereits verwirrend und intensiv, als wäre ich selbst wach. Ich tauche in Welten ein, welche ich niemals zuvor gesehen habe und frage mich, woher meine Fantasie die Inspiration solcher Orte nimmt, sei es eine eisige Landschaft inmitten zugeschneiter Fichten, die Spuren eines Fuchses verfolgend oder eine Reise in die tiefe Vergangenheit des Menschen, als jener noch mit Stöcken und Steinen gegen Mammuts kämpfte. Ich weiß es nicht. Ich erkenne lediglich, dass ich sehr müde bin, wenn ich erwache, als hätte ich niemals geschlafen.

Meine Energie ist aufgebraucht und ich fühle mich, als sei ich um Jahrzehnte gealtert, nur um im Spiegel zu erkennen, dass ich noch immer der einundzwanzigjährige Mann bin. Was ist hier los?

„Du darfst nicht aufhören zu träumen.", schallt es kaum hörbar in die angenehme Stille hinein und zieht erneut an meiner Seele, doch so sehr ich es auch versuche, meine Augen sind zu schwer, um sie zu öffnen, mein Verstand zu schläfrig, um zu erwachen.

Ich bin gefangen in mir selbst und falle. Gewaltige Wolkenkratzer schießen vertikal an mir vorbei und verdeutlichen die Geschwindigkeit meines Fallens, nur, um kurz vor dem Boden auf beiden Füßen zu landen, inmitten unzähliger mir unbekannter Menschen, die ungeachtet meiner Anwesenheit einfach an mir vorbeifließen.

„Höre nicht auf zu träumen.", schallt es erneut durch jenes lebendige Chaos und zerrt meinen Körper jenseits dieses Ortes. Die Sonne gleitet vom Himmel hinter den Horizont und taucht die wandernde Landschaft in eine längst vergessene Zeit der Mythen. Unberührte Wälder umgeben ein Tal, in welchem ein mittelalterliches Dorf zu stehen scheint.

Am Ende eines Weges steht ein betagtes Haus. Willenlos durchschreite ich die Tür und wandle zu einem Bett, in welchen ein verängstigtes Mädchen liegt, die Bettdecke bis dicht zu den Augen gezogen starrt sie in eine tiefe Dunkelheit einer Zimmerecke. Ich vernehme ein animalisches Knurren und sehe reflektorisch zur Quelle, um in ein auf mich hastendes zähnefletschendes Maul zu blicken.

Als es mich packt und ich den Schmerz der mich durchbohrenden Zähne spüre, reißt es mich wieder in die Realität, begleitet von einem langgezogenen Schreien des Mädchens:

„Geh nicht!"

„Geh zum Arzt.", kommentiert genervt eine weibliche Stimme mein erneutes Hochschrecken, sich von mir wegdrehend. Nach Luft schnappend akzeptiere ich in dieser Nacht, dass ich mir professionelle Hilfe suchen muss, denn so kann es nicht weitergehen, denn ich zerbreche allmählich an diesen Schlafstörungen, die nicht nur einmal im Monat oder der Woche aufkommen, sondern mittlerweile jede Nacht.

Sopor

„Sie brauchen keine Angst haben.", kommentiert die behandelnde Ärztin meine Mimik, „Drei Tage mögen lang und fremdartig auf Sie wirken, doch ich glaube, dass wir herausfinden werden, was Ihnen fehlt."

Sie zeigt lächelnd auf ein paar digitale Illustrationen auf dem Bildschirm ihres Rechners:

„Hier sehen Sie, wo wir die Elektronen an Ihrem Kopf befestigen, daher ist es wichtig, dass Sie frisch gewaschene Haare haben und keine anderweitigen Haarmittel benutzen, dies könnte das Ergebnis verfälschen."

Erneut scheine ich sie panisch anzusehen.

„Ich bin mir sicher, dass es Ihnen gelingen wird."

Sie zeigt mir weitere Bilder und schildert mir die Bedeutung von EEG, EKG, EOG, EMG und Pulsoxymetrie, das heißt unendlich viele Kabel, die an mir baumeln werden.

„Die Auswertung erhalten Sie dann bei einer Nachbesprechung.", erklärt sie mir routiniert das Verfahren und ich weiß nicht, ob es mich beruhigen soll zu wissen, dass scheinbar so viele Menschen Probleme mit so etwas Existenziellem wie Schlaf haben.

„Wann möchten Sie zu uns kommen?", nagelt sie mich fest und ich zucke überfordert mit meinen Schultern.

Es ist 23:33Uhr, ich liege zu Hause neben meiner schnarchenden Freundin und starre zur monotonen Decke, die Hoffnung aufgegeben, länger gegen die akute Müdigkeit ankämpfen zu können.

„Kommt schon, ihr Kackträume.", flüstere ich angriffslustig in die Stille, wissend, dass jeden Augenblick eine magische Kraft an meinem Körper zerren wird und ich mich in einer fremdartigen Situation befinde.

„Träume.", flüstert es lieblich in meinen Verstand hinein und katapultiert mich zurück zu dem Mädchen in dem heruntergekommenen mittelalterlichen Haus. Erschrocken sehe ich mich um, denn ich erwarte einen erneuten Angriff von der schwarzen Bestie.

„Er ist nicht hier.", kommentiert sie meine Nervosität und erhebt sich aus der Horizontalen, um mit ihren nackten Füßen den teils maroden Fußboden zu berühren.

„Folge mir.", reicht sie mir ihre Hand, mich aus diesem dunklen Raum führend, um dieses Haus zu verlassen. Fragend und irritiert folge ich ihr, hinnehmend, dass diese Projektionen typisch für meine Albträume sind.

„Ich habe gehofft, dass Du zu mir findest, wahrscheinlich wie all die anderen, die Du bereits besucht hast.", leitet sie ihre Erklärung ein, „Denn nun kann ich mit Dir sprechen."

Ein Blitz zieht sich durch die dunklen Wolken dieses nächtlichen Himmels und erhellt jene Umgebung so weit, um zu erkennen, dass all die übrigen Gebäude, die Landschaft und der Himmel selbst beginnen amorph zu verwischen, ineinander überzugehen, neuem Platz zu bieten. Schreie erfüllen die Luft, das Weinen eines anderen Mädchens, ich erkenne einen zerschlissenen Teddy mit Messer in der Hand, einen Jungen und ein Mädchen inmitten einer überfüllten Kreuzung, ein eingefrorenes altes Segelschiff und so viel mehr.

„Du musst verstehen, dass wir Dich brauchen.", füllt sie den Lärm unterschiedlicher Geräusche und Stimmen, „Jeder von uns ist auf Dich angewiesen und was für Dich ein paar Stunden zu sein scheint, ist für uns eine gesamte Existenz."

Ein gewaltiger Sturm prescht mir und dem Mädchen ins Gesicht, reißt an ihren Haaren, als zöge eine unsichtbare Hand am Schopf des Kindes.

„Du darfst Dich nicht länger wehren.", schreit sie entgegen des brüllenden Windes. Sich kaum mehr auf den Beinen halten könnend blickt sie tief ängstlich zu mir, funkelnde Tränen werden mit dem Wind davongetragen.

„Du musst ihn finden.", schreit sie mir zu, währenddessen ihr Körper in die Unendlichkeit des Nichts gezogen wird.

Erschrocken und überwältigt reiße ich mich aus dem Schlaf und blicke auf nervös dreinblickende Menschen, die sich hektisch um mein Bett versammelt, an mir herumrütteln. Ich spüre den feinen Schmerz einer Einstichstelle an meinem Arm und sehe verängstigt zu einem verschwommenen Gesicht einer Schwester.

„Was ist hier los?"

„Wir haben die Schlafanalyse abgebrochen.", erklärt mir später die Ärztin, nachdem sie mich von den unzähligen Elektronen befreit und die bis dahin aufgezeichneten Werte analysiert hatte, um jetzt in diesem Augenblick einen verdächtigen Moment der Stille einzufügen, Sekunden in welchen sie womöglich nach den richtigen Worten sucht oder aber bemüht ist, ihre Affekte unter Kontrolle zu bringen

– ich kann es nicht wissen, denn sie sagt es mir nicht.

„Offensichtlich ist, dass Sie nicht schlafen, wenn sie schlafen.", ist sie irritiert über ihre eigenen Worte, jene, welche ihrem wissenschaftlich-medizinischen Fundament widersprechen.

„Ihr Elektroenzephalogramm zeigt ungewöhnlicherweise sinusförmige Alpha-Wellen und nicht für den Schlaf typische Theta-Wellen und Beta-Wellen."

Sie deutet mit ihrem Finger auf eine Grafik ihres Computers und gleitet mit der Spitze über die wellenartigen Muster entlang der Zeitachse.

„Es ist, als wären Sie vollkommen wach, aber was ich für ungewöhnlich halte, ist, dass Sie darüber hinaus Alpha- und Gamma-Wellen aufweisen, die im Grunde genommen darauf hinweisen, dass Sie sich in einem Trancezustand befinden. Ihr EKG jedoch deutet auf erheblichen Stress hin – beschleunigter Puls, erhöhter Blutdruck, schnelle und flache Atmung."

Mir sind die Wellen und ihre Erklärungen in diesem Augenblick vollkommen gleichgültig; ich möchte einfach nur

wissen, was mit mir los ist, weshalb mich diese intensiven
nächtlichen Bilder quälen.

„Haben Sie in der Vergangenheit das Gefühl gehabt,
dass sich Ihr Bewusstsein von Ihrem Körper trennte, Sie kognitiv unvermittelt die Situation verlassen haben?", blickt sie
mich ernst an und ich erliege dem Gefühl, dass ich diese Einrichtung nicht mehr als normaler Mensch verlassen werde.

„Halten Sie mich für verrückt?", entgegne ich brüs-
kiert.

Koma

„Du musst eine Entscheidung treffen.", schallt es wie
eine lichte Welle durch meinen Verstand, so deutlich, als
stünde die Quelle direkt neben mir und doch, als ich mich um-
sehe, erspähe ich nichts Weiteres, als eine gewöhnliche Stra-
ßenszene. Ich versuche jene womöglich psychotischen Gedanken abzuschütteln, kraftlos und müde auf dem Heimweg,
um am Ende genauso weit zu sein wie zu Beginn.

Sehr weit komme ich nicht.

Ein intensives Mauzen schlängelt sich um meine
Beine und lenkt meine Aufmerksamkeit zu einer schwarzen
Katze. Intensiv blicken ihre Augen zu den meinen, als wäre sie
in der Lage, meine Gedanken zu lesen und tief in meine Seele
hineinzugreifen. Regungslos verliere ich mich in den intensiven Augen jenes unscheinbaren Geschöpfes, welches seinen
schwarzen Dunst um meinen Körper schlängelt und mein Bewusstsein gänzlich einnimmt, es jenseits dieses irdischen Ortes katapultiert.

Sechsundsechzig flackernde und rauschende Bildschirme an einer leicht konkaven Wand füllen die Stille mit
einer dichten Atmosphäre, als wäre jener ungewöhnliche Ort
selbst Teil einer Fernsehshow, doch wo sind die Kameras, wo
ist der Regisseur?

Egal, denn faszinierender und zugleich schockieren-
der ist die Tatsache, dass mir die in den Fernsehgeräten ab-
gebildeten Geschichten bekannt sind.

Jede einzelne von ihnen war Teil meiner intensiven Träume und nun sehe ich sie vor mir. Sechsundsechzig Leben

– sechsundsechzig Tragödien.

Ein schwaches Husten hinter mir verlangt nach meiner Aufmerksamkeit und ich blicke zu einem betagten und mitgenommenen alten Mann in einem rötlichen, wahrscheinlich genauso gealterten Sessel.

„Komm her, mein Junge.", spricht seine zittrige Stimme zu mir, flach und deutlich hörbar atmend, währenddessen seine knochigen Hände jene Katze kraulen, die mich zu diesem Ort führte.

„Was ist hier los?", breche ich mein Schweigen, vorwurfsvoll auf das schnurrende Tier blickend, in einem Rausch beginnender Anspannung und Wut, denn all meine Verzweiflung vergangener schlafloser Monate projiziere ich auf diese zwei Kreaturen, auch wenn ich nicht absolut sicher sein kann, dass sie etwas damit zu tun haben. Meine Intuition rät mir jedoch, vorsichtig zu sein.

„So ungestüm war ich in Deinem Alter auch.", hustet der blasse Mann, sich mühevoll ein Lächeln aufsetzend, „Im Glauben, meine Wut ohne jegliche Konsequenzen ausleben zu können. Ich verstehe Dich. Die Wut, Dich einem Schicksal ergeben zu müssen und die Trauer darüber, dass Du ihm nicht entgehen kannst."

Er richtet sich mühevoll etwas auf und lässt das schwarze Raubtier von seinem Schoß neben den Sessel springen, wo es teilnahmslos und entspannt seine Pfoten ableckt.

„Jahrtausende nun bin ich bereits an diesen Ort gebunden und beobachte die Irrungen dieser Individuen, welche aus meinem vergangenen Verbrechen resultieren."

Er deutet auf die flackernden Bildschirme an der Wand

– einer von ihnen zeigt eine gewaltige Schildkröte, sich angsterfüllt einen tiefen Schlund hinunter werfend.

„Doch meine Zeit findet nun ihr Ende.", kommentiert der ältere Mann die wiedergegebenen Szenen, „Und mit mir jene sechsundsechzig Seelen."

Interessiert sieht sich der junge Mann die Geschichte einer jeden Person auf den Bildschirmen an, den unaufhaltsam aufsteigenden emotionalen Schmerz in ihm spürend,

„Wieso fühle ich mit ihnen? Ich kenne sie gar nicht."

Er flüstert schwach und hält sich seine rechte Hand auf die enger werdende Brust, das Schicksal einer jungen Frau erkennend, welche sich in einer Psychiatrie das Leben nimmt, vollkommen zerbrochen. Eine glitzernde Träne fällt auf den Boden und erzeugt eine sich wellenartig ausbreitende Distortion, die Umgebung mit sich reißend, bis er gemeinsam mit dem alten Mann und der schwarzen Katze erneut in einer tiefen Dunkelheit steht, orientierungslos, ahnungslos und überwältigt.

„So viel Schmerz.", kauert er sich zusammen, mühevoll nach Atemluft ringend, welche sich brachial aus seinem Thorax presst. Auf die Knie fallend erkennt er die Straße, auf welcher er zuletzt auf dem Heimweg war. Regungslos liegt sein Körper auf dem kalten Asphalt, langsam und flach atmend.

„Was ist hier los?", blickt er auf Passanten, welche teilnahmslos an ihm vorbeiziehen, als wäre sein Schicksal bedeutungslos.

„Was wir versucht haben Dir zu erklären ist, dass wir sechsundsechzig Seelen nur in Deinen Träumen existieren. Jedes einzelne Schicksal ist das Resultat Deines Unterbewusstseins, welches allmählich an den sozialen Antinomien zerbricht. Du hast uns geschaffen, um einen inneren Ausgleich zu schaffen, eine Möglichkeit in das dysfunktionale Geschehen einzugreifen und der Beschützer von ihnen zu werden.", setzt sich die schwarze Katze neben dem knienden

Mann, traurig und simultan hoffnungsvoll zu ihm hinaufblickend.

„Doch es wäre gelogen zu behaupten, dass unsere Bitte nicht egoistisch sei. Die Wahrheit ist, wir brauchen Dich. Wenn Du erwachst, werden wir uns zusammen mit Deinen Träumen auflösen

– jedes einzelne Schicksal. Ich weiß, dass wir etwas Unmögliches von Dir abverlangen und doch möchten wir Dich darum bitten, dass Du nicht mehr aufwachst.

Wir wollen nicht sterben

– ich möchte nicht sterben.

Daher, ich flehe Dich an, träume.", verbeugt sich das flauschige Raubtier verzweifelt vor dem Knienden, zitternd und weinend, in jener Position verharrend, um seine Entscheidung abzuwarten.

Beruhigend rauschen die unzähligen Bildschirme an der Wand. Schnurrend sitzt die schwarze Katze auf dem Schoß des jungen Mannes, welcher besorgt die Geschichten seiner Kinder verfolgt.

 Epilog

Emsig hast Du 315 Seiten gelesen

- 33 Kurzgeschichten, 77.000 Wörter. Die Durchschnittslesegeschwindigkeit beläuft sich auf circa 170 Wörter pro Minute und daraus folgt, dass Du 453 Minuten Deines kostbaren Lebens mit diesen dreiunddreißig Geschichten verschwendet hast und in diesem Moment vielleicht müde und irritiert diese Zeilen liest, um endlich mit diesem Buch abschließen zu können.

Noch nicht ganz. Noch ein wenig Deiner Zeit möchte ich in Beschlag nehmen und die mit der letzten Geschichte zusammengeführten roten Fäden ausklingen lassen. Dort sitzt er nun, der Mann, welcher sich entschieden hat, nicht aufzuwachen, damit die Existenz dependenter Individuen nicht erlischt, sein subjektives Wohl für ein Kleinkollektiv, doch genau hier stellt sich die Frage, ob seine Entscheidung sinnvoll ist.

Inwieweit muss sich der einzelne Mensch für eine Gruppe zurücknehmen, wenn ersichtlich ist, dass jene Peergroup einen fatalen Kurs beschritten hat und inwieweit ist es seine Aufgabe, jenen Pfad zu kritisieren oder zu beeinflussen? Wo endet die Freiheit des einen, um die Freiheit des anderen nicht zu tangieren? Inwieweit ist das Individuum in der Lage, seinen Egoismus zu überwinden?

Wie hättest Du an seiner Stelle entschieden? Ich für mich persönlich befinde mich im Kontext dieser Thematik in einer kognitiven Dissonanz und noch habe ich für mich selbst keine Antwort gefunden. Vielleicht mag es Dir gelingen und Dir den inneren Frieden bringen, sowie die Erleuchtung, welche Du Dir durch das Lesen meines Pamphlets erhofft hast.

Lebe wohl, mein Freund.

 Der Autor

B9N3 ist ein deutscher Autor für Epik, Lyrik und Dramatik, welcher durch seine einprägsamen biografischen Erlebnisse und beruflichen Erfahrungen als Ergotherapeut für den Fachbereich Psychiatrie, seinen Schwerpunkt auf jene psychischen Anomalien des Individuums legt. Er schreibt seit seinem 19. Lebensjahr und verfestigte seinen Schreibstil und seine textliche Charakteristik über die Jahre hinweg.

Vormals unter dem Namen „Björn Daniel Weissberg", nahm er an diversen Literaturwettbewerben und Vorträgen teil, hielt im „Literaturhaus Berlin", dem „Club der polnischen Versager", der „Akademie der Gesundheit" und dem „Berliner Ensemble" Vorlesungen. Sein Bühnenstück „Aus Vaters Feder" wurde durch eine Laienspielgruppe realisiert und aufgeführt. Mehrmals wurde er in der Frankfurter Bibliothek Brentano mbH veröffentlicht und ging Kooperationen u.a. mit Matthias Rinne, Misha Bolourie, Tom Mikow und Christin Schwarz ein.

Er ist verheiratet, hat einen Sohn und lebt in Berlin.

 Instagram

B9N3 finden Sie auch auf Instagram unter:
@bneunndrei

 Kontakt

Sie können den Autor über bninenthree@gmail.com kontaktieren.

 Werke

Ossi geht ein Licht auf
Roman | Epik | Taschenbuch |

In einer Welt namens Osrae, in der sich die Bewohner durch ihr Leuchten definieren, wird eine Glühbirne hineingeboren, die kein Licht entsendet. Ossi hat seit diesem Tag mit den Vorurteilen und Ängsten der Anderen zu kämpfen, doch er ist nicht alleine. Sein bester Freund, Siemi, steht ihm mit seiner sehr verrückten Art und Weise zur Seite. Problematisch wird es, als Ossi zur Schule muss und es nun keine Möglichkeit mehr gibt ihn vor den Konsequenzen einer intoleranten Welt zu schützen. Doch sein bester Freund hat eine Idee: Leuchtkäfer und dann wären da noch die zwei merkwürdigen LED-Birnen, welche ein Geheimnis verbergen, das die gesamte Weltansicht verändern könnte.

Versiculus Abditus
Lyrikkompendium | Lyrik | Taschenbuch |

Von je her war es die Lyrik, welche als ungebrochener Zeitzeuge ein Bildnis jener Zeitepoche festhielt und für die Nachwelt visualisierte. Lyrik, als hohe Kunstform, als literarische Gattung, geprägt durch Vers und Reim, in der Moderne jedoch wesentlich freier, unstrukturierter, beinahe Abstrakt. B9N3 widmete sich fünfzehn Jahre der Lyrik, beinahe zwei Jahrzehnte, in denen er einen unverkennbaren Stil aus Neologismen und abstrakten Symbolen kreierte, sich vor allem der dunklen menschlichen Materie näherte, um in seinem Seelenschmerz den Fokus auf die Dinge zu lenken, die der Leser anderweitig übersieht. In über 100 Gedichten stellte er ein Kompendium zusammen, das einen tiefen und langanhaltenden Eindruck hinterlässt.

Trinitas
Bühnenstückkompendium | Dramatik | Taschenbuch |

Trinitas: Das sind drei Kurzdramensammlungen, drei subtile Themen, die jeweils acht Kurzdramen visualisieren. Trinitas, die Dreifaltigkeit, das ist die Serenada Schizophrana, welche die Widersprüche der Gesellschaft aufzeigt, das ist die Sinfonia Melancholica, welche die Traurigkeit, die Leere und die Sehnsucht der Menschen thematisiert und das ist die Sonata Psychica Defendera, welche in abstrakter Form die menschlichen Abwehr- und Kompensationsmechanismen behandelt. Diese Dreifaltigkeit fließt im Kurzdrama Trinitas zusammen und prägt den Verlauf dieser subtilen und emotionalen Reise zweier Menschen. Hier überzeugt der Literat B9N3 mit seinem Gespür für die Situation, die Perspektive und die Handlung. In intelligenten und teils skurrilen Dialogen wird der Leser brachial mit seiner eigenen Psyche konfrontiert. Er findet sich in den Figuren wieder, fühlt mit ihnen und leidet mit deren Schicksal. Dabei ließ sich B9N3 vom realen Leben inspirieren und nutzt vorwiegend reduzierte Kulissen, um die Dinge auf ihren Kern zu bringen. Kein Schnickschnack, keine Ablenkung, sondern eine tiefsinnige Bearbeitung des Lebens an sich.

Der kleine Oskar
Roman | Epik | Taschenbuch |

Eines Morgens wacht der kleine Oskar auf, seine Mutter ist verschwunden. Somit beginnt ein emotional tiefgreifendes Abenteuer auf der Suche nach seiner Mutter, nach Liebe, Geborgenheit und einem Platz in der Gesellschaft. Zum Glück muss der kleine Mann die Phasen der Trennung und Neuorientierung nicht alleine bewältigen. An seiner Seite, das geliebte Kuschelschaf, ein mysteriöses Mädchen, ein geheimnisvoller Mann mit Doppelzylinder und weitere Personen, die ihm auf seiner Reise der Selbstfindung begleiten. Eine

Autobiografie, die keine ist. Der Literat, B9N3, verzerrt mit eindrucksvollen Bildern die Realität so stark, dass ein adäquates Buch in visuell experimenteller Manie entstanden ist.

Vincent im Totenland
Roman | Epik | Taschenbuch |

Während eines Ausflugs geraten Vincent und seine Eltern in einen Verkehrsunfall. Als er wieder bei Bewusstsein ist, muss der kleine Junge im Matrosenanzug erkennen, dass er nicht nur gestorben ist, sondern seine Eltern sich nicht bei ihm befinden. Zusammen mit Herbert, einer gefräßigen Schnecke, macht er sich auf die Suche nach ihnen in den endlosen Weiten des Totenlands, trifft auf finstere Persönlichkeiten, wie den Mafiaboss Don Marten, welcher ihm ein Angebot macht, das er nicht ablehnen kann. Seine Eltern für das Auffinden eines kleinen blonden Mädchens…

B9N3 veröffentlicht erstmals seinen ersten Roman, den er vor über zehn Jahren niederschrieb. Trotz dieser Distanz zu seiner heutigen Erfahrung, kann „Vincent im Totenland" durch skurrile Charaktere, einen situativ passenden Humor und vor allem durch eine spannende Geschichte überzeugen. Dabei orientierte sich der Literat an Tim Burtons Figuren und seiner Perspektive für die Dunkelheit.

 Disclaim

Es wird ausdrücklich darauf hingewiesen, dass alle in diesem Buch enthaltenen Bilder, Texte, Formulierungen Teil des geistigen Eigentums des Schriftstellers sind und nicht ohne schriftliche Genehmigung veröffentlicht, vervielfältigt, verändert, aufgeführt, digitalisiert, noch anderweitig publiziert werden dürfen. Verstöße gegen das hiesige Urheberrecht gehen mit empfindlichen Schadensersatzansprüchen einher und werden akribisch verfolgt.

Die Personen und die Handlung dieses Buches und der darin enthaltenen Kurzgeschichten, sind frei erfunden. Etwaige Ähnlichkeiten mit tatsächlichen Begebenheiten oder lebenden oder verstorbenen Personen sind rein zufällig.